물 흐르고 꽃 피네

물 흐르고 꽃 피네

펴낸곳 서울대학교출판문화원
펴낸이 오연천
지은이 김명렬

초판 1쇄 발행 2011년 3월 30일
초판 2쇄 발행 2012년 12월 20일
출판등록 제15-3호

주소 서울 관악구 관악로 599 우편번호 151-742
대표전화 02-880-5252 **팩스** 02-888-4148
마케팅팀(주문상담) 02-889-4424, 02-880-7995
이메일 snubook@snu.ac.kr
홈페이지 www.snupress.com
영문홈페이지 eng.snupress.com

ISBN 978-89-521-1193-7 03810

물흐르고 꽃피네

김명렬 산문집

서울대학교출판문화원

머리말

몇 년 전서부터 산문집을 하나 내고 싶은 마음은 있었지만, 글 쓰는 재주가 특히 노둔駑鈍한 터에 갑자기 몇백 장의 글을 써낼 엄두가 나지 않아 실행을 못하고 있었다. 그러다가 근년에 동인지 활동을 하면서 원고도 모이고 주위의 동료, 선배들의 권유로 힘을 얻어, 그동안에 써온 글을 모아 보았다. 그랬더니 분량은 얼추 책 한 권이 될 것 같은데, 글의 길이도 들쭉날쭉하고 형식도 여러가지여서 엮는 데 문제가 드러났다. 수필에 속하는 것이 주를 이루기는 하지만, 그렇지 않는 것도 꽤 많이 보였던 것이다. 예컨대, 기행문도 있는가 하면 가벼운 사회비평도 끼여 있었다. 또 추도문이나 추념문도 있고, 선배의 산문집에 붙인 발문도 있었다. 궁리 끝에 글의 형식이나 길이는 불문에 붙이기로 하고, 내용으로만 따져서 몇 개의 소제목으로 추리기로 했다. 그래서 대개 갈피를 잡았지만, 몇 편은 내용이 소제목과 꼭 맞는다고 하기 어려운 것도 있음을 고백한다.

그러고 나서 보아도 또 문제점이 보였다. 이 글들이 삼십여 년에 걸쳐 쓰인 것들이어서, 오래된 것은 내용이 요즘 상황과 맞지 않거나, 칠십을 넘긴 나에게 어울리지 않는 것이 있었다. 그래서 각 편마다 쓰인 연월과 게재지를 말미에 밝혔다. 배열도 연대순으로 하였다.

정리하다 보니까 부끄러운 점이 한두 가지가 아니었다. 글을 쓸 당시에는 꽤 공을 들여 썼다고 생각했는데, 지금 와서 보니까 논리도 허약하고 표현도 어설픈 것들이 여기저기 눈에 띄었다. 바로 잡는다고 고쳐 보았지만, 얼마나 나아졌는지는 미지수다. 또 이 글들에는 자기성찰이나 반성적인 것이 여럿 있는데, 거기서 얻은 지혜나 깨달음을 아직도 실천하지 못한 것이 많았다. 이번에 이 책을 내는 일은, 그런 면에서, 흩어진 마음의 자세를 가다듬는 계기도 되었다.

이쯤에서 이 책의 제목에 대해서도 잠깐 언급해야겠다. 예로부터 동양의 시인묵객이 즐겨 시문에 인용하거나 그림의 화제畵題로 쓴 말 중에 수류화개水流花開라는 문구가 있다. “물 흐르니 꽃 피네” 또는 “물 흐르고 꽃 피네”로 번역할 수 있을 것이다. 물은 흐를 때에 생명을 잉태한다. 그리고 물은 높은 데에서 낮은 데로, 막히면 에두르고, 또 꺾여도 각을 이루지 않고 곡선을 그리며 흐른다. 이같은 물의 흐름은 순리를 나타낸다. 한편 꽃이 핀다는 것은 생명현상의 극치를 말한다. 따라서 이 문구의 뜻은, 많은 깊은 뜻이 있겠으나 기본적으로는, 생명의 힘이 순리에 따라 작용할 때에 자연은 최상의 상태에 이른다는 것이라고 볼 수 있다.

이 책에는 잡다한 내용의 글이 수록되어 있지만 그중에도 자연과 꽃에 관한 글이 가장 큰 부분을 차지하고 있다. 이런 글들에서 내가 희구하는 바는 불구가 되어가는 오늘의 자연이 본래의 상태로 회복되는 것이다. 그런 염원을 담기 위해서 자연의 이상적인 상태를 뜻하는 "물 흐르고 꽃 피네"를 제목으로 삼았다.

이 글들에는 몇 명의 옛 동료와 친구들이 등장한다. 그들에 대한 호칭은 평소에 자주 쓰는 대로 아호로 했다. 우계友溪는 영문학과 명예교수 이상옥李相沃 선생, 모산茅山은 국문학과 명예교수 이익섭李翊燮 선생, 산여山如는 영문학과 명예교수이며 과 동기동창인 천승걸千勝傑 선생, 두천杜泉은 국민대 영문학과 명예교수이며 과 동기동창인 김현격金顯格 선생이다. 그러나 우리가 아호를 갖기 전에 쓴 「이 땅의 한 끝」에서는 그때 사정에 맞춰 천 선생을 'C 선생'이라고 표기했다.

이 책이 세상에 나오는 데에는 여러분의 도움이 있었다. 이상옥 선생은 이 책을 서울대학교출판문화원에서 나오게 하는 데에 가교 역할을 했을 뿐만 아니라, 체제를 정하는 데에도 결정적인 조언을 주셨다. 또 특유의 명징하고 유려한 문장으로 발문까지 써 주셨다. 거기서 분에 넘치는 칭찬을 해 주셨는데, 나의 글이나 사람됨이 도저히 그것에 값할 수 없음을 스스로 알기에 부끄러울 따름이다. 이익섭 선생은 한 이십 년 전에 졸문 「이 땅의 한 끝」을 서울대학교 국어작문 교재에 추천하여, 그것이 나의 외숙의 글과 함께 실리는 영광을 안겨 주셨다. 그것에 크게 고무되어 그 후 조금씩 계속 글을 써 와서 오늘 이 변변치 못한 책이라도 상재하게 되었다. 또 이 책의 교정 과정에서도 많은 귀한 지적을 해 주셨다. 국문학과 명예교수 김용직金容稷 선생은 이 문집이 처음 거론됐을 때 즉시 시내의 모 출판사를 소개해 주면서 적극 격려해 주셨다. 이 세 분께 이 자리를 빌려 심심한 감사를 표하는 바이다. 끝으로 이 책의 출판을 흔쾌히 허락해 주신 서울대학교출판문화원 원장 김성곤 선생께도 감사를 드린다.

2011. 1. 30 광교산 아래에서

김명렬

차례

언어와 문화

내면의 풍경

산과 물과 새와 꽃

까치고개의 개나리

사당동 네거리와 낙성대 입구 사이에 있는 언덕을 까치고개라고 한다. 나는 십여 년째 아침저녁으로 이 고개를 넘어다니고 있다. 내가 이 고개를 넘어 출퇴근을 하기 시작했을 때만 해도 이 길은 노폭은 넓고 교통량이 별로 많지 않았기 때문에 휑하니 비어 보였고, 높은 데는 좋이 두세 길이 됨직한 회색 시멘트옹벽이 양쪽에 버티고 서 있는데다가 그 위로 암반층이 벌겋게 드러나 있어서 전체적으로 꽤나 황량해 보였었다. 그러더니 누군가가 의사를 내어 옹벽 위에 개나리를 심었고, 그러자 경관이 상당히 달라졌다. 개나리나무의 푸르름이 삭막하던 그곳의 분위기를 한결 부드럽게 바꿔준 것이다.

그러나 정작 놀라운 효과는 이듬해 봄에 나타났다. 그 길을 왕래하는 사람들 대부분이 아직 새봄을 실감하지 못하고 있던 때에, 아마 봄을 유달리 그리는 사람들조차도 주말에 어느 해바른 골짜기나 아늑한 시골 동네를 찾아가서 봄맞이를 해야겠다고 마음먹고 있었을 때에, 남향한 옹벽 위에 줄지어 늘어선 개나리가 어느 날 아침 일제히 꽃망울을 터뜨렸다. 그것은 까치고개에 기적 같은 변화를 일으켰다. 개나리가 뿜어내는 햇빛보다 더 부드러운 광휘와 흐드러진 생기는 암벽과 시멘트담의 생경함을 일시에 흡수해 버렸을 뿐만 아니라, 그 거친 것들을 보듬어 생명의 세계 속에 편입시켜 준 것이다. 그래서 붉은 암벽은 꽃을 피우는 터전으로 자연의 일부가 되었고 회색담도 꽃나무 울의 받침벽이 되었다. 다시 말해서 까치고개에는 그날을 기해 모든 것이 생명의 원리 안에 어우러지게 되었다.

이 같은 변화는 물론 지나가는 사람들에게도 커다란 기쁨과 위안을 주었다. 맑은 아침 햇살을 받아 눈부시게 빛나는 개나리는 행인들의 마음속에 남아 있는 겨울의 잔재를 말끔히 씻어내고 그 자리에 봄의 활력을 가득히 채워 주었다. 그리고 사람들은 생기에 찬 까치고개의 경관을 보면서 우리의 삶이 크게 빗나가고 있지 않다고 안도할 수 있었다. 산을 잘라 바위를 드러내고 시멘트를 발라 물과 토사를 막았어도 그것이 대자연의 생명력을 크게 손상시킨 것은 아닌 것이 분명했기 때문이다. 다시 말해서 상처같이 드러난 붉은 바위 속에도, 시멘트벽 뒤에도 생명의 기운이 살아 있음을 확인한 것이다. 그러기에 아직은 노력만 하면 도시와 자연을 양립시킬 수 있다고 생각되었다.

개나리나무는 꽃이 진 후에도 왕성한 생명력으로 까치고개에 군림했다. 그 나무들은 싱싱한 줄기에 푸른 잎사귀를 달고 무성히 자랐고, 제 무게를 못 이겨 아래로 처져 내리면서 그 높은 옹벽을 거의 다 녹음으로 가려 주었다. 미풍이라도 불라치면 처져 내린 가지들은 커다란 녹색의 장막같이 너울거렸다. 그러나 개나리가 생명을 가장 아름답게 구가하기는 역시 꽃이 만개한 때였다. 그래서 해마다 겨울이 지나고 햇볕이 두터워지기 시작하면 그 생명의 향연을 조바심내며 기다리게 되었고, 또 해마다 어느 봄날 아침이면 어김없이 그 기다림이 예상했던 것보다 더 큰 환희로 보답되었다.

그러더니 오륙 년 전부터는 고갯길의 풍경이 급속히 달라졌다. 우선 버스를 타고 그 고개를 넘나들던 사람들이 거의 다 자가용을 몰고 다니게 되었다. 그러자 그 청청하던 개나리의 줄기와 잎새들이 연탄가루를 뒤집어쓴 듯이 까맣게 착색되기 시작했다. 장맛비에 씻기고 난 다음에는 조금 제 빛을 찾는 듯싶었지만, 비 갠 지 며칠 후면 이내 다시 까매졌다. 또 가을이 되기도 전에 잎이 시들어 떨어졌고 잎이 진 줄기는 삭정갱이같이 회색빛으로 말라 버렸다. 포도 가까이까지 치렁치렁 늘어졌던 가지들이 끝에서부터 죽어 떨어져 나가면서 길이가 짧아졌다. 그나마도 가지 수가 자꾸 줄어 나무다발은 해마다 더 성기어 갔다. 반면에 회색 옹벽은 점점 더 크게 드러났다. 겨울이 되어 새까맣고 앙상해진 가지들이 철사줄처럼 바람에 휘날릴 때에는 도저히 그 속에 생명이 다시 맥동脈動할 수 있을 것 같아 보이지 않았다

그래서 근년에는 봄이 오면, 고갯마루에 벌어질 산뜻한 꽃 잔치를 기다려서가 아니라 과연 꽃이 다시 피어날까 걱정이 되어서 마음을 졸이게 되었다. 그래도 때가 되면 개나리는 다시 피었다. 그러나 그 수와 크기는 갈수록 줄었고 피어서도 며칠 가지 못하고 이내 시들어 버렸다. 무엇보다도 그 색깔이 흉하게 변했다. 우리의 가슴속까지 환하게 밝혀 주던 옛날의 그 밝고 화사한 빛깔은 간데없고 점점 더 생기 없는, 지저분하고 칙칙한 빛깔로 바뀌어 갔다. 그리하여 이제 까치고개의 개나리꽃은 더는 빛으로 뿜어 나오는 환희의 합창이 아니라 소리 없는 고통의 절규가 되어 버렸다.

까치고개의 경관이 십여 년 사이에 이렇게 달라졌다. 겉으로 보기에 그것은 흔해빠진 꽃나무 몇 그루가 죽어가는 것에 지나지 않는 변화다. 그러나 조금만 더 깊이 들여다보면 그것은 그사이에 세상이 달라졌음을 말해 주는 것이다. 십여 년 전에는 조그마한 노력으로도 도심에서 생명의 향연을 열 수 있었다. 그럴 수 있었던 것은 자연의 생명력이 우리 곁에 남아 있었기 때문이다. 그래서 현명한 사람 몇 명이 그 힘을 끌어들여 이용하면 만인에게 무한한 시혜를 할 수 있었다. 그때는 기적을 만들 수 있던 세상이었다. 그러나 이제는 갸륵한 뜻을 가진 사람 몇 명이 아무리 애를 쓰더라도 까치고개에 다시 건강한 생명력을 돌려올 수 없는 세상이 된 것이다.

그 멀어져 가는 자연의 생명력을 다시 불러오려면 차를 몰며 까치고개를 지나다니는 사람들 모두가 생기 잃은 꽃들을 보고 생각을 바꿔야 할 것이다. 그러나 그들은 꽃을 볼 여유가 없다. 차들이 하도 바투 붙어 가고 있어서 한눈을 팔았다가는 당장 앞차와 부딪칠 것이기 때문이다. 게다가 그들은 거리에 핀 꽃 같은 것에는 이미 관심이 없다. 더더구나 죽어가는 꽃들은 쳐다보지도 않으니 그 꽃들의 절규가 귀에 들릴 리도 없다. 그들에게는 오직 안락하고 깨끗한 자기 차의 실내만이 소중할 뿐이다. 그래서 모두 창문을 꼭꼭 닫고 자기만의 폐쇄된 공간에 앉아 앞을 내다보고 있다. 권태롭고 지친 눈빛으로 앞차의 뒷부분만을 응시하면서 레밍lemming이라는 북구의 설치류같이 앞차를 따라 끝없이 어디론가 몰려가고 있을 뿐이다.

『철학과 현실』 1994. 6

밝은 태양, 밝은 세상

신년이 시작되는 것을 우리말로 "새해가 밝는다"고 한다. 이 표현은 새해의 시작을 하루의 시작에 비유한 것인데, 그것은 묘하게도 우리말에 지구의 공전 기간과 태양이 다같이 '해'라는 말로 되어 있기에 가능한 것이다. 이것을 미루어 보면 우리 민족은 예로부터 태양력을 마음속에 가지고 있었던 것 같다.

그런 과학적 함축은 차치하더라도 위의 구절은 문학적으로 매우 훌륭하다. 지상의 모든 생명, 모든 힘의 원천인 태양이 새것이 되어 다시 떠오른다는 것보다 새 세상이 된다는 것을 더 실감나게 표현할 말이 어디 있을까. 참으로 놀라운 발상이 아닐 수 없다. 그 이미지가 더없이 신선하면서도 적합하기 때문에 많은 연하장이 그것을 그림으로 담고 있다. 청신한 바다 위로, 아니면 서기瑞氣 어린 산봉우리 위로 붉은 해가 둥싯 떠오르는 모습이 그 대표적인 예들이다. 이렇게 좋은 말이건만, 이 말이 앞으로 얼마나 더 현실감 있는 표현으로 남을는지 걱정되는 바 크다.

우리 세대는 아침마다 고운 해가 동녘에 떠오르는 것을 보고 자랐다. 그래서 여름에는 백열로 달아오른 용광로 속 같은 태양, 겨울에는 붉은빛으로 식어 연시 같은 태양 등으로 계절마다 바뀌는 태양의 표정을 읽을 줄도 알았다. 그러나 요즘 서울에서는 아이들이 아침에 뜨는 해를 거의 보지 못한다. 학교 가는 길에 주위가 탁 트여서 동쪽 지평선을 볼 수 있는 곳도 별로 없으려니와, 있더라도 해가 매연층에 묻혀서 보이지 않는 날이 태반이다. 또 혹시 매연층이 옅은 날이어서 해가 드러나더라도 그 모습이 하도 초라해서 눈여겨볼 거리가 못 된다. 그러니 이 아이들이 자라 어른이 되었을 즈음에는 연하장에 그려진 그림들이 필경 무슨 신화에나 나오는 장면 정도로 비쳐질 것이다.

이처럼 대기의 오염은 태양의 빛을 잃게 하고 있다. 우리는 오염된 공기가 호흡기 질환, 안질, 피부병 등을 일으키어 고작 우리의 건강을 해치는 정도로만 알지만, 실은 그것이 우리 생명의 근원을 차단해 가고 있는 것이다. 이렇게 엄청나고 끔찍한 일이 일어나고 있는데도 우리는 태평이다. 주위의 사람들에게 대기 오염의 심각성에 대하여 이야기하면 다들 큰일이라고 하면서도 발바투 나서서 조금이라도 오염을 줄이려는 노력은 하지 않는다. 왜 그럴까?

첫째는 이기심 때문일 것이다. 주지하다시피 대기 오염의 주범은 자동차의 배기가스다. 그러니 자동차의 운행을 줄이는 것이 그 해결책이다. 그러고 보면 아주 간단하게 해결될 수도 있는 문제다. 즉 자가용을 가진 사람들이 꼭 필요한 경우를 제외하고는 대중교통수단을 이용하면 된다. 그런데 이 지극히 간단한 상식이 통하지 않는다. 그것은 왜 내가 손해를 보아야 하느냐는 생각 때문이다. 뒤집어 말하면 다른 사람이 양보하면 했지 나의 안락과 편리를 포기할 수 없다는 것이다.

그러나 함께 사는 세상에서는 엄밀히 말해서 이기적이라는 것은 있을 수 없다. 나의 이기적인 행동은 남에게 해를 주는 만큼 남의 증오를 사기 때문에 궁극적으로는 나 자신에게도 해가 되게 마련이다. 그러므로 이기적인 것은 필연적으로 자해적인 것이 된다. 더구나, 나만 편하자고 자동차를 타고 다니면서 유독 가스를 뿜어대는 것은 이중의 자해 행위다. 왜냐하면 남에게 해를 끼쳐 남이 나를 혐오하게 만들 뿐만 아니라, 그 유독 가스를 나 자신도 마시기 때문이다.

둘째는 자연을 경시하기 때문일 것이다. 다시 말해서 그까짓 공기쯤 탁해진들 대수냐 하는 생각이다. 이런 발상은 이 세상 삼라만상 중에서 인간이 으뜸이고 그래서 인간은 지상의 모든 것을 자기 뜻대로 사용할 수 있다는 생각에서 비롯된다. 이것은 터무니없는 망상이고 오만이다. 인간의 두뇌는 지상의 어느 동물의 것보다 더 우수할는지 모른다. 그러나 그것이 인간을 자연의 섭리에서 벗어날 수 있는 존재로 만들어 주는 것은 아니다. 인간은 지금도 자연의 도움 없이는 단 하루도 살 수 없는 존재다. 자연을 의지해서 살 수 있는 자연의 일부이지, 자연을 부리며 군림하는 초자연적 존재가 결코 아니다. 그래서 요즘 자연과 생태계에 대해서 깊이 생각하는 사람들은 환경이라는 말조차도 쓰면 안 된다고 말한다. 환경이라는 말 자체에 이미 인간 중심의 발상과 자연 경시의 오만이 숨어 있기 때문이다.

사람끼리 함께 사는 데에 서로 지켜야 할 가장 기본적인 원칙이 서로를 존중하는 것이듯이, 자연과 함께 살려면 자연을 존중해야 한다. 살아 있는 것들을 저 살 대로 살게 해 주고, 생명이 없는 것도 본래의 모습, 본연의 상태를 유지할 수 있게 하고 침해하지 말아야 할 것이다.

아득한 옛날 살 곳을 찾아다니던 우리 조상이 이 땅에 이르러 삶의 터전을 정했을 때 아침 해가 비친 산하가 하도 고와서 나라 이름을 "조선朝鮮"이라고 했다고 한다. 우리 민족이 태양을 숭배하였다는 것과 밝고 아름다운 경관을 국호로 삼은 것을 종합해 보면 필경은 이 땅의 수려한 자연이 이곳에 자리를 잡은 가장 큰 요인이었던 것 같다. 정착의 요건으로 기름진 땅이나 풍부한 물자 등 실용적인 조건만을 꼽는 다른 민족들의 영악함에 비해 이 얼마나 시적詩的이고 순박한 마음인가. 현실적으로는 어리석은 판단인 것 같지만, 오랜 세월이 지난 오늘의 관점에서 보면 자연이 인간의 삶에 갖는 중요성을 뚫어본 탁견이 아닐 수 없다.

또 이제 와서 보니, 사람이 잘살고 못사는 것이 물질적 풍요에 달렸다기보다 쾌적한 환경과 깨끗한 자연을 향수할 수 있는 삶의 질에 달려 있지 않은가. 그러니 우리 조상이 이 척박한 곳에 뿌리를 내렸기 때문에 오랫동안 가난하게 살았다고 원망만 할 것이 아니라, 자연이 아름다운 곳에 터를 잡은 그 깊은 원려遠慮를 고마워하고 그 숫하고 선량한 마음을 높이 받들어야 할 것이다. 그 마음이 단순히 조상의 것이어서가 아니라, 거기에는 사람이 사는 데에 소중히 여겨야 할 것을 가르쳐 주는 지혜가 들어 있기 때문이다.

그래서 금년 새해 아침은 우리의 마음속에서부터 밝아 왔으면 하는 바람이다. 그 새 빛이 깨끗하고 아름다운 자연을 삶의 주요 요건으로 여겼던 우리 조상의 깊은 뜻을 다시 밝혀 주고, 사람과 자연을 존중하는 우리 본래의 착하고 순박한 마음을 다시 환히 피어나게 해 주었으면 좋겠다. 그리하여 우리 모두가 세상의 온갖 더러움을 앞다투어 씻어 내어, 앞으로는 아무 개울물이나 떠 마실 수 있고 창문만 열면 맑은 공기를 숨 쉴 수 있어 해마다 더 밝은 해가 솟게 되기를 바라는 바이다.

『한국인』 1997. 1

덕유산德裕山의 야생화

대학동창 중에 영시를 가르치며 스스로도 시를 쓰는 두천杜泉은 매년 덕유산을 종주한다. 그는 평소에 등산을 별로 즐기지도 않는 사람인데 여름방학만 되면 텐트에다 비상식 등을 준비해서 짊어지고 남한에서 네 번째로 높다는 덕유산을 오르는 것이다. 남덕유에서 북덕유의 향적봉에 이르는 40리 능선길이 그렇게 좋아서 걷는다는데, 가다가 지치면 아무데서나 천막을 치고 라면 끓여 먹고 잔다고 한다. 말하자면 어느 날 언제 돌아온다는 예정이 없이 산에서 마냥 즐기다가 먹을 것 떨어지고 지치면 하산하여 온다는 것이다. 그러니까 사실 종주라고 할 수도 없다. 종주를 하게 되면 하고 그렇지 않으면 그저 능선길을 걷다 오는 것이기 때문이다. 무엇이 그리 좋으냐고 물으면, 능선에서 내려다보는 양쪽의 산세가 좋고, 등산객이 적어 오염 안 된 산길이 좋고, 밤하늘의 별이 좋고, 무엇보다 길가에 지천으로 핀 야생화가 좋다고 한다.

우리 동창들 중에서는 동료 산여山如와 내가 알려진 등산꾼인데 산도 잘 모르는 사람이 우리 앞에서 산 자랑을 하는 것이 내심 자존심 상하는 일일 뿐만 아니라, 솔직히 그 내용이 별로 수긍도 가지 않아서 그 친구의 덕유산 찬사를 대체로 귓등으로 들어 왔다. 우리도 향적봉은 올라가 보았지만 덕유산 줄기와 적상산赤裳山 등을 조망할 수 있다는 점을 빼 놓고는 크게 볼 만한 산은 아니었으며, 또 종주해 보지는 못했지만, 향적봉에서 빤히 내려다보이는 남덕유까지의 능선길이 별로 아름다워 보이지도 않았다. 사실 능선길이라면 설악의 공룡, 화채, 아니면 지리나 소백 등이 빼어난 풍광으로 널리 알려진 곳이고, 덕유산의 능선은 그렇게 유명하지도 않은 곳이기 때문에 두천의 찬사는 다른 좋은 산을 모르는 사람이 어쩌다가 알게 된 산에 대한 편애나 과장이라고 생각되었다. 그럼에도 불구하고 매년 이어지는 두천의 기행奇行에 가까운 등산은 우리에게는 불가사의한 일이었고 또 무엇이 그를 그렇게 매료하는지 은근히 호기심이 나지 않는 바도 아니었다. 그래서 올해에는 우리가 같이 그와 동행을 해 보자고 약조를 했는데 공교롭게 그때 끼는 일이 있어서 나는 못 가고 산여만 동행을 하였다.

갔다 온 산여는 다음날 학교에 나와서 이번 산행이 너무 좋아서 또 갈 사람이 있으면 기꺼이 다시 가서 안내를 하겠다는 것이다. 그 말을 들으니 좀이 쑤셔서 가만히 있을 수가 없었다. 그런 판에 능선에 핀 야생화가 기막히다는 말을 듣고 꽃구경이라면 천릿길도 마다 않는 국문학과의 모산茅山이 따라나섰다. 그래서 주말에 셋이서 덕유산 꽃구경을 떠나게 되었다.

아침 첫차를 타고 내려가 영각사靈覺寺 매표소에 다다른 것은 오후 3시경이었다. 안의安義에서 늦게 먹은 점심이 채 내리기도 전이었지만, 경치와 꽃을 보고 싶은 급한 마음에 그냥 오르기 시작했다. 산은 육산이어서 물도 많고 나무도 무성했지만 경사는 상당히 급했다. 그런데 위에는 그렇게 많다는 꽃이 올라가는 도중에는 하나도 보이지 않았다. 혹시 일주일 사이에 꽃이 다 진 것이 아닌가 하는 걱정에 발걸음은 더욱 바빠졌다.

주능선과 닿은 안부鞍部에 다다르자 드디어 꽃들이 보이기 시작했다. 그런데 아래서는 그렇게 맑던 날씨가 능선에 가까워지면서 표변하여 사방에 안개가 자욱했다. 그래서 쇠사다리를 오르면서 좌우로 볼 수 있다던 연봉의 경치는 못 보게 되었다. 그러나 안개 낀 것이 나쁘지만은 않았다. 양쪽의 산줄기가 내려다보였으면 인간들이 해충처럼 잠식해들어간 허연 산의 상처도 보였을 텐데 그것이 안 보이니 좋고, 또 야생화들이 안개비를 머금어 더욱 청신해지고 빛깔도 더 고와진 것이 좋았다.

그러나 산여가 우리에게 그렇게도 보여 주고 싶어 하던 솔나리는 며칠 새에 벌써 다 이울었는지 보이지 않았다. 그러더니 남덕유의 정상이 가까웠을 때, 산여가 마치 무슨 보물이나 찾은 듯이 "저기 있다!"고 소리쳤다. 그가 가리키는 곳을 보니 풀섶에 작은 나리가 한 그루 서 있었다. 모양은 여느 나리와 같으나 솔잎같이 가는 잎이 난잎처럼 휘쳐진데다가 꽃색이 자주색 내지 보랏빛이서 여간 기품이 있어 보이지 않았다. 반쯤 돌아 서 피어 있는 모습이 사람으로 치면 지체 높은 여인이 우수에 잠긴 듯 고개를 숙이고 홀로 서있는 양자였다. 그 고혹적인 자태를 보자 모산은 이내 탄성을 올리면서 아예 자리를 잡고 앉아 마냥 들여다볼 차비를 하는 것이었다. 나도 처음 보는 꽃이라서 모산과 함께 좀 길게 완상하고 싶었지만, 앞으로 얼마든지 더 예쁜 것들이 있을 터이니 벌써 흥분하지 말고 어서 가자는 산여의 독촉에 우리는 마지못해 발을 떼어 놓았다.

아닌게 아니라 올라갈수록 꽃의 종류도 다양해졌고 수도 더 많아졌다. 그전에 함백산咸白山 꼭대기에서 처음 몇 송이를 본 동자꽃이 이곳에는 지천으로 피어 있었다. 꽃이 얼마나 많고 그 주황색이 얼마나 맑은지 안개 낀 저녁 산길이 갑자기 환해 보였다. 그에 질세라, 원추리도 여기저기 많이 피어 있었다. 이곳의 원추리는 서울 근교에서 본 것과는 색깔이 달랐다. 주황색보다는 밝은 노란색이 주조를 이루고 있어서 무리지어 핀 모습은 눈이 번쩍 뜨일 정도로 화사했다. 감탄과 함께 다시 또 걸음을 멈추려는 모산을 산여가 등을 떠밀다시피 하며 길을 재촉했다. 날이 흐려 일찍 어두워질 터인데 그날 밤을 묵을 삿갓골재의 대피소까지는 갈 길이 멀기 때문이었다.

그러나 갈 길이 아무리 바빠도 이번 등산의 목적이 꽃구경 아니던가. 아기며느리밥풀, 꼬리풀, 산오이풀같이 흔한 꽃들은 열병하듯이 걸으면서 보고 지나쳤지만, 다른 곳에서는 보기 힘든 꽃이나 모양이 너무 아름다운 꽃을 만나면 걸음을 멈추고 한바탕 상찬의 자리를 갖지 않을 수 없었다. 큰 키에 멀찌감치 서서 고고히 피어 있는 흰여로, 금방이라도 바람개비처럼 뱅글뱅글 돌 것 같은 장난기 어린 물레나물꽃, 상큼할 정도로 날씬한 꿩의다리, 그리고 정상에서부터 무리지어 나타나기 시작한 청초한 모시대 앞에서 우리는 그 아름다움에 도취되어 발걸음을 멈추지 않을 수 없었다.

특히 도라지꽃을 닮은 모시대의 고아한 모습은 우리에게서 최고의 찬사를 자아내었다. 올라가면서 밖으로 휘는 가는 대에 조르륵 달려 있는 초롱 같은 꽃. 연보라색 빛깔도 빛깔이려니와, 그 가녈핀

대에 부끄러운 듯 고개 숙여 핀 애잔한 모습은 가슴이 저리게 고왔다. 안개 낀 초저녁 땅거미 질 무렵에 보아 더 고왔을까? 우리는 이날 본 모시대에게는 '함초롬하다'가 꼭 들어맞는 말이라는 데에 모두 동의했다. 첫 '함'자는 그냥 그 음감이 주는 오무린 듯한 느낌뿐만 아니라 어딘가 촉촉한 물기를 머금은 모습을 연상시킨다. 게다가 '초롬'이라는 말은 속된 눈길을 의식한 여인이 새침하게 몸을 도사리는 것을 떠올리게 한다. 그러나 그것은 입을 꼭 다물고 눈을 내리깐 채 옷매무새를 단속하는 결곡한 몸가짐이지 적의를 시위하는 당돌한 태도는 결코 아니다. 이 두 마디의 결합은 그래서 이슬 머금은 모시대에게 더없이 잘 어울린다고 생각했던 것이다.

그 곱고 여린 꽃을 어두워 가는 산 속에 남겨 두고 떠나기가 정말 애처로웠다. 차마 돌아서지지 않는 발걸음을 억지로 돌렸을 때에는 정선아리랑 한 곡조라도 길게 뽑아 이별의 한을 달래고 싶은 심정이었다. 이렇게 가다 서서 감탄하기를 거듭하여 결국 산속이 칠흑같이 어두운 후에야 삿갓골재 대피소에 도착했다.

다음날 아침에는 안개에다 비까지 뿌렸다. 땡볕보다는 시원해 좋다고 자위하면서 걸었지만, 출발한 지 얼마 안 되어서 온몸이 흠뻑 젖고 말았다. 목 위까지 올라오는 젖은 풀섶을 헤치고 걷자니 위아래가 없이 다 젖어 버린 것이다. 그래도 야생화의 아름다움이 절정을 이루고 있다는 무룡산舞龍山을 보기 위해서 우리는 척척한 옷을 개의치 않고 부지런히 걸었다. 꽃들은 여전히 길 좌우에 흐드러지게 피어 있었지만, 무룡산에 대한 기대 때문에 그런 것은 이제 우리의 눈에 들어오지 않았다.

삿갓골재를 출발한 지 한 시간 남짓 되었을 무렵이었다. 조그만 산모롱이를 돌아선 나는 우뚝 멈춰 서고 말았다. 갑자기 앞이 탁 트이면서 숨이 콱 막히는 장관이 나타난 것이었다. 가슴속 구석구석까지 환하게 밝혀 주는 화사한 빛의 향연이 거기 눈앞에 펼쳐져 있었다. 무룡산이었다. 정상까지 비스듬히 오르는 완만한 비탈이 좋이 만평은 되겠는데 그 너른 경사면이 온통 원추리와 비비추로 덮여 있었다. 누가 씨를 갖다 뿌렸어도 그렇게 배게 나지 못했으리라. 그 넓은 언덕에 오직 원추리와 비비추만 촘촘히 들어차 있는데 그것들이 저마다 경쟁하듯이 꽃을 피워내고 있었다. 그냥 피어 있는 것이 아니라, 밝은 노랑색과 짙은 보랏빛 꽃들이 초록색 잎과 어우러지면서 하늘을 가득 채울 만큼 무한한 희열을 뿜어내고 있었던 것이다. 그것은 싱싱한 생명의 분출이었다. 거대한 환희의 합창이었다.

그 희열에 취해 우리는 어린애들같이 소리치며 이리저리 뛰어다녔다. 감동에 들뜨기는 바로 일주일 전에 그곳에 왔었던 산여도 마찬가지였다. 하기야 열 번, 스무 번을 다시 본들 그런 절경에 어찌 감동하지 않을 수 있을 건가. 두천도 바로 이 즐거움을 맛보기 위해 매년 그 고생을 감수하며 순례를 반복했을 것이리라. 이틀의 산행에서 오는 피로, 비에 젖은 옷과 구두가 주는 불쾌감, 이런 것들은 일시에 날아가 버리고 오직 희열, 희열만이 우리의 전신을 가득 채웠다. 머리칼 성겨지고 주름진 우리의 얼굴도 육십대라는 나이가 믿기지 않게 천진한 웃음으로 활짝 펴졌다. 기적을 사는 것 같은 느낌이었다.

그러나 이렇게 지극한 행복이 인간에게 어찌 오래 주어질 수 있겠는가. 사실상 우리에게는 그 기쁨을 한 시간 동안 누릴 여유도 없었다. 빠듯한 일정에 밀려 사진만 찍고 무룡산을 곧 떠나야 했기 때문이다. 그러나 떠나면서도 그 천상의 광경을 사진으로보다는 뇌리에 더 깊이 각인하기 위하여 안 보일 때까지 자꾸 뒤돌아보았다.

무룡산을 넘고 나서 우리는 동엽령을 거쳐 용추계곡으로 빠져 하산하였다. 그러나 우리의 산행은 이미 무룡산으로 끝난 것이었다. 무룡산을 보고 난 다음에는 다른 것을 더 볼 흥미가 나지 않았기 때문이다. 고속버스 의자에 지친 몸을 맡기고 눈을 감았을 때에도 무룡의 꽃동산은 뇌리에서 떠나지 않았다.

'무룡산. 용이 춤을 추어 무룡이라 했던가. 용이 아니라도 그 난만한 꽃천지에서 뉘 아니 웃고, 뉘 아니 춤추랴. 영국의 낭만파 시인 키츠J. Keats는 희랍 고병古甁을 통해 〈미美는 진眞이요 진은 미이다〉라고 읊은 바 있다. 그러나 무룡에 와서 그 아름다운 광경을 보는 사람이면 누구나 〈미는 진일 뿐만 아니라 선善이다〉라고 자신 있게 외칠 수 있을 것이다. 그 열락의 한가운데에 서면, 곁의 사람이 누구이든 그를 얼싸안고 한바탕 춤을 추고 싶은 충동을 억제하기 힘들 터이니 말이다. 그처럼 아무 사심 없이 다른 사람과 기쁨을 나눌 수 있는 것이 선이 아니고 무엇이겠는가.'

이런 생각을 하다가 눈을 들어 차창 밖을 내다보았다. 멀리 아직도 구름을 이고 있는 덕유의 연봉들이 보였다. 저 구름 속 어느 높은 봉우리 위에서 한없이 맑은 삶의 희열을 뿜어내고 있을 꽃들의 모습이 다시 생생이 떠올랐다. 이제 그 고운 꽃들은 산에만 있는 것은 아니었다. 그것들이 내 마음을 이렇게 가득 채우고 있으니 말이다. 그래서 그라스미어Grasmere의 한 호숫가에 무수히 핀 수선화를 본 워즈워즈W. Wordsworth가 그의 시에서 말하고 있는 것처럼, 나도 이번에 덕유산에서 커다란 보물을 얻어 왔다는 생각이 들었다. 그 수선화들이 워즈워즈의 기억에 남아 그가 외롭고 쓸쓸할 때에 즐거움을 주었듯이, 무룡산의 원추리와 비비추도 내가 삶에 지치고 의기소침할 때에 내 눈앞에 나타나 언제나 싱싱한 활력과 기쁨을 선사할 것이기 때문이다.

『아홉 사람 열 가지 빛깔』 2000. 8

개 사랑

요즘 생활이 윤택해지니까 애완동물을 기르는 사람이 전보다 훨씬 많아졌다. 동물의 종류도 다양해져서 곤충과 파충류까지 기른다 한다. 그러나 아무래도 주종을 이루는 것은 역시 개일 것이다. 우리 아파트에도 듣기로는 개를 못 기르게 되어 있다는데, 아침저녁으로 앙증맞은 개를 안고 나오는 사람들이 상당히 많다. 엊그제 뉴스를 보니까 우리나라의 애완견 수가 250만 마리나 되고 애완견에 관련된 사업의 규모가 일 년에 1조 3,000억 원이 된다고 한다. 우리나라 사람들은 개고기를 먹는다고 하여 외국으로부터 비난을 많이 받고 있는데 이렇게 애완견을 많이 기르고 돈도 많이 쓴다는 것은 왜 외국에 잘 알려져 있지 않은지 모르겠다. 많이 기를 뿐만 아니라 애완견에 대한 우리나라 사람들의 애정은 아마도 어느 외국 사람들 못지 않으리라고 생각된다.

얼마 전에 동네 산에 산책을 나갔을 때였다. 소나무 숲 아래에 난 한적한 산책로를 걷고 있는데 앞에서 어떤 여자가 다급하게 외치는 소리가 났다.

"제니야, 제니야. 너 어서 이리 오지 못해? 너 혼자 가다가 길 잃어!"

제니는 말을 잘 안 듣는지 여자의 걱정하는 소리가 계속되었다. 좀 조용히 걷고 싶었던 때라 그들을 앞지르기로 마음먹었다. 걸음을 조금 빨리 해서 한 구비를 도니까 바로 앞에 중년 부부가 걸어가고 있었다. 그때 그들 앞으로 조그만 개 한 마리가 달려오는 것이 보였다. 여인은 얼른 개를 들어 안으면서 "너 또 엄마 떨어져서 혼자 돌아다닐 거야? 너 또 엄마 내버리고 혼자 달아날 거야? 너 길 잃어버리면 어떡할 거야?" 하며 야단을 치는 것이었다. 그러나 말로만 야단을 칠 뿐, 손으로는 조끼 입은 개의 등어리를 다정하게 쓰다듬고 있었다. 지나가면서 좀 자세히 보니까 개의 호사는 조끼뿐이 아니었다. 머리에는 리본도 달고 흰털을 군데군데 분홍색으로 염색까지 하였다. 그렇게 놀란 눈으로 들여다보는 내가 못마땅한지 개는 눈을 똑바로 뜨고 나를 쳐다보며 갑자기 짖기 시작했다. 체수는 작아도 소리는 여간 새되고 앙칼지지 않았다. 나는 무참해서 주인들의 눈치를 살폈다. 혹시 눈이라도 마주치면 내 쪽에서 해꼬지를 할 생각이 전혀 없었는데 개가 오해한 모양이라고 변명을 할 참이었다. 그러나 여자는 계속 개를 쓰다듬으며 앞만 내다보고 있고, 남자는 목청 좋게 잘 짖는 개가 대견한 듯이 입을 헤 벌리고 내려다보며 매우 만족한 미소를 짓고 있을 뿐이었다. 애매하게 자기네의 개한테 당하고 있는 나는 그들의 안중에 없었다. 공연히 어설픈 변명을 하려고 쭈밋대다가 무시당하고 머쓱해진 나는 서둘러 그들을 지나쳐 걸음을 재촉했다.

이런 사람들의 개 사랑을 보면 일단 감탄하지 않을 수 없다. 여자는 개더러 자신을 엄마라고 했고, 남자도 그 정이 담뿍 담긴 눈길과

흡족한 표정으로 보아 족히 자기를 아빠라고 자처할 만했다. 이로 미루어 보면 이들은 개를 자식같이 생각하고 있는 것이다. 서양 사람이 개를 가족같이 사랑한다고 하지만 스스로를 개의 엄마, 아빠라고 칭하는 것은 들어본 적이 없다. 그러니 개에 대한 사랑에서는 우리가 오히려 그들보다 훨씬 앞서 있다고 볼 수 있다.

그러나 조금 자세히 들여다보면 이들의 개 사랑에는 의심스러운 바가 많다. 우선 사람과 개의 관계가 석연치 않다. 예의 그 부부가 개의 부모라면, 개가 사람이 되거나 사람이 개가 되는 것 아닌가? 이것을 따지는 것은 그 사람들을 욕하려는 것이 아니라, 그들이 사람과 개를 동일시하는 데에 문제가 있기 때문이다. 물론 그 여인이 개의 엄마로 자처한 것은 단지 개에 대한 지극한 사랑을 뜻한 것뿐일 것이다. 그러나 그 여인이 개를 자식같이 사랑한다는 것을 액면 그대로 받아들이기 힘들었다. 사람이 개를 정말 사람과 차별 없이 사랑하는 것이 불가능하지는 않을 것이다. 그러나 그들같이 개를 애완용으로 기르는 사람들이 개를 사람같이 사랑한다는 것은 믿을 수 없었다. 예컨대, 자식은 아무리 귀여워도 결국은 독립된 인간이 되어 부모를 떠나도록 키우는데, 개도 그렇게 키울까? 그럴 리도 없지만 그럴 수도 없다. 그런 작은 개들은 이미 혼자 살 수 있는 능력을 상실한 지 오래이기 때문이다.

애완동물은 순전히 사람에게 기쁨을 주기 위해서 존재하는 인간의 소유물이다. 사람이 그것에 들이는 정성은 사람의 기쁨을 위한 것이지 동물의 기쁨과는 무관하다. 그날 본 개가 리본을 달고 털을 염색한 것도 사람이 저 좋아서 한 짓이지 개가 원한 것이 아니다.

그러므로 그것에 대한 애정도 인간 위주이고 이기적인 사랑이지 부모의 자식에 대한 숭고한 사랑과는 거리가 멀다.

우리보다 개를 더 사랑한다고 큰소리치는 서양 사람들도 개에 대한 이런 이기적 태도에 관한 한 우리보다 나을 것이 없다. 1960년대 말에 미국에 처음 갔을 때 여러가지 보고 놀란 것 중의 하나가 미국 개들의 삶이었다. 개가 집 안에서 넓고 푹신한 요 위에 누워 낮잠을 즐기는가 하면 영양분이 고루 섞인 맛있는 개밥을 먹으며 목욕도 자주 하고 공원에 산책 나갈 뿐 아니라 자동차 타고 드라이브까지 하는 등, 아무리 보아도 가난한 유학생인 나보다 월등히 상팔자였다. 그때 나는 어쩌다가 북어 대가리 하나 얻으면 큰 횡재였던 우리나라의 개들이 무척 불쌍하다고 생각했었다.

그러나 시간이 지나면서 사정을 좀 더 잘 알게 되자 생각이 바뀌었다. 미국의 개들이 그렇게 투실투실 살이 찐 것이 단지 잘 먹기 때문만이 아니었다. 미국의 개들은 대개가 성 불구자들이다. 암컷은 난소를, 수컷은 음낭을 제거당한 것이다. 교미기가 되면 암컷은 몸이 불결해지고 수컷은 발광 직전의 행태를 보이기 때문에 집안에 두기가 곤란하기 때문이다. 그래서 아예 발정을 못하도록 조치한 것이다. 심지어 개가 너무 짖으면 성대 제거 수술까지 시킨다. 이처럼 짝짓기와 생산에 들 막대한 에너지가 그대로 남으니 살이 안 찔 수 없다. 옛날에 우리나라에서 과부가 살이 찌면 청승살이라고 했는데 미국의 개들도 말하자면 청승살이 찐 것이다.

먹는 것도 사실 부러워할 것이 못 된다. 개도 이것저것 먹어야 재미지 매일 똑같은 개밥을 먹으니 무슨 맛이 있겠는가. 특히 개는 원래 포식동물捕食動物이기 때문에 사냥하던 때의 습관이 있어 뼈다귀를 잘 먹는다. 그러나 미국에서는 개에게 진짜 뼈다귀는 주지 않는다. 인조로 뼈다귀 같은 것을 만들어 주는데, 그것도 강아지 적에 무엇을 자꾸 물고 싶어 할 때나 준다. 지난번 미국에 일 년 가 있을 때, 주인집에 개가 한 마리 있었다. 몸집이 자그마한 수캐인데, 이놈 역시 중성화되어서 생식은 못하지만 먹기를 좋아해서 상당한 비만 상태였다. 나는 그 개가 좋아하는 모습이 귀여워서 가끔 소 갈비뼈를 주었다. 그런데 뜻밖에 주인이 주지 말아 달라는 부탁을 해 왔다. 이유는 개가 뼈를 소화 못해서 속탈이 나고 곱똥을 눈다는 것이었다. 큰 뼈도 아니고 소위 LA 갈비에서 나온 엄지손가락만한 얇은 뼛조각들인데 그중의 좀 단단한 것을 부수지 못해서 그냥 삼켜 버리는 것이 원인이었다. 필경 딱딱한 것을 먹어 버릇하지 않아서 이가 부실하거나 아니면 아귀힘이 약해진 모양이었다. 이것이 비글beagle이라는 영국서 토끼 사냥에 쓰던 사냥개가 미국서 호화생활을 한 결과였다.

이처럼 개로 보면 자기가 바라는 것이 다 봉쇄되었는데, 아무리 몸이 편한들 무슨 재미가 있겠는가? 사실 미국의 개들은 살은 쪘지만, 대체로 어딘지 생기가 없어 보인다. 개가 있는 집에 가도 개가 짖는 일이 별로 없다. 그래서 아무 생각 없이 응접실에 가서 앉고 보면 옆에 용충만한 개가 누워 있어 기겁을 하는 경우가 많다. 이들은 낯선 사람이 와도 누운 채로 고개만 들어서 보고, 주인하고 관계가 괜찮은 사람이라고 판단되면 이내 다시 고개를 떨구고 잠을 계속 자는 것이 보통이다. 혹시 주인이 부르면 마지못해 일어나 다가와서 두어 번 꼬리를 흔드는 시늉을 하고는 다시 제자리로 가 눕기 일쑤다. 만사가 시들하다는 표정이다.

이뿐만이 아니다. 영양섭취는 많고 운동량은 적은 현대인들이 소위 성인병으로 고생하듯이, 미국의 개들도 똑같은 이유로 고통당한다. 비만, 고혈압, 당뇨병, 관절염, 심지어 백내장까지 앓는다. 이렇게 속내를 알고 보면 미국 개들의 삶은 상당히 비참한 것이다. 차라리 복날에 비명횡사할망정 제 마음대로 들판을 마구 쏘다니고, 암캐를 차지하기 위하여 진흙 구덩이에서 뒹굴며 싸우는 우리 시골의 누렁이가 훨씬 더 행복할 것이다.

개는 아마도 인간과 가장 오래 같이 살아 온 동물이지만 그래도 그 나름의 삶이 있었다. 그런 삶은 개에게 임무를 부과하고 시간적·공간적으로 개로 살 수 있는 자유를 주었기에 가능했던 것이다. 그런데 서양 사람들이 개를 사랑한답시고 집안에 데리고 들어가 하루 스물네 시간 같이 사는 통에 개의 생활은 없어지고 말았다. 요즘 우리나라에서 애완견을 기르는 유행이 생긴 것은 개를 집 안에서 기르는 서양의 생활을 모방한 것일 게다. 서양 사람들과 좀 다른 것은 저들은 개 노릇을 충분히 할 수 있는 큰 개들을 집 안에서 기르는 데 비해, 우리는 이미 개라고도 할 수 없이 퇴화한 애완용 작은 개들을 주로 기른다는 점이다. 그러나 우리의 강력한 모방 추세로 보아 멀쩡한 큰 개들을 집 안으로 끌어들여 병신을 만드는 날도 멀지 않을 것 같다. 그렇게 되면 우리나라에서도 개다운 개는 영 못 보게 될 것이다.

사랑이 한쪽 본위로 행해질 때 그것이 상대방에게는 커다란 고통과 속박이 된다는 것은 주지의 사실이다. 그런데 그런 이치가 사람들의 관계에만 적용되는 것은 아닐 것이다. 사랑이 상대방의 개체성을 인정하는 전제하에 이루어질 수 있는 관계라면, 그 이치는 대상이 무엇이건 사랑이 이루어질 수 있는 관계에는 다 적용되어야 마땅하다. 특히 개와 같은 고등동물은 욕구불만으로 인해 겪는 좌절감이 사람에 진배없으므로, 개를 정말 사랑한다면 사람이 바라는 대로 그것의 삶을 제약할 것이 아니라 그것이 원하는 것을 할 수 있게 해 주어야 할 것이다. 개 사랑은 개가 개로 살 수 있게 해 주면서 그것에 애정과 보살핌을 줄 때에 참사랑이 될 수 있을 것이다.

『아홉 사람 열 가지 빛깔』 2003. 10

처녀치마

재작년 봄이었던가. 점심을 들고 나서 학교식당 밖으로 나오니까 햇살이 눈부시게 따사로웠다. 함께 점심을 든 모산茅山이 관악산 쪽을 한번 쳐다보더니 느닷없이 처녀치마 보러 가지 않겠느냐는 제안을 했다. 마침 오후에 강의도 없는데다가 나는 그 꽃을 도록圖錄에서만 보고 실물은 본 적이 없는 터라 기꺼이 응했다. 연구실에 등산복도 있건만, 옷도 갈아입지 않고 신사화 차림으로 산을 오르기로 했다. 그렇게 화창한 봄날에는 왠지 즉흥적으로 행동해야 마땅하다고 생각되었던 것이다. 삼, 사십 년 전, 이렇게 천지에 가득히 봄기운이 아른거리는 날이면 끓어오르는 춘정을 가눌 수 없어서 만사를 제쳐놓고 강나루로, 산등성으로 무작정 내달리던 충동적인 젊은 시절이 있었다. 그때의 그 숨 가빴던 감격은 이제 사그라져 버렸지만, 그 아름다운 기억을 위해서라도 지금도 요만한 반란쯤은 있어야겠다는 생각이 들었던 것이다.

우리는 아이들같이 지껄이며 산을 올랐다. 저수지가 있는 계곡을 따라 가다가 거의 주능선에 닿을 무렵, 커다란 산벚나무가 있는 데에서 동쪽 골짜기로 접어 들어가니까 관악산에도 이렇게 깊은 구석이 있나 싶을 정도로 그윽한 곳이 나타났다. 실개천을 따라 조금 가다가 보면 다시 남쪽 주능선을 향해 난 가파른 소로小路가 나오는데 모산은 그곳이 처녀치마가 있는 곳이라고 하였다.

그러나 이제까지 호기 있게 앞장을 서 가던 그가 막상 그곳에 이르자 주위를 두리번거리며 머뭇거렸다. 그러더니 이내 실망한 소리로 "꽃이 벌써 다 졌어" 하는 것이었다. 그가 가리키는 곳을 보니까 잎사귀는 벌개비취 비슷하지만 키가 작아 땅에 붙은 풀잎들이 시들어 있었는데 그 가운데에 두어 치 정도 싹이 솟아오른 것이 보였다. 그것이 처녀치마가 시들고 나서 새로 돋은 싹이라는 것이었다. 형상은 꼭 몽톡한 붓을 세워 놓은 것 같은데 빛깔은 진초록인데다가 윤기가 자르르 흘렀다. 그 모양이 하도 고와서 그것만으로도 꽃을 놓쳐 실망한 마음에 적이 위로가 되었다. '싹이 저렇게 예쁘니 꽃은 얼마나 더 예쁠까' 하고 궁금증이 더했고, 그래서 다음해에는 좀 더 일찍 와서 꼭 보리라 다짐했다.

그러나 작년에도 허탕을 치고 말았다. 이맘때쯤이려니 하고 마음먹고 올라갔는데 어찌된 영문인지 그 골짜기를 찾을 수가 없었다. 산이라는 것이 참 묘해서 표시가 될 만한 것을 눈여겨보지 않고 남의 뒤만 따라간 곳은 아무리 뻔한 것 같아도 다시 찾아가지 못하기가 일쑤다. 그래서 작은 산이라도 절대 얕잡아 보면 안 되는 법이다. 산을 다니는 사람이면 여러가지로 산을 존중해야 하는데 이 점도 그중의 하나이다. 그간 이십여 년을 산에 다니면서 얻은 이 교훈을 내가 또 지키지 않고 교만을 부리다가 낭패를 본 것이었다.

금년 봄에는 몇 해 전 우리 과에서 정년한 우계友溪하고 다시 처녀치마를 찾아 저수지 계곡을 올라갔다. 떠나기 전에 모산에게 전화를 걸어 위치를 대강 다시 듣고 올라갔는데도 또 못 찾고 말았다. 우리가 이번에도 실패했다는 소식을 듣자 모산이 직접 우리를 데리고 가겠다고 나섰다. 요통이 심해서 누워 있던 양반이 허리에 코르셋을 하고 지팡이를 짚고 나온 것이다. 원래 이 두 선배들은 박물학에 조예가 깊은데다가 이제 다 정년을 하여(그 사이에 모산도 정년을 하였다) 시간적 여유가 생기니까 요즘은 디지털 카메라를 각각 구입하여 야생화를 찍는 새 취미에 푹 빠져 있는 터였다. 그래서 도중에 빛 고운 철쭉꽃을 만나면 그것을 찍느라 자꾸 지체되었다. 그러느라고 반도 못 가서 해는 벌써 기웃해졌고, 나는 얼른 가서 보고 싶은 마음에 여간 조바심이 나지 않았다.

가면서 보니까 길은 지난번에 우계하고 왔던 바로 그 길이었다. 우리가 포기하고 돌아선 데에서 불과 4, 50미터 떨어진 곳에 그 주능선 쪽으로 꺾어 올라가는 마지막 비탈길이 있었다. 그러나 더 갔더라도 찾아냈을 가능성은 별로 없어 보였다. 왜냐하면 길이 그치고 없어진 것 같은 데에서 바위를 타고 내려가야 비로소 그 소로가 나오기 때문이다. 처녀치마가 있는 곳은 그만큼 외지고 호젓한 데여서 웬만해서는 사람들이 들어갈 생념을 내지 못할 곳이었다.

그 소로가 나타나자 나는 급한 마음에 얼른 앞장서서 잰걸음으로 올라갔다. 그러나 아무리 눈을 크게 뜨고 주위를 둘러봐도 꽃이라고는 하나도 보이지 않았다. 그 순간 이번에도 또 너무 늦어 꽃을 못 보는 것이 아닌가 하는 실망감으로 가슴이 철렁 내려앉았다. 그러자 뒤따라 올라온 모산이 실망감에 젖어 서 있는 나를 보며 빙긋이 웃으며 한마디 했다.

“안 보이지? 처녀의 치마인데 그렇게 쉽게 볼 수 있겠어?” 하더니, “저기 소나무 있는 데로 가 봐” 하며 길가에서 한 이십 보쯤 떨어져 있는 큰 소나무를 가리켰다. 우거진 덤불을 조심스레 헤치고 소나무 쪽으로 다가가자 언뜻 분홍색 꽃이 하나 눈에 들어왔다. 처녀치마였다.

“여기 있다” 하고 소리치자 우계가 뒤따라 들어왔다. 처녀치마를 찾아 이 골짜기를 헤맨 지 삼 년 만에 겨우 이루어진 해후였다. 우리 둘은 그 작은 꽃을 진귀한 보물인양 한참 들여다보았다.

월동한 잎들이 시들어 처진 가운데에서 통통한 줄기가 반 뼘쯤 솟아오르고 그 끝에 분홍색 꽃이 고개 숙여 피었는데, 형상은 여자아이 단발머리의 뒷모습 비슷하였다. 얼른 보면 한 송이 꽃 같지만 자세히 보니까 기다란 작은 꽃이 여럿 합쳐진 것이었다. 그래서 주름진 치마같이 보이기도 했다. 그런데 왜 하필 처녀의 치마일까? 분홍색이고 예뻐서 그랬을까? 그러나 모양으로만 보면 여자 아이들이 입는 깡동한 짧은 치마이지 다 큰 처녀가 입을 옷 같아 보이지는 않았다. 그 꽃 이름이 순전한 우리말이라면, 혹시 ‘처네치마’가 와전되어 ‘처녀치마’가 된 것 아닐까 하는 생각이 들었다. 옛날에는 장옷이라고 여자들이 머리에 쓰던 주름치마 모양의 옷이 있었는데 그것을 일명 ‘처네치마’라고도 하였다. 처녀치마 꽃의 모양이 주름진 것 같고 전체가 사다리꼴 형상을 하고 있어서 그 처네치마하고 흡사한 점이 그런 생각을 뒷받침해 주었던 것이다. 그러나 그보다 처녀치마가 얼마나 더 매력적이고 예쁜 이름인가. 공연히 확실치도 않은 어원을 들먹여 한껏 부풀은 일행의 기분을 잡치게 할 일이 아니었다. 그래서 “거 참 예쁘고 빛깔 고운 것이 처녀의 치마 같네” 하고 짐짓 큰 소리로 경탄했다.

그러자 우계가 야생화는 하나만 혼자 피어 있는 법이 없고 반드시 근처에 또 있다는 경험담을 펴면서 주위를 살피기 시작했다. 그러더니 아닌 게 아니라 얼마 안 가서 정말 먼저 것보다 상태가 훨씬 더 좋은 것을 찾아내었다. 나도 하나 찾아야겠다고 부지런히 좌우를 살피며 올라갔으나 근처에서는 못 찾고, 주능선에 거의 다 가서야 겨우 하나를 찾았다. 먼저 것들과 같이 꽃들이 가지런히 아래를 향해 핀 것이 아니라, 꽃이 좀 쇤 탓인지 몇 개가 위로 들려 있었다. 그 모습을 보자 모산이 "저건 치마가 들린 것을 보니까 바람난 처녀치마군!" 하여 모두가 한바탕 웃었다.

능선에 올라서서 돌아보니 우계와 모산은 아래에서 처녀치마를 찍느라고 정신이 없었다. 나는 급히 올라오느라고 못 보았는데 이번에도 우계가 여럿이 아주 다발로 핀 것을 발견하여 카메라에 담고 있었다. 꽃을 사이에 두고 두 사람이 아예 땅에 엎드려서 카메라를 든 채 머리를 거의 맞대고 있는 모양은 백발만 아니라면 영락없는 장난꾼이 선머슴의 모습이었다. 꽃이 그렇게 나이를 잊게 해 주는 것이었다. 그것은 아마도 꽃이 나이에 차별을 두지 않고 누구에게나 자기가 가진 것을 모두 내주기 때문이리라.

사진을 다 찍고 하산할 즈음에는 골짜기가 벌써 어둑어둑해지고 있었다. 세 사람이 반나절 산길을 걸어서 찾은 것이 풀꽃 하나였지만, 우리는 모두 크나큰 소득을 얻은 양 가슴이 뿌듯하고 의기양양해 있었다. '관악산 그 많은 골짜기에서 처녀치마가 있는 데를 아는 사람이 몇이나 될거냐' 생각해 보니 의기양양해지지 않을 수 없었던 것이다. 그러나 그것보다도 더 우리를 흐뭇하게 해준 것은 난향蘭香처럼 은은하게 가슴 속에 퍼지는 행복감이었다. 그것은 아름다운 것, 드문 것을 본 즐거움 때문만이 아니었다. 우리에게 새 사랑이 생긴 것이었다. 우리는 이제부터 그 앙증맞은 모습을 가슴 속에 지니고 일 년을 기다려서 내년 이맘때쯤이면 이 골짜기를 설레는 마음으로 다시 오를 것이고, 그 꽃은 새 단장을 하고 우리를 맞이할 것이다. 그래서 우리는 또 여기서 일 년 만에 해후를 즐길 것이다. 마치 은밀한 장소에서 밀회를 약속한 애인과 만나듯이. 이것이 사랑이 아니면 무엇이랴.

그러나 이 사랑은 사람에 대한 사랑보다 훨씬 평화롭고 맑은 사랑이다. 사람을 사랑하면 상대방을 독차지하고 싶어지고, 또 이쪽에서 주는 만큼 저쪽에서도 상응한 애정 표시를 해 주기 바라게 마련이다. 그리고 욕망의 불길이 일어 가슴앓이를 하기도 하고, 질투와 의심으로 전전반측하며 밤을 지새우기도 한다. 그러나 들꽃에 대한 사랑은 그렇게 이기적이거나 탐욕적이지 않다. 그것을 귀히 여기면서 그것의 아름다움을 상찬하는 것은 온전히 나의 몫일 뿐이고, 내가 그것에게 바라는 바는 없다. 그것은 그저 거기 있어 주기만 하면 되는 것이다. 또 나만이 그 꽃을 독차지하려는 것이 아니라 그것을 사랑할 수 있는 사람이면 아무리 많아도 환영이다. 이렇게 보상을 바라지 않고 욕심 없이 정을 쏟는 갸륵한 사랑이기에 그것이 주는 행복감도 그만큼 순수하고 그윽한 것이다. 땅거미 진 산길을 내려오는 우리들의 가슴을 가득 채웠던 것은 바로 그런 맑은 행복감이었다.

『무명옷 세대의 뒤안길』 2004. 3

보물 줍기

서울의 개포동에 살다가 용인의 수지水枝로 이사 온 후로 좋아진 것 중의 하나는 등산하러 멀리 갈 필요가 없다는 점이다. 개포동에도 대모산, 구룡산 등이 있기는 하지만, 산이 좀 작아서 하루를 바쳐 등산하기에는 다소 부족한 바가 있는 곳들이었다. 그래서 제법한 등산을 하려면 전철이나 버스를 타고 멀리 가야만 하는 불편이 있었다. 어쩌다 북한산이나 도봉산을 가게 됐을 때는 새벽같이 일어나 서둘러야 했고, 그래서 일요일에도 아침잠을 설치는 경우가 많았다.

그런데 새로 이사 온 수지는 바로 광교산을 등지고 있어서 멀리 갈 필요가 없어진 것이다. 이 산은 높이도 청계산에 버금갈 정도인데다가 덩치가 크고 줄기가 여러 갈래여서 계곡도 꽤 많은 편이다. 또 백운산, 바라산, 청계산 등으로 이어져 있어서 등산을 오래 하려면 하루 온종일을 할 수도 있는 곳이다.

이 산의 좋은 점은 그뿐만이 아니다. 우선 육산肉山이어서 돌이 별로 없고 경사가 완만한데다가, 나무가 우거져서 등산로가 대체로 그늘진 길이다. 또 공기도 서울보다 훨씬 더 맑으니, 나이든 사람이 운동으로 등산하기는 이보다 더 나은 곳을 찾기가 어려울 성싶다. 이렇게 좋은 산이 집에서 한 오 분만 걸으면 닿을 거리에 있으니까, 이제는 늦잠을 늘어지게 자고 나서도 등산을 마음껏 할 수 있게 된 것이다.

내가 이사 왔던 당시만 해도 산은 그렇게 좋은 데 비해 등산객이 별로 없었다. 그래서 또 한 가지 좋은 점은 산이 깨끗하다는 것이었다. 그런데 요즘 들어 이곳의 인총이 늘면서 등산객 수도 점점 많아지더니 문제가 생기기 시작했다. 그중에서도 가장 심각한 것은 여기저기 쓰레기가 널려 있게 된 것이다. 처음 보았을 때부터 지저분한 산이었으면 그러려니 할 수도 있지만, 얼마 전까지만 해도 정결했던 산이 나날이 지저분해지는 것을 내 눈으로 목도하니까 여간 안타깝지 않았다. 그러나 속만 태운다고 사정이 나아질 리 없었다. 남이 무슨 조치를 취해 주기를 바랄 것이 아니라, 평소에 산의 혜택을 많이 받은 내가 이럴 때에 청소라도 하여 산에게 보답 좀 해야겠다는 생각이 들었다. 그러나 언제나 산에 와서 쓰레기를 보아야만 그런 생각이 나고, 집을 나설 때면 늘 까맣게 잊고 나왔다. 그래서 산에 와서 쓰레기를 보면 한탄만 할 뿐, 주울 준비가 안 됐다는 핑계로 시행을 차일피일 뒤로 미루고 있던 터였다.

그러던 차에 하루는 사람들이 많이 모이는 형제봉 근처에서 쓰레기를 줍는 노인을 보게 되었다. 그는 커다란 집게를 들고 사람들이 앉아 있는 사이를 다니면서 아주 작은 쓰레기까지 말끔히 주웠다. 고맙기도 했지만, 노인이 그런 궂은일을 하는데 상대적으로 젊은 내가 가만히 앉아 있기가 민망하였다. 보고만 있기가 송구해서 치하라도 한마디 하고 싶었지만, 그런 입치레보다는 말없이 청소를 실행하는 것이 더 나을 것 같아서 그만두었다.

그로부터 얼마 후 나도 작심하고 도구를 준비하여 쓰레기를 주웠다. 주울 때마다 느끼는 것이지만 쓰레기를 줍는 것이 순전히 귀찮은 노역만은 아니다. 그것에는 일종의 재미도 있다. 눈에 거슬리게 색깔이 요란한 사탕이나 과자의 포장지를 주워서 비닐봉지에 넣으면 그렇게 지저분해 보이던 곳이 금방 티 없이 푸른 풀밭으로 바뀌니 무슨 요술 같았다. 그렇게 깨끗해진 풀섶을 돌아보노라면 스스로도 대견하고, 보람도 뿟뿟히 느낄 수 있는 것이다. 또 그 쓰레기를 주워서 봉지에 넣을 때에는 포획의 쾌감도 있다. 마치 항아리 속에서 빠져나와 세상을 다 뒤덮을 만큼 커지는, 『아라비안 나이트』에 나오는 악마를 다시 항아리에 잡아넣는 것 같은 안도감과 쾌감이 그것이다. 줍지 않고 그대로 놔두면 바람에 날리고 비에 쓸려 온갖 곳을 다 돌아다니며 볼썽사나운 모습을 연출할 것을 비닐 주머니에 잡아넣어 꽉 묶어서 쓰레기통에 넣으면 고스란히 소각되어 다시는 그렇게 세상을 어지럽히지 못하게 될 것이기 때문이다.

그러나 마음이 이렇게 노상 즐거운 것만은 아니다. 첫째는 청소원도 아닌 터에 중뿔나게 남 보는 데서 쓰레기를 줍는다는 자의식에서 오는 계면쩍음이 마음을 불편하게 한다. 또 벤치 주위를 청소할 때면 앉아 있는 사람들에게 면박을 주는 것 같아서 민망하고, "혼자 깨끗한 척 하네" 하고 그들이 속으로 욕할까봐 뒤꼭지가 따갑기도 하다. 쓰레기 자체에 대한 혐오감도 물론 있다. 특히 음식 찌꺼기가 담긴 스티로폼 그릇이나 비닐 용기에서는 국물이 흘러나오기도 하고 악취가 나기도 해서 여간 불쾌하지 않다. 그러나 내 마음을 가장 불편하게 하는 것은 버리는 사람들에 대한 분노다. "산이 좋아 찾아온 사람이 어떻게 산을 이렇게 더럽힐 수 있을까? 어떻게 그렇게 남을 조금도 배려하지 않을까? 아이들에게 도대체 무엇을 가르치는가?" 쓰레기를 주우며 나는 이런 질문을 수없이 혼자 뇌까린다. 이렇게 속으로 묻는 것은 버리는 사람들의 심정을 정말 알고 싶어서가 아니라, 그들에 대한 분노를 이렇게 돌리지 않고 그대로 표출하면 상스런 욕설이 되고 말 것이 분명하기 때문이다.

내가 이처럼 분노를 애써 삭이려 하는 것은 산에서 쓰레기를 줍는 사람들과 만났을 때에 별로 유쾌하지 못한 경험을 한두 번 한 적이 있기 때문이다. 한 번은 수굿이 모자를 눌러 쓰고 쓰레기를 줍는 사람을 보고 "좋은 일 하십니다. 고맙습니다"고 치하를 했더니 그 사람은 흘깃 나를 한 번 쳐다보고는 아무 말 없이 지나가 버렸다. 내 말을 듣고 쳐다본 것으로 보아 귀가 어두운 사람이 아닌 것은 분명한데, 표정으로 보아 말 상대하고 싶지 않다는 뜻이 역력했다. 또 한 번은 커다란 봉지가 꽉 찰 정도로 많은 쓰레기를 주워 들고 내려오는 사람을 만난 적이 있었다. "수고 많으십니다"고 내가 인사를 하였지만 그는 내 인사에는 답례를 하지 않고, 대신 쓰레기 봉지를 들어 보이면서 산을 어질러 놓은 사람들을 심하게 꾸짖기 시작했다. 알고 보니 그는 쓰레기를 주우면서 이미 화가 잔뜩 나 있어서 누구에게인가 그 화풀이를 하려던 차에 내가 말을 건 것이었다. 비난을 시작하면서 점점 더 흥분해 가던 그는 비난의 대상을 확대하더니 급기야는 산을 오르는 사람 모두를 공범자로 매도하기에 이르렀다. 그의 비난은 욕설이 반이었다. 고마운 마음이 들어 인사 한 번 했다가 졸지에 산을 훼손하는 무리의 하나가 되어 버린 나는 여간 입맛이 씁쓸하지 않았다.

그래서 나는 쓰레기를 줍되 버리는 사람에 대한 원망을 되도록 누르고 그저 산이 좋아서 산을 가꾼다는 쪽으로 생각하기로 마음을 먹었다. 그래서 쓰레기를 치우면서 콧노래까지는 못 부르더라도 밝은 표정으로 줍고, 누가 치사를 하거나 인사를 하면 웃는 낯으로 답하리라고 작정하였던 것이다. 그렇게 마음을 먹으니까 무시로 치솟던 분노도 많이 삭고 마음도 여간 편안하지 않았다.

오늘도 이런 마음으로 쓰레기를 줍고 있는데, 한 호기심 많은 아주머니가 가던 길을 멈추고, "아저씨, 무엇을 주우세요?" 하고 묻는다. 그 묻는 품이 필경 내가 숲에서 무슨 좋은 것을 혼자 주워 갖는 것으로 생각하는 모양이었다. 하기야, 이 큰 숲을 다시 쾌적한 곳으로 만들 수 있는 것이면 이 아니 귀하고 좋은 것인가. 그래서 "보물 줍습니다"라고 대답하고는 웃으면서 쓰레기를 들어 보였다. 아주머니는 별 실없는 사람 다 보겠다는 표정을 지으며 말없이 핑 돌아서서 가 버리고 말았지만, 곰곰이 생각할수록 명답이었다. 이것을 주움으로써 산에 이로울 뿐만 아니라 내게도 남에게도 모두 이로우니 이것이 보물이 아니고 무엇이겠는가. 그리고 나서 조금 더 가자 쓰레기가 유난히 많이 널려 있는 곳이 나왔다. 일일이 줍기가 좀 짜증났지만 "허허, 이게 다 보물인데 짜증을 낼 이유가 어디에 있나?" 하고 마음을 달래며 차근차근히 주웠다. 이제는 다 주웠거니 하고 그곳을 지나 몇 발짝 걸어오는데 눈결에 무언가가 언뜻 보였다. 돌아보니까 나무줄기가 구새 먹은 곳 안에 쓰레기 봉지가 들어 있는 것이었다. 그 순간 나도 모르는 사이에 속의 말이 튀어나오고 말았다. "이런 얌통머리 없는 X 같으니라구. 쓰레기를 버릴 것이면 차라리 보이는 곳에나 버릴 일이지, 이렇게 나무 속에 버리면 이 나무는 어떻게 살란 말인가?" 내 입에서 욕이 나간 것을 깨닫자, 나는 당황하여 주위를 둘러보았다. 아까 그 아주머니야 반대 방향으로 멀리 가버렸지만, 혹시 내 뒤를 따라오던 사람이 있어 내 욕설을 들었을까 걱정이 되었기 때문이었다. 다행히 주위에 아무도 없었지만, 혼자서도 여간 무참하지 않았다.

방금 전까지도 무얼 줍느냐고 묻는 사람에게 "보물" 운운하며 호기를 부리던 내가 그런 허장성세를 불과 5분을 더 견지하지 못하고 본색을 드러내고 만 것이다. 쓰레기는 내게 보물이 아니라 여전히 쓰레기였고, 그것을 줍는 일은 역시 싫은 일이었다. 그것이 정말 보물로 보이고 그것을 줍는 일을 순전한 기쁨으로 느낄 수 있는 사람은 성자밖에 없을 것이다. 집안에서도 성 잘 내기로 별호가 난 내가 그런 성자의 경지를 넘보았다니 스스로 생각해도 가소로웠다.

그러자 갑자기 맥이 빠졌다. 이렇게 쓰레기를 줍는 것 자체도 위선이 아닐까 하는 생각이 들었기 때문이다. 그러나 냉정히 반성해 보아도 꼭 그렇지만은 않은 것 같았다. 쓰레기가 없는 깨끗한 숲을 바라는 것은 나의 가식 없는 소망이고, 또 내가 좀 수고를 하여 깨끗해진 숲을 볼 때에 느끼는 기쁨도 남이 인정하고 안 하고와는 관계가 없는 것이기 때문이었다. 그러나 앞으로는 누가 물으면 그냥 "쓰레기를 줍습니다"라고 대답하리라. 그리고 당치도 않은 호기를 부리는 대신, 산의 쓰레기와 함께 내 마음 속 곳곳에 박혀 있는 쓰레기도 비닐봉지에 함께 담도록 노력하리라.

『무명옷 세대의 뒤안길』 2006. 7

두견이

근년에는 새들이 자꾸 우리 주위를 떠나 버리는 서글픈 경험만 하던 중에 어느 날 이변이 일어났다. 재작년 4월인가, 진달래가 질 무렵이었다. 늘 하듯이 그날도 광교산을 등산하고 내려오는 길인데 가까운 곳에서 느닷없이 두견이 우는 소리가 들렸다.

"쪽쪽, 쪽쪽쪽쪽."

그 소리를 처음 들었을 때 나는 하도 오랜만에 듣는 것인지라 사실인지 환청幻聽인지 헷갈렸다. 아무리 둘러보아도 새는 보이지 않았다. 그러나 그 소리는 어찌나 가까운 데서 나던지 거의 "쫙쫙, 쫙쫙쫙쫙" 하는 소리로 들릴 정도였다. 나는 반가워서 어쩔 줄을 모를 지경이었다. 마침 40대쯤 되어 보이는 등산객 한 명이 지나가기에 그에게 소리쳤다.

"두견이가 왔어요, 두견이가요!"

"예?" 그는 어리둥절해서 나를 쳐다보았다.

그는 두견이 소리를 모르는 모양이었다. 그래서 "저게 두견이 소리입니다" 하고 일러주자 그제서야 고개를 숙이고 잠시 듣더니만 이내 아무 말 없이 가 버리고 말았다. 나는 좀 더 공감을 표시해 줄 사람에게 이 기쁜 소식을 전하고 싶었지만, 다른 등산객이 오기 전에 새 소리는 그치고 말았다.

소리가 없어진 후에도 나의 흥분은 쉽사리 사그러들지 않았다. 그렇게 오랫동안 사라졌던 새가 다시 돌아오다니! 이제는 영영 없어져 버렸다고 단념했던 봄날의 그 애틋한 정서를 되살릴 수 있다니! 그렇다면 우리 주위의 자연 상태가 호전되어 간다는 것이 아닐까? 망가지기만 한다고 생각했던 생태계가 모르는 사이에 복원되고 있는 것이 아닐까? 이런 희망과 함께, 두견이를 매개로 한 그 풍부한 정신적 문화유산이 되살아날 것을 기대하니 새소리가 그친 뒤에도 내 가슴은 흥분으로 두근거렸다.

어찌 흥분하지 않을 수 있겠는가? 두견이야말로 한국과 중국에서는 시문에서 가장 많이 운위된 새가 아닌가? 우리나라에서 작자가 알려진 최초의 가사라고 하는 "정과정곡鄭瓜亭曲"에서부터 "내 님을 그리사와 우니다니 산접동새난 이슷하요이다" 하는 첫 구절에 나올 뿐만 아니라, 역시 고려조 이조년李兆年의 절창인, "이화에 월백하고 은한이 삼경인 제/ 일지춘심을 자규야 알랴마는/ 다정도 병인 양하여 잠 못 이뤄 하노라" 하는 시조에서도 두견이는 시인의 마음을 사로잡고 있다. 현대에 와서도 서정주의 「귀촉도」는 아예 두견이를 제목으로 쓰고 있는 지경이다.

한문학에서도 두견이는 자규子規, 귀촉도歸蜀道 외에도 두혼杜魂, 두백杜魄, 두우杜宇, 촉혼蜀魂, 촉백蜀魄, 촉조蜀鳥, 촉혼조蜀魂鳥, 망제望帝, 불여귀不如歸, 사귀조思歸鳥, 시조時鳥, 주각제금住刻啼禽, 주연周燕 등 여러가지 이름으로 불리는 것으로 보아 그 새가 수많은 시인 묵객에 의해 노래되었음을 짐작할 수 있다. 일례로 이백李白도 고향을 그리며 이렇게 읊고 있다.

蜀國曾聞子規鳥　일찍이 촉국에서 자규소리 듣더니
宣城還見杜鵑花　선성에서 다시 철쭉꽃을 보는구나.
一叫一廻腸一斷　울어 돌아볼 때마다 애 한번 끊어지니
三春三月憶三巴　삼춘 삼월에 삼파를 그리노라.

제목은 「선성견두견화宣城見杜鵑花」라고 되어 있으나 시인의 시심을 자극한 것은 꽃보다는 두견이이다. 이백의 고향은 지금의 사천성인 옛날의 촉국이다. 그는 만년에 지금의 안휘성에 있는 선성에 살았는데, 거기서 철쭉꽃(두견화는 흔히 진달래라고 하지만 필자가 중국 남부에서 본 두견화는 철쭉에 가까웠다) 피는 봄철에 두견이 소리를 듣고 고향인 삼파(巴郡, 巴東, 巴西)를 그리워하며 읊은 시다.

이처럼 두견이 소리가 고래로 시인들의 심금을 울린 이유는 몇 가지로 생각해 볼 수 있다. 첫째로 그것이 진달래가 피기 시작하여 철쭉이 질 때까지 산에 꽃이 한참일 때 많이 울고, 둘째로 단조로운 소리로 밤낮을 이어 끊임없이 울기 때문일 것이다. 산과 들에 봄꽃이 만발하는 시절은 젊은이들의 가슴이 춘정으로 들뜰 때이고, 또 집 떠난 자에게는 고향이 사무치게 그리운 때다. 젊은 남녀의 임에 대한 그리움이나 나그네의 고향에 대한 그리움이나 이때에 느끼는 그리움은 다른 때보다 더 간절하여 오매 간에 마음이 산란하게 되어 있다. 그래서 옛사람들이 밤낮 없이 울어대는 두견이에게 그 심경을 의탁했을 것이다. 셋째로 모습을 숨긴 채 이리저리로 옮겨 다니며 울기 때문일 것이다. 두견이는 뻐꾸기와 같은 과에 속해서 뻐꾸기같이 비밀스런 새이기 때문에 좀처럼 모습을 드러내지 않는다. 그러면서 이 골짜기 저 등성이로 날아다니며 우는 것이 마치 무슨 원혼이 한 서린 곳을 떠도는 것 같고, 말 못할 통절痛切한 사연을 호소하려는 것 같기도 한 것이다. 그래서 두견이의 소리는 원통한 심사나 별리別離의 한恨, 또는 사별의 슬픔에 자주 비유되었을 것이다.

그리움이건 한이건 두견이의 소리가 자아내는 느낌에는 슬픔이 기조基調를 이루고 있다. 요즘 사람들은 봄을 희망과 활력의 계절로만 느끼겠지만, 옛날에 우리는 봄의 활력 속에서도 어딘지 아련한 슬픔이 배어 있는 것을 느꼈었다. 언덕에 피어오르는 아지랑이에도, 산야에 피는 들꽃에도, 촉촉히 대지를 적시는 가는 빗줄기에도, 한 가닥 슬픔이 스며 있었다. 그것은 봄이면 현기증에 시달리던 허약한 심신이 빚어낸 감상感傷만은 아니었다. 물론 춘곤증이 그 슬픔을 더 감상적으로 만들었을 수는 있지만, 그런 감상이 작용하기 이전에 슬픔이 있었다. 지금도 봄날 시골의 한적한 들길을 거닐면 그런 기분을 느낄 수 있을 것이다.

봄은 위축되었던 천지의 기운이 새 생명의 발현을 위해 활발히 활동하는 때이지만, 그렇다고 그 기운이 천지에 소생의 기쁨만 가득하도록 작용하는 것은 아닐 것이다. 음양이 늘 함께 가며 조화를 이룬다면, 기쁨이 성하다고 슬픔이 아예 없어지는 것은 아닐 것이기 때문이다. 일상생활 속에서도, 기쁨에 겨워 흔희작약해야 할 순간에 왈칵 눈물이 솟는다든지, 만남의 기쁨 속에 벌써 헤어짐의 아픔을 함께 느끼는 경우를 우리는 얼마나 자주 겪는가? 실제로 봄에 쓰인 시들을 보더라도 소생과 만남의 기쁨보다는 상실과 헤어짐의 슬픔을 노래한 것이 훨씬 더 많다. 이를 근거로 봄을 슬픔의 계절이라고 주장할 수는 없겠지만, 봄에 슬픔이 있다는 주장은 충분히 할 수 있다.

시인들은 왜 봄에 기쁨보다 슬픔을 더 많이 노래할까? 기쁨이 주는 감동은 이내 가셔버리지만 슬픔이 주는 감동은 오래가면서 긴 여운을 남기기 때문일 것이다. 그것은 또 슬픔이 기쁨보다 우리 내면의 더 깊은 곳을 울리기 때문이리라. 그 깊은 곳에 슬픔에 공감하는 것이 있다면, 그것은 우리 인간이라는 존재의 심연에 슬픔이 자리하고 있다는 뜻이다. 인간의 삶이 곧 이 같은 존재의 자기실현이라면, 그것은 또 우리의 삶의 근저에 슬픔이 자리하고 있다는 뜻도 된다. 테니슨A. Tennyson이 그의 한 유명한 시에서 "눈물, 하염없는 눈물, 나는 그 까닭을 모르네"라고 읊은 것도 필경 이런 슬픔일 게다. 이처럼 구조적으로 슬픔을 그 일부로 하고 있는 삶—그것이 삶의 근원적인 모습일 것이다. 그것과 만날 때 우리는 슬픔과 동시에 숙연함을 느끼게 된다. 모든 근원적인 것과 마주치는 순간은 언제나 엄숙하고 신성하기 때문이다.

그러므로 생명의 축제장 같은 봄의 산하에 한 가닥 애련한 슬픔이 어려 있다는 것은 오히려 당연한 일이다. 봄날 삶의 희열이 소용돌이치는 속에서 이 뜻밖의 상반된 속성을 확인함으로써 우리는 삶의 깊이를 느끼게 되고, 그것에 대해 좀 더 포괄적인 통찰을 얻게 된다.

이 모든 것이 두견이의 애절한 소리에 의해 촉발될 수 있다. 그러므로 두견이가 돌아온다는 것은 이 모든 것이 다시 살아 돌아온다는 것이고, 그래서 우리의 삶이 다시 그만큼 풍요로워진다는 것이 된다. 그리고 그런 경험이 우리 다음 세대에까지 전해지면, 우리와 그들뿐만 아니라, 먼 우리의 조상들과 그들 사이에도 동질성을 확인해 주는 굵은 공감의 밧줄이 이어질 수 있게 된다. 이 얼마나 정겹고 소중한 일인가.

그래서 그날 이후 나는 광교산을 오를 때면 두견이 소리가 또 나기를 고대하며 늘 귀를 기울여왔다. 그러나 그 봄이 다 가고 여름이 지나도록 두견이 소리는 다시 들리지 않았다. 지난봄도 내내 기다렸건만 두견이는 여전히 감감 무소식이었다. 기다리다 지친 지금은 광교산에서 두견이 소리를 처음 들었을 때처럼, 그것이 환청이 아니었을까 하고 다시 의심이 들 정도이다.

어쩌면 그날의 두견이는 더 깊은 산으로 들어가던 도중 광교산에서 잠간 쉬었다 가는 새였는지 모른다. 근년에도 강원도의 큰 산에 가면 두견이 소리를 가끔 들을 수 있기 때문이다. 이곳의 환경도 점점 더 피폐해 가고 있는데 떠났던 두견이가 다시 돌아왔을 가망성은 희박하다는 판단도 그런 생각을 뒷받침해 준다.

그래도 나는 희망의 끈을 놓고 싶지 않다. 그날의 두견이 소리가 이제 마지막이라는 고별의 신호가 아니라, 언제건 다시 돌아올 수 있다는 희망의 메시지로 여기고 싶은 것이다. 사실 오랜만에 돌아와서 울었으면 앞으로 영영 안 오리라는 것보다는, 다시 또 와서 울어 주리라고 생각하는 것이 더 합리적인 추론이기도 하다. 그러나 두견이가 다시 오리라고 믿고 싶은 더 절실한 이유는 두견이가 사라진다면 그와 함께 우리가 잃는 것이 너무 소중한 것이고, 그로 인한 손실이 너무 크다는 사실이다. 수 천년 동안 우리 민족의, 아니 동양인의, 마음속에 이어내려 온 그 가슴 저리고 아득한 봄의 정서가 끊어지지 않기를 바라는 염원을 거둘 수가 없는 것이다.

그래서 내년 새봄에도 나는 또 두견이를 기다리련다. 가만히 앉아서 기다리는 것이 아니라 이제는 두견이가 올 수 있도록 조금이라도 환경을 가꾸면서 기다리련다. 그동안 허리가 아파서 게을리 했던 쓰레기 줍기도 더 자주하고, 시골 친구네 뒷마당에서 모종해 온 금낭화와 원추리도 해바른 개울가에 옮겨다 심으면서 기도하는 마음으로, 천년을 기다리는 마음으로, 기다리련다.

『저녁 놀 느린 걸음』 2008. 11

검룡소 儉龍沼

우계友溪와 모산茅山이 야생화 촬영에 몰두하기 시작한 지도 벌써 삼사 년이 되어 이제는 각기 그 방면에 일가를 이루었다 하기에 부족함이 없으니 그들을 야생화 촬영가라고 불러도 무방할 것이다. 나는 가끔 이들의 출사出寫(야생화를 찍는 동호인들은 사진 찍으러 현장에 나가는 것을 이렇게 부른다)에 동행하는데, 이들 야생화 촬영가들을 따라 다니면 즐거운 일이 많다. 우선은 비경의 꽃밭을 찾아가 보는 즐거움을 들 수 있다. 우리나라에는 아직도 제철이 되면 각종 꽃으로 가득 차는 낙원 같은 산자락이 많다. 그런 난만한 꽃밭 앞에 서면 눈만 호사하는 것이 아니다. 그 시간 동안은 세상의 추한 모습, 집안의 근심 걱정, 그리고 우리가 늙은이라는 자의식 등 우리를 우울하게 하는 모든 것을 잊어버림으로써 가슴 속이 모처럼 환히 개고, 그 안에 아름다움만을 가득 채울 수 있는 행복도 누릴 수 있는 것이다.

다음은 개개의 꽃을 식별하고 동정同定(이것도 이들이 쓰는 특수 용어로서 꽃의 정체를 규명한다는 뜻이다)하는 즐거움이다. 여태 이름만 듣거나 도록에서만 본 꽃들을 실제로 볼 때의 기쁨은 세상의 어느 값진 귀물을 얻은 기쁨에 비해 모자람이 없다. 이때의 기쁨에는 물론 호기심의 만족이 상당 부분을 차지한다. 그러나 그 호기심은, "아 이 꽃이구나!" 하고 인지하는 순간에 대개 충족되고 만다. 그 다음에 계속되는 즐거움은 그 꽃을 들여다보면서 꽃의 색상이나 생김새를 관찰하고, 또 그런 특징과 꽃의 이름과의 관계 등을 생각해 보는 데에서 오는 것이다. 꽃에 향기가 있으면 물론 금상첨화다.

처음에는 꽃의 외양을 일반적인 심미적 기준에 맞춰 보았기 때문에 대체로 빛깔 좋고 향기롭고 꽃잎이 벚꽃처럼 정형적인 것을 좋아하였다. 그러나 야생화 중에서 그런 기준에 맞는 것은 극히 소수다. 따라서 그런 편협한 기준을 고집하면서 야생화를 즐길 수는 없는 일이다. 야생화의 아름다움을 즐기려면 우선 그것을 생긴 그대로 귀하게 받아들이는 숫한 마음을 갖고 있어야 한다. 야생화 감상은 그 자체로 큰 즐거움이지만, 이처럼 그를 통해 경직된 사고의 틀에서 벗어나 열린 마음을 갖게 하는 득도 준다. 그런 눈으로 보면 정형에서 벗어난 것은 신기함을 더해 줄 뿐이고, 그것을 신기하다고 보면 그 나름의 아름다움도 볼 수 있게 된다. 한 걸음 더 나가서는 그것과 같은 종류의 꽃과 무엇이 다르고 무엇이 비슷한지를, 그도 저도 아니면 그 나름의 특징이 무엇인지 알아보는 것도 큰 재미다.

나는 늘 곁다리로 따라다니는 축이니까 대개 그 정도에서 만족하고 만다. 소위 꾼들이 관심을 갖는 여러가지 생태적 특징이나 분류학적인 세목까지는 넘볼 생념을 못한다. 그러니까 나는 식물학의 딜레땅뜨dilettante도 못 되는 편이다. 애초에 내가 야생화 촬영가들을 따라다닌 것이 학문적 관심이 있어서가 아니라, 그냥 꽃 좋고, 사람 좋고, 산이 좋았기 때문이었다.

이 밖에 또 한 가지 즐거움은 꽃밭이 있는 산의 정상을 등산하거나, 그 근처의 명승지도 탐방할 수 있다는 점이다. 이것은 나같이 본격적인 촬영가가 아니고 등산이나 탐승이 길 나서는 주목적에 더 가까운 사람에게는 특히 중요한 기쁨이다. 귀한 야생화일수록 낯을 가려서 속인의 발이 닿지 않는 심산유곡에 핀다. 그런 곳은 대개 큰 산의 기슭이나, 큰 산과 이어지는 널찍한 잿마루다. 그래서 나는 꾼들이 '똑따기'라고 비하하는 나의 작은 디지털카메라로 마음에 드는 꽃을 몇 장 얼른 찍은 후, 사진기를 배낭에 넣어 버리고 정상을 향해 오르거나, 근처의 이름난 곳을 찾아 나선다. 이 촬영가들은 한 가지 꽃을 가지고도 광선, 구도, 각도, 조리개의 크기 등을 바꾸어 가며 수십 장을 찍기 때문에 좋은 모델들이 있을 때는 한 군데에서 두세 시간을 보내는 것은 항용 있는 일이다. 그래서 나는 그 시간에 말하자면 내 볼 일을 보는 것이다. 혹 내가 돌아오기 전에 이들이 그곳에서의 촬영을 끝내고 다른 곳으로 옮겨 가도 가는 방향이 정상 쪽이므로 등산을 하고 내려오면 못 만날 리가 없고, 또 내가 정상이 아닌 다른 데를 갔다 오는 경우라도 정상 쪽으로 좀 더 올라가면 만나게 되어 있어 문제가 없다.

검룡소는 그렇게 가 본 곳이다. 몇 년 전에 우계와 모산이 금대봉에 꽃 사진 찍으러 간다기에 따라나선 적이 있다. 금대봉도 초행이지만, 특히 그곳에 가면 자연히 검룡소를 들르게 되어 있다는 말에 더 끌렸던 것이다. 검룡소는 사시사철 맑은 물이 바위틈에서 콸콸 솟는다 하고 또 그곳이 남한강의 발원지라고 하여 꼭 한번 가 보고 싶던 차였다.

금대봉에 간 날은 화창하고 잔풍하여 꽃 사진 찍기는 최적의 날씨였다. 올라가 보니까 곰배령, 선자령과 함께 이름이 난 꽃밭답게 역시 꽃이 많았다. 그러나 언제나와 같이 나는 한 이, 삼십 장 찍고 나니까 찍을 만큼 찍었다는 생각이 들었다. 그래서 사진기를 접고 검룡소로 가고 싶었지만, 우계와 모산은 바야흐로 촬영 삼매에 빠진 상태였다. 검룡소는 걸어서 가기는 너무 멀다 하고, 근처에 따로 오를 산도 마땅치 않으니 하릴없이 두 촬영가의 작업이 끝나기를 기다릴 수밖에 없었다.

점심을 먹고 나서도 촬영은 계속되어 결국 해가 상당히 기울어서야 모산의 차를 타고 금대봉을 떠났다. 검룡소 입구 주차장에 이르니까 해가 한 뼘도 채 남지 않았다. 두 촬영가들은 마침 지방 식물학자를 자처하는 자원봉사자를 만나 그의 안내를 받으며 다시 촬영 삼매로 빠져들어 갔고, 나는 그 틈을 타서 검룡소를 향해 잰걸음을 옮겼다.

한 십여 분을 그렇게 부지런히 냇물을 따라 걷는데, 어디선가 한 줄기 향긋한 꽃향기가 코끝을 스쳤다. 주위를 살펴보니까 바로 머리 위에 붉은 꽃이 피어 있었다. 생열귀나무 꽃이었다. 생김새가 꼭 붉은 찔레꽃이라고 했으면 좋을 모양인데 크기가 찔레꽃보다 컸고, 거기서 맑은 향기가 나고 있었다. 더 자세히 들여다보고 싶었지만 어둡기 전에 검룡소에 가 닿아야 하기 때문에 눈길 한 번 주고는 발길을 재촉했다. 그렇게 쉬지 않고 바삐 걸었어도 해가 서산을 넘어간 뒤에야 검룡소에 도달했다.

검룡소는 입구부터 비범한 샘임을 감지케 했다. 검은 바위에 패인 수로로 풍부한 수량의 물이 콸콸 흘러내리는데 그 수로의 구불구불한 모양이 마치 거대한 뱀이 몸을 틀며 나아가는 것 같았다. 거기서 조금 더 거슬러 올라가자 바위틈에서 맑은 물이 솟구쳐 오르는 그 신비한 샘이 나타났다. 안내판의 설명에 따르면 이 샘에서 하루에 약 2,000톤 가량의 물이 용출하는데, 그 물은 일 년 사시절 마르는 법이 없다 한다.

'〈검룡〉은 구불구불한 수로가 파인 바위가 검어서 〈검은 용〉이라는 뜻이 되기도 하겠지만, 〈검〉은 검님에서와 같이 신을 뜻하기도 하므로 그것은 〈신룡神龍〉이라는 뜻이 되기도 하리라. 더구나 이 샘은 민족의 영산이요 천제에서 제를 올리던 제단이 있는 태백산에 가까운 기슭에서 솟지 않는가? 검룡의 〈검儉〉자가 왕검王儉의 〈검儉〉자와 같은 글자로 표기되어 있는 것도 이런 해석을 뒷받침해 주리라. 이렇게 신성한 데서 발원한 이 물이 장장 500여 킬로미터의 강줄기를 따라 국토의 허리를 굽이쳐 흐르면서 거기에 사는 사람과 동물과 식물의 생명수가 되고 있는 것이다. 그것도 아득한 옛날부터 지금까지 변함없이 그렇게 베풀고 있는 것이다.' 이런 생각을 하자, 저절로 경건한 마음이 들면서 그 샘에 경배라도 드리고 싶었다.

그렇게 숙연히 서서 땅거미가 내려앉는 샘을 들여다보고 있는데, 바닥에 무언가 희끄무레한 것이 보였다. 가까이 가서 보니 동전이었다. 잠시 내 눈을 의심했지만, 분명히 동전이었다. 그것도 하나가 아니고 수많은 동전이 여기저기 샘 바닥에 떨어져 있었다. 아연하였다. 동시에 터져 나오는 통탄을 억제할 수 없었다. '이럴 수가 있단 말인가? 이곳은 민족의 성지나 다름없는 곳이 아닌가? 이 성스러운 곳을 그 더러운 동전으로 더럽히다니!' 내게는 그것은 신성모독이었다. 한동안 망연자실하고 서 있다가 발길을 돌려 내려오는 동안 나는 참담한 심정을 가누기가 어려웠다. '도대체 어떻게 거기에다 동전을 던질 생각이 든단 말인가? 아무리 생각이 없기로서니 그렇게 할 짓, 못할 짓을 가리지 못한단 말인가?'

검룡소에 동전을 던진 사람들은 필경 로마의 트레비Trevi 분수에 여행자들이 동전을 던지는 것을 본떴을 것이다. 그 분수에 동전을 하나 던지면 로마에 다시 오게 되고, 둘을 던지면 사랑하는 사람을 만나게 되고, 셋을 던지면 그 사랑이 이루어져서 결혼을 하게 된다는 속설이 있는데, 1950년대에 제작된 〈Three Coins in the Fountain〉이라는 할리우드 영화가 이 속설을 우리에게까지 퍼뜨렸다. 이 영화의 제목을 〈애천愛泉〉이라고 옮긴 것도 사람들이 분수를 샘으로 오인하는 한 원인이 되었을 것이다.

그 트레비 분수가 샘과 전혀 관련이 없는 것은 아니다. 로마 사람들은 로마에서 십여 킬로미터 떨어진 곳에서 샘을 발견하고 그 샘물을 로마까지 수로를 통해 끌어들여 생활용수로 썼는데, 그 수로의 완공을 기념하기 위해서 그 끝에 트레비 분수를 지었던 것이다. 그러니까 트레비 분수는 샘과 관련은 있지만 샘은 아니며, 그래서 그곳에 동전을 던지더라도 샘이나 식수를 오염하는 것이 아니다.

이에 반해 검룡소는 인공장치인 분수가 아니라 천연적으로 솟는 샘이고, 거기서 나오는 물은 우리 수도首都를 관류하는 나라의 대표적 하천의 시원일 뿐만 아니라, 수천만 국민이 매일 마시는 식수의 첫물인 것이다. 그러니 이 샘물은 마땅히 누구나 귀하고 소중히 여겨야 할 물이다. 검룡소에 동전을 던져 넣은 사람들은 그런 물을 원천에서부터 오염시킨 것이다.

세상에 귀하고 소중한 것이 없는 사람처럼 가난한 사람은 없을 것이다. 그들의 삶은 하찮은 것들로만 가득 차 있을 것이기 때문이다. 그런 면만 생각하면 그들은 연민의 대상밖에 되지 않는 사람들이다. 그런데 그런 사람들이 자기의 인생만 하찮은 것으로 만들 뿐 아니라 공공의 사물도 하찮게 취급하여 다른 사람의 삶에 해를 끼친다면, 이제 그들은 혐오 내지는 증오의 대상이 되지 않을 수 없다. 그리고 때론 이런 사람들이 고의적으로 행악行惡하는 사람들보다 더 용서하기 힘들 수 있다. 의도적으로 악한 짓을 하는 사람들은 그 나름의 신념에 의해 그런 행동을 할 수 있다. 그런 의미에서 그들도 일종의 가치를 추구하는 자들이다. 그러니까 그 잘못된 신념이 바로 고쳐지면 그들은 누구 못지않게 올바로 살 수 있는 가능성이 있다. 그러나 귀한 것을 모르는 사람들은 모든 가치를 부정하는 자들이다. 이들은 인생을 무의미하게 만들고 세상을 살맛 없게 만듦으로써 삶 자체에 죄를 짓는 것이고, 그래서 더욱 용서받기 어려운 것이다.

성인聖人들은 인간을 사랑하라고 가르친다. 그러나 인간들이 저지르는 짓들을 생각해 보면 이 지구상에 인간같이 사악한 존재가 다시없음을 인정하지 않을 수 없다. 검룡소에서도, 야생의 동물들도 훼손하지 않는 음용수를 그렇게 더럽힌 것은 오만하고, 이기적이고, 염치없는 인간들 아닌가? 이런 혐오스러운 존재를 어떻게 사랑한단 말인가?

그러나 한편으로는 바로 그렇기 때문에 인간을 사랑하라고 하지 않았을까 하는 생각도 들었다. 가장 혐오스러운 존재인 인간을 사랑하면 그 나머지는 사랑하지 못할 것이 없을 것이다. 다시 말해서, 인간을 사랑하면 세상의 모든 것을 사랑할 수 있게 되고, 인간을 껴안으면 천지만물을 보듬을 수 있게 될 것이다. 인간을 사랑하라는 말의 참뜻은 어쩌면 그것을 통해 이런 큰 사랑을 가지라는 것인지도 모르겠다.

이런 생각에 잠겨 내려오는데 언뜻 싱그러운 향기가 느껴졌다. 아까 올라가면서 본 생열귀나무 꽃의 향기였다. 눈을 들어 쳐다보니 주위는 어둑해졌지만 아직 사양斜陽이 비치는 윗가지에는 붉은 꽃들이 여전히 화사하게 웃고 있었다. 그 꽃을 쳐다보는 순간 찌푸렸던 내 미간도 환히 펴졌다. 잠시 걸음을 멈추고 그 맑은 향기를 깊이 들이마시자 가슴속에 들끓던 미움도 서서히 가라앉기 시작했다. 그렇게 평온을 되찾자 동전을 던지고 간 사람들에 대해서도 달리 생각하게 되었다.

그 사람들도 그 순간 생각이 모자랐을 뿐이지 그들 나름으로는 각자 뜻있는 삶을 살려고 애쓰는 사람들일 것이다. 한순간의 실수를 근거로 그들을 구제할 수 없는 인간으로 단정하는 것은 위험한 속단이 아닐 수 없다. 그들도 이 꽃 밑을 걸어갔을 것이다. 그리고 이 꽃은 지금 나에게와 똑같이 그들에게도 아름다움과 향기를 선사하여 그들을 즐겁게 했으리라. 즐거움을 느끼는 순간 그들도 이런 아름다움의 소중함, 삶의 환희 등을 느꼈을 것이다. 그런 가치를 향유할 수 있는 그들을 어떻게 무가치한 삶을 사는 자들이라고 한마디로 매도할 수 있겠는가?

나는 꽃을 다시 우러러보았다. 그처럼 대상을 가리지 않고 주는 베풂, 베푸는 자신을 의식하지 않을 뿐 아니라 베푼다는 것 자체도 의식하지 않는 베풂—이런 것이 『금강경』에서 부처가 설하고 있는 무주상無住相 보시布施일 것이다. 꽃은 무심無心하여 그렇게 완벽한 보살행을 할 수 있을 것이다. 그러나 꽃의 무심은 전혀 느낌이 없다는 뜻은 아닐 것이다. 춥고 어두우면 오므리고 밝고 따듯하면 피어서 저렇게 세상을 향해 환히 웃으며 자신이 가진 모든 것을 다 바치는데 어찌 마음이 없다 할 것인가? 꽃의 무심은 모든 시비의 근원인 차별심과 나에 대한 집착이 없다는 뜻일 뿐이다. 그렇게 아끼거나 거리끼는 것이 아무것도 없는 마음으로 만물에게 베푸니까 그 공덕은 가없이 크리라. 그리고 그런 무한한 사랑만이 사람의 마음을 감화시키고 세상을 바꾸어 놓을 수 있을 것이다.

몸과 마음은 둘이 아니라고 했던가. 생각이 이렇게 바뀌자 주차장을 향한 나의 발걸음도 한결 가벼워졌다. 주차장까지는 좋이 십분은 걸리는 거리지만, 터널같이 어두운 숲길이 끝나고 훤한 공터가 보일 때까지도 꽃향기는 내 주위를 계속 맴도는 것 같았다. 검룡소는 바위틈에서 맑은 샘물이 솟아서뿐만 아니라, 가는 길에 향기로운 꽃이 있어서 신령스러운 곳이었다.

『저녁 놀 느린 걸음』 2008. 12

사라지는 새들

대학에서 강의할 때였다. 해마다 오월이면 어느 날 숲속에서 꾀꼬리가 울기 시작했다. 처음에는 나 혼자만 속으로 반가워했지만, 나중에 정년이 가까웠을 무렵에는 학생들에게 "저것이 무슨 새의 소리인가?" 하고 묻곤 하였다. 학생들은 강의하다 말고 느닷없이 새소리를 묻는 교수가 이상하다는 듯이 쳐다볼 뿐 대개가 묵묵부답이었다. 그러면 나는 "저것이 꾀꼬리 소리일세" 하고 알려주고는 잠시 귀 기울여 듣기를 권했다. 그것은 그 비길 데 없이 유려流麗한 소리를 감상해 보라는 뜻에서만이 아니었다. 그보다는 어쩌면 다음 해부터는 꾀꼬리가 학교에 오지 않을지 모르기 때문이었다.

내가 서울대학교에 부임했을 때만 해도 철따라 갖가지 새들이 학교 뒷산에 찾아와 노래해서 수시로 우리에게 삶의 즐거움을 일깨워 주었다. 그러나 공기가 오염되고 숲이 훼손되면서 새들은 떠나기 시작했다. 맨 처음에 두견이 소리가 사라졌고 곧 이어서 휘파람새 소리가 들리지 않더니, 다음에 소쩍새 소리도 끊겼다. 이제 꾀꼬리 소리마저 없어지면 명금류鳴禽類에 속한다고 할 만한 새들은 거의 다 학교 주위에서 사라지고 말 지경이 되었다. 나는 그런 불행한 사태가 일어날까 봐 해마다 오월이면 마음을 졸였는데, 다행히 정년이 될 때까지는 꾀꼬리가 와 주었다. 지금은 새소리에 관심이 있는 동료도 거의 남아 있지 않아서 근황을 잘 알 수 없지만, 추측컨대 이제는 학교에서 꾀꼬리 소리를 들을 수 없을 것이다.

정년 임시해서 광교산 근처로 이사 오니까 여기서도 오월이면 꾀꼬리 소리가 들렸다. 그러나 이곳의 삼림도 무서운 속도로 잘려 나가고 그 자리에 아파트가 들어서고 고속화 도로가 건설되고 있으니 머지않아 여기서도 꾀꼬리가 사라질 것이 분명하다.

하기야 어찌 꾀꼬리뿐이랴. 노래와 시와 이야기를 통해 우리에게 친근하게 알려졌던 새들, 예컨대, 두견이, 종달새, 뜸부기, 따오기, 제비들도 사라진 지 오래다. 그중에서도 특히 제비가 싹 사라진 것은 정말 놀라운 일이 아닐 수 없다. 우리 어렸을 때에는 서울에서도 제비가 추녀 밑에 둥지를 틀고 알을 까서, 땅거미가 질 무렵이면 둥지로 돌아온 제비를 쳐다보며 저녁을 드는 집이 많았다. 그렇게 새와 함께 살 수 있는 집은 특별한 혜택이 주어진 집이라고 생각되어 나는 늘 부러웠다. 또 가을이면 남쪽 나라로 떠나기 전에 제비들은 긴 여행에 대한 불안과 기대로 설레는 듯이 떼를 지어 몰려다니면서 흥분한 듯한 모습을 보였다. 그때 전선이 처질 정도로 새까맣게 늘어 앉아 지지배배 지껄이던 그 많던 제비가 하나도 없이 사라질 줄 누가 알았으랴.

제비는 이렇게 흔했을 뿐만 아니라 그 보금자리가 사람의 집안에 있었기 때문에 우리의 삶과 밀접한 연관을 가졌던 새였다. 예컨대 제비가 떼 지어 남으로 날아가면 우리는 가을이 듦을 알았고 그들이 다시 돌아오면 봄이 왔다고 생각했다. 오죽하면 음력 3월 3일을

“삼월삼질”이라고 해서 제비가 강남에서 돌아오는 날이라고 믿었을 정도였을까. 어른이고 아이고 부르는 봄노래에도 으레 제비가 봄의 상징으로 등장했다.

정이월 다 가고 삼월이라네
강남 갔던 제비가 돌아오며는
이 땅에도 또 다시 봄이 온다네
아리랑 아리랑 아라리요
아리랑 강남을 어서 가세

또는

연못가에 새로 핀 버들잎을 따서요
우표 한 장 붙여서 강남으로 보냈더니
작년에 갔던 제비가 푸른 편질 보고요
조선 봄이 그리워 다시 찾아옵니다.

이렇듯 옛날에는 제비가 없는 봄은 상상할 수 없었다.

요즘도 아이들은 『흥부전』을 읽을 것이다. 그러나 제비를 본 적이 없는 아이들에게 제비가 박씨를 물어다 주어 화복禍福을 내린다는 이야기는 그들의 삶과는 아무 직접적 연관이 없는 신화나 우화 정도로 느껴질 것이다. 그러나 옛날에는 그 이야기가 우리에게는 얼마나 강하고 직접적인 호소력을 가졌던가. 선행과 악행에 대한 응보가 불확실하고 불가사의한 방법으로 이루어지는 것이 아니라, 분명하고 확실하게 실행된다고 믿게 된 것은 그것이 제비를 매개로 해서 이루어졌기 때문일 것이다. 제비는 우리에게 너무나 친숙하고 우리가 너무나 잘 아는 새이므로, 우리는 그것이 짓는 일은 당연히 사실일 거라고 생각했던 것이다. 이런 문학적 감동의 상실은 제비와 함께 우리가 잃은 것 중의 극히 작은 부분에 불과할 것이다. 두견이, 종달새, 따오기, 뜸부기가 사라진 것도 우리에게 비슷한 예술적 경험의 불구를 가져온 것은 재론할 필요가 없다.

예술적 감동이 사람의 마음을 순화한다는 것은 주지의 사실이다. 예술의 향수享受는 한걸음 더 나아가 사람의 마음을 도덕적으로, 윤리적으로도 고양해 준다. 아름다운 것을 사랑하는 사람은 그것을 귀히 여길 줄 알고, 또 그것을 남에게 전하여 함께 나누려는 마음을 갖게 마련이다. 여기서 이웃에 대한 사랑이 싹트게 되고, 나아가 모든 아름다움의 원형인 자연도 사랑하게 되는 것이다. 이렇게 볼 때, 새가 사라지고 새소리가 끊기는 것은 그만큼 우리의 심성이 황폐하는 것이라고 말할 수 있다.

그러나 우리 주위에서 새가 사라지는 것은 이 같은 정감적이고 정신적 측면의 손실을 가져오는 데 그치는 것이 아니다. 그것은 이보다 훨씬 더 끔찍한 물리적인 위해가 다가오고 있음을 예고하는 것이다. 1960년대 초에 발행되어 대단한 물의를 일으켰고 그 뒤에 전 세계적으로 들불 퍼지듯 널리 일어난 환경보호운동의 불씨가 된 레이철 카슨Rachel Carson의 『침묵의 봄*Silent Spring*』은 지금까지도 세계 만방에서 널리 읽고 있는 명저다. 카슨이 타임지가 선정한 "20세기의 가장 중요한 인물 100인"에 선정된 것도 살충제(특히 DDT)와 제초제가 환경에 끼치는 해악을 고발한 이 책 덕분이다. 이 책의 제목은 제사題詞로 실린 영국의 낭만파 시인 키츠 J. Keats의 시, 「무정한 미녀 La Belle Dame sans Merci」의 일절과 연관이 있다.

호수에는 사초莎草가 다 시들어 버렸고,
새들은 울지 않네.

The sedge is wither'd from the lake,
And no birds sing.

이 시는 요정 같은 초자연적인 여성과의 사랑이 가져오는 위험을 주제로 하고 있는데, 위에 인용된 부분은 바로 그 위험인 "죽음에 갇힌 삶 life in death"의 황량함을 나타내기 위한 후렴이다. 카슨은 이 책에서 요정과의 사랑 대신에 살충제와 제초제의 사용을 대치하고 있다. 새의 먹이가 살충제와 제초제로 오염되어 새들이 죽고, 그래서 봄이 와도 새소리가 나지 않는 상황을 "침묵의 봄"으로 표현한 것이다. 그러므로 새소리가 나지 않는 것은 생태계의 심각한 파괴를 의미하며, 그것으로부터 시작되는 연쇄반응은 궁극적으로 인류의 사멸과 지구상 모든 생물의 멸종으로 이어지리라는 것을 예고하고 있다.

놀라운 것은 이런 무서운 경고 앞에서도 위기감을 느끼는 사람들이 별로 없다는 점이다. 구미歐美에서 환경에 대한 의식이 널리 일깨워지던 때에 우리는 한참 경제발전에 몰두하느라고 환경 문제를 돌볼 겨를이 없었다. 그러나 이제는 개발도상국 수준도 넘어서서 삶의 질을 생각할 때인데도, 환경의 중요성에 대한 인식은 별로 나아진 것 같지 않다. 아직도 논, 밭에서, 그리고 수많은 골프장에서 살충제, 제초제가 다량으로 사용되고, 대기오염과 지구 온난화의 주범인 이산화탄소는 공장 굴뚝에서, 자동차의 배기관에서 무절제하게 배출되고 있다. 시시각각으로 닥쳐오는 대재앙에 대해 사람들이 이렇게 무감각한 것 자체가 바로 멸망의 징조라고 말하면 지나치게 비관적인 전망일까?

이제는 제비 같은 철새가 아니라, 태고적서부터 우리와 함께 살아온 텃새인 참새조차 도시에서는 찾아볼 수가 없게 되었다. 아침에 창문을 열면 늘 듣던 그 익숙한 참새 소리도 들리지 않는 세상이 된 것이다. 침묵의 봄이 아니라, 빙하기보다 더 끔찍한 침묵기沈默期가 벌써 시작되고 있는 것이다.

『저녁 놀 느린 걸음』 2008. 12

철조망 안의 꽃

작년에 강원도 대진大津에 사는 친구 집에 가서 하루 놀고 왔다. 그 친구는 고향이 함경도 원산 근처인데, 늙어 한 발자국이라도 고향 가까운 곳에서 살고 싶다고 동해안의 최북단으로 이사 가서 살고 있다. 돌아오는 날 그 친구가 텃밭에서 푸성귀를 뜯어 주면서, 우리더러 갖다 기르라고 밭둑에 있던 금낭화와 원추리도 몇 뿌리 캐어서 함께 싸주었다. 주니까 가져오기는 했지만, 아파트에서 이 야생화들을 기른다는 것이 난감했다. 아무튼 실내에서는 크게 자랄 것을 대비하여 우리 집의 분 중에 가장 널찍한 오지 화분에다 심었다. 아니나 다를까 여름이 되니까 하루가 다르게 자라더니 나중에는 드디어 화분이 모자랄 지경이 되었다. 야생에서는 다른 들풀들과 경쟁하면서 크다가 우리 집에서 화초 노릇을 하니까 마음 놓고 자란 것 같았다.

그러나 역시 꽃 빛깔은 산바람과 밤이슬을 맞고 자란 것만 못했다. 금낭화의 진분홍색이 우리 집에서는 물 바랜 연분홍색이 되었고 그 밝은 노란색의 원추리도 빛이 죽은 주황색으로 피었다. 그런 꽃을 보니까 꼭 산새를 잡아다 새장에 가두어 놓은 것 같은 심경이었다. 아무래도 안 되겠다 싶어 새봄에는 산도 가꿀 겸, 다시 산에 갖다 심기로 작정했다.

그러고는 겨우내 잊어버리고 있었는데, 경칩이 지난 어느 날 난초에 물을 주다 보니까, 아무것도 없던 그 오지 화분에서 연두색 싹이 빼죽 올라와 있었다. 자세히 보니까 원추리 싹이었다. 곧 산에 갖다 심을까 했지만, 바깥 날씨는 아직도 한겨울 같았다. 며칠을 더 기다렸더니 날씨가 풀려서 모종을 할 만했는데, 그새에 원추리는 한 6, 7센티미터 정도 자라서 산에다 심으면 사람의 눈에 띌까 걱정이 되었다. 그렇다고 새싹에 차마 가위를 갖다 댈 수는 없어서 그냥 갖다 심기로 했다. 금낭화도 빨긋빨긋하게 새싹이 돋았지만 아직 눈에 띌 정도는 아니어서 함께 캐어 비닐 주머니에 넣고, 꽃삽을 챙겨 산으로 올라갔다.

막상 갖다 심으려니까 어디에다 심어야 할지가 문제였다. 아직 봄비가 제대로 오지 않았으니까 마른 땅에는 안 될 것 같았다. 초입에서 얼마 안 올라가서 실개천이 하나 있는데, 그 근처는 수분은 있겠지만, 등산로 옆이라 사람의 손을 탈 염려가 있었다. 궁리 끝에, 한 두어 시간쯤 올라가면 있는 '천년약수'라고 하는 약수터에 갖다 심기로 하였다. 우선 그렇게 멀리까지 오는 사람이면 산을 좋아하는 사람일 터이니까 꽃을 훼손하지 않을 성 싶었다. 또 그곳은 사시사철 물기가 있으니 말라 죽을 염려가 없었다. 그리고 늘 사람들이 오가니까 누가 캐어 가지도 못할 것 같았다.

약수터에 도착해 보니 마침 아무도 없었다. 서둘러 심을 만한 곳을 찾아 주위를 살폈다. 샘에서 너무 가까운 곳은 아무래도 위험할 것 같고, 한 2, 30미터 떨어진 개울가가 좋을 듯 했다. 가서 땅을 파 보았더니 물기도 적당했고 흙도 시꺼먼 부엽토腐葉土여서 잘 됐다 싶어 얼른 심었다. 심고 나서 다시 샘터로 와서 모종한 곳을 바라보니까 눈여겨보지 않는 한 원추리 싹이 보이지 않았다. 또 혹 눈에 띄었다 할지라도 길을 벗어나 일부러 개울가로 다가가 보지 않고는 그것이 원추리 싹인지를 알 수 없는 지경이었다. 그만하면 안심해도 되겠다 싶어 가벼운 마음으로 내려왔다.

그날 이후 나는 어린아이같이 그 꽃들에 대한 갖가지 꿈을 키우는 것만으로도 즐거웠다. '원추리는 이곳 산에서도 가끔 보았지만 덕유산 줄기에 있는 무룡산의 원추리같이 환한 빛의 것은 없었지. 그렇지만 천년약수는 광교산에서 제일가는 약수인데다가, 인가에서 멀리 떨어져 있어서 공기도 비교적 맑으니까 아마 밝은 빛의 꽃을 피울 수 있을 거야'라며 기대에 차 있었다.

그러나 원추리보다 더 큰 기대를 모은 것은 금낭화였다. '금낭화는 이 산에서 본 적이 없거든. 그러니까 그 예쁜 꽃이 피면 사람들이 모두 놀라고 즐거워할 거야. 꽃이 피면 그 앞에 조그마한 팻말을 세워야지. 〈이 꽃은 모든 사람들을 위해 갖다 심은 것입니다. 훼손하지 마십시오〉라고. 그리고 옛날 오색에서 대청봉을 오를 때 설악폭포 곁에서 보고 놀랐던 그 금낭화 군락같이 많이 퍼지면 다른 샘터에도 갖다 심어야지' 하며 꿈에 부풀어 있었다.

금낭화에 대해 내가 특별한 애정을 갖는 것은 어렸을 적 기억 때문이다. 금낭화를 처음 본 것이 초등학교 저학년 때인 것 같은데, 나는 그 꽃을 보자 첫눈에 반하고 말았다. 보통 꽃들은 단색인 데 반해 이 꽃은 진분홍과 백색이 선명히 구분되면서 조화를 이루는 것이 특별히 더 예뻐 보였다. 또 꽃 모양도 특이할 뿐 아니라, 꽃들이 줄기에 조르륵 달려 있는 모습도 마치 붉은 초롱을 크기 순서로 연이어 매달아 놓은 것 같았던 것이다. 그 무렵 나는 『새벗』이라는 잡지에 연재되었던가 하는, 「꽃 속의 작은이」라는 동화를 읽고 있었던 것 같다. 금낭화를 보면 「꽃 속의 작은이」처럼 꽃 속에 들어가서 요정 같은 인물들과 어울려 놀던 어릴 적 환상이 자동적으로 떠올랐다. 다른 꽃들은 꽃잎이 벌어져서 바깥세상하고 조금이라도 연결되어 있지만, 금낭화는 주머니같이 바깥과 단절되어 있기 때문에 그 속의 세상에 들어가 있는다는 것은 더할 수 없이 안락하고 행복한 느낌을 주었다. 또 그렇기 때문에 그 안에서는 완벽한 상상의 세계를 펼칠 수 있었다. 특히 길쭉한 꽃꼭지의 흰색 세상에서 하트 모양 꽃잎의 진분홍색 세상으로 넘어가면, 그 강렬한 분위기에 취해 상상 속에서도 혼절할 것 같았다. 지금도 금낭화를 보면 그때의 강한 느낌의 잔재가 약한 현기증같이 느껴진다. 그래서 금낭화를 심어 그것이 제 빛으로 피어나고, 또 많이 번성하기를 바라는 것은 다른 사람들보다도 우선 나 자신을 위한 것이라고 말할 수 있다.

이렇게 이제는 올라가서 들여다볼 것이 있으니까 산을 더 자주 가고 싶었다. 꽃을 심고 온 다음날 당장 또 올라가서 보고 싶었지만, 너무 자주 가 보면 부정 탄다는 어렸을 적 속신俗信이 생각나서 자제했다. 그래서 한 사날 꾹 참고 나서 올라가 보았다. 약수터에 다다라서도 누가 눈치챌까 봐 모종 낸 쪽은 보지 않고 짐짓 돌아서서 약수를 한 컵 받아 천천히 마셨다. 그러고 나서 주위를 둘러보는 척하며 개울가를 살폈는데, 원추리 싹이 보이지 않았다. 다리 난간 가까지

가서 내려다보아도 안 보였다. 혹시 동물이 싹을 뜯어 먹었는지 모르겠다는 생각이 들기도 했지만, 이제는 좌우간 내려가 확인하지 않을 수 없었다. 가까이 가서 살펴봤지만 역시 없었다. 원추리를 심었던 곳에 작은 구멍이 있을 뿐이었다. 얼른 금낭화를 심었던 곳을 찾아보니 무슨 연장으로 폭 파낸 자리만 있고 금낭화도 사라지고 없었다. 나는 잠시 땅이 파인 곳을 내려다보며 멍하니 서 있었다. 유리 지붕이 일시에 부서져 쏟아져 내리는 소리가 아득히 들렸다.

그 후로도 습관적으로 정해진 날에 산을 오른다. 그러나 이제는 운동하기 위해서 오를 뿐이니까 무슨 살뜰한 재미가 있겠는가? 요즘은 꽃피는 철이 되었지만, 산에는 꽃이 해마다 줄어 근년에는 눈에 띄는 것이 별로 없다. 새싹일 때는 나물이 된다는 원추리는 창칼을 들고 다니는 여인들이 몇 명 보이더니 얼마 전부터 자취를 감췄다. 둥굴레도 꽤 많았는데 누가 뿌리를 채취하는지 밑동이 잘린 것들이 자주 보이면서 역시 보기 힘들어졌다. 아직 식용으로 쓴다는 말이 없는 은방울꽃도 군락지가 없어져 버리고 말았다. 지금은 각시붓꽃이 필 때여서 어제 산에 올라가면서 유심히 살폈지만 여태껏 매년 피던 곳에도 올해는 꽃이 보이지 않았다.

그래도 한 송이야 있겠지 하고 좌우를 열심히 둘러보며 올랐다. 첫 번째 능선에 다다를 때까지 아무것도 보이지 않더니, 군부대 철조망을 따라 걷는데 흘낏 보라색이 시야에 비쳤다. 철조망 안에 각시붓꽃 한 송이가 깨끗하게 피어 있는 것이었다. 반갑고 감사한 마음에 한참을 서서 바라다보았다.

그러다가 다시 산길을 걸으면서 혼자 생각해 보았다. 반가운 것은 당연한데, 감사한 마음은 왜 들었을까? 물론 꽃이 거기 있어 준 것이 감사했다. 이 산을 아주 떠나지 않고 남아 우리에게 아름다움과 평화를 선사해 주니 어찌 고맙지 않은가? 그러나 내 마음 한 쪽에는 철조망이 탐욕스런 사람의 손길을 막아준 것에 대한 감사함도 있었다. 점점 피폐해 가는 이 산의 자연을 조금이라도 되살리기 위해서 꽃을 심어 가꾸려던 모처럼의 시도가 좌절되자, 내 마음 속에는 사람들에 대한 원망과 혐오 같은 부정적인 감정이 팽배해 있었던 것이 사실이다. 그래서 나는 사람들의 손길을 힘으로라도 제지하고 싶었던 것이다. 단 한 번의 시도가 좌절된 것뿐인데, 나는 벌써 내 이웃에게 강압적인 수단을 쓰는 것을 은연중에 옹호하고 있었던 것이다. 모든 폭력은 목적의 공익성으로 정당화되지 않았던가? 그 시답지 않은 작은 선행은 어느새 나를 분수를 모르는 독선과 오만에 빠지게 했던 것이다. "지옥으로 이끄는 길은 선의로 포장鋪裝되어 있다The road to hell is paved with good intentions."는 서양의 격언이 생각났다.

내가 선행을 하고 있다는 자기도취는 이웃 사람들에게만 죄를 짓게 한 것이 아니다. 꽃에게도 큰 죄를 지은 것이다. 철조망 안의 꽃을 좋다고 하다니! 철조망하고 꽃같이 상반되는 두 사물이 또 있을까? 철조망은 인간이 고안해 낸 가장 추악한 물건 중의 하나일 것이다. 그것은 허공에서도 날을 세우고 무엇이나 접근하면 해치겠다는 무한한 잔학성을 시위한다. 그러나 꽃은 자연이 빚어낸 가장 아름다운 작품이 아닌가. 그것은 아름다울 뿐만 아니라, 새로운 생명의 잉태라는 자연의 신비까지 안고 있다. 철조망은 모든 것을 적대시하는 공격성을 전시하고 있지만, 꽃은 모든 것에게 향기와 아름다움을 선사하는 무한한 시혜를 실천한다. 저것의 강인함에 비해 꽃은 한없이 연약하다. 그러나 꽃에는 그 무엇도 억누를 수 없는 자유의지가 있다. 포탄이 옆에서 작열하며 위협하더라도, 아무리 무서운 독재자가 피지 말라고 위하威嚇하더라도, 꽃은 필 때가 되면 핀다. 이처럼 오직 자기 자신에만(自) 말미암는(由) 것, 이것이 진정한 자유일 것이다. 그래서 철조망은 어느 한 지역에 고정되어 있어야만 하고 고정되어 있지 않으면 의미가 없어지지만, 꽃은, 특히 야생화는 아무데나 저 가고 싶은 데에 가서 핀다. 또 그래야 제 의미를 갖는다. 이런 자유가 없다면 야생화가 아니다. 자기의 법칙에 의해 운행하지 못하는 자연을 어찌 자연이라 할 수 있겠는가? 그러므로 야생화에 철조망을 둘러놓는다는 것은 야생화의 본질을 박탈하는 짓이다.

그런데 꽃을 저 안에 가두어 놓는 것이 철조망인가? 살아 움직이는 것들을 죽이는 것이 총이 아니라 방아쇠를 당기는 사람이듯, 꽃을 가둔 것은 철조망이 아니라 우리다. 꽃은 어디에나 피지만 철조망 밖의 꽃을 우리가 모두 못 살게 하여서 철조망 안에만 남은 것이니, 결과적으로는 우리가 꽃을 그 속에 가둔 것이다.

돌아오는 길에도 그 철조망을 따라 걷게 되었다. 다시 그 각시붓꽃이 보였다. 나는 한번 눈길을 주고는 고개를 숙이고 지나왔다. 철조망 안의 꽃을 보고 감사할 이유는 없었다. 단지 부끄러워할 이유만 있었다.

『마로니에 그늘자리』 2009. 4

이 가을에

나이 들어가면서 서글퍼지는 것 중의 하나는 가슴이 식어간다는 것이다. 젊어서는 계절이 바뀌면 그냥 세월이 가는 것이 아니라 온몸으로 그 변화를 감지했고, 또 각 계절에 따른 강한 느낌이 있었다. 가령 봄비가 오는 날이면 비를 맞으며 어느 집 창 앞을 서성거리고 싶은 충동을 가누기 어려웠고, 여름날 휴가철이면 바다를 향한 열망으로 심장이 숨 가쁘게 고동쳤다. 하늘 맑은 가을날 은행잎이 우수수 떨어지면 갑자기 모든 것을 다 떨쳐 버리고 먼 길을 떠나고 싶은 갈망이 가슴속 깊은 곳에서부터 전율처럼 퍼져 올라왔다. 그리고 첫눈이 내리는 저녁이면 도시의 불빛 속에 휘날리는 눈을 보며 마냥 걷고 싶은 마음으로 가슴이 옥죄어 왔었다.

장년이 되어서는 생활에 얽매어 계절의 변화에 대해 다소 둔감해졌던 것이 사실이다. 그래서 봄이 가는지 가을이 오는지도 모르며 산 나날이 많았지만, 그래도 어쩌다가 젊었을 적의 이런 기억이 떠오르면 그때의 그 강한 느낌이 되살아나곤 했다. 그리고 목덜미에 소름을 돋우며 오는 그 느낌이 살아 있는 한, 내게 열정이 살아 있고 아직 그 열정을 살 나의 삶이 남아 있다고 믿었다. 그래서 계절의 변화를 잊고 사는 중에도 나는 그 믿음으로 스스로를 안심시킬 수 있었다 — 내 가슴속에는 언제든지 불러올 수 있는 열정이 살아 있다고. 이처럼 내 안의 열정을 불러올 수 있는 감동은 나의 건강한 생명력의 확실한 징표였다. 그런데 그런 감동이 육십에 접어들면서부터 사라지기 시작했다. 이제는 그런 기억만 있을 뿐, 가슴으로 전해 오던 그 느낌이 없어져 버리고 말았다.

계절의 변화는 아니지만, 역시 자연현상에 대한 느낌을 살아 있는 것의 징표로 본 경우를 워즈워즈W. Wordsworth의 시에서도 볼 수 있다.

하늘에 무지개를 보면
내 가슴은 뛰네
내 어렸을 때도 그랬고
어른이 된 지금도 그렇네
내 늙었을 때도 그러기를,
그렇지 못하면 죽는 것이 나으리!
아이는 어른의 아버지이네
그래서 나의 앞날들이 모두
자연에 대한 경외심으로 이어지기 바란다네

My heart leaps up when I behold
A rainbow in the sky:
So was it when my life began;
So is it now I am a man;

So be it when I shall grow old,
  Or let me die!
The Child is father of the Man;
And I could wish my days to be
Bound each to each by natural piety.

이 시를 유명하게 해 준 것은 "아이는 어른의 아버지이네"라는 역설적인 주장이다. 이것은 낭만주의 이전까지 서양 사람들이 어린아이에게 가졌던 관념에 정면으로 배치하는 폭탄선언과 같은 것으로서, 워즈워즈의 사상에서 중요한 일부를 구성하는 명제이지만, 이 아이디어는 실제로 시 안에서 제대로 발전되어 있지 않다. 반면에 무지개에 대한 감동은 지속적으로 강조되어 자연에 대한 경외심으로 이어지는 자연스런 발전 과정을 보여주고 있다.

이 무지개에 관한 진술 중에서 워즈워즈가 감동을 삶의 징표로 언급한 부분은 5행과 6행이다. 옛날에는 이 부분을 무심히 읽었지만, 요즘 다시 읽어 보니까 그것은 충격적인 발언이었다. "내가 늙어서 무지개를 보고 가슴이 뛰지 않으면, 차라리 죽게 해 달라"니! 자연의 신비한 현상에 대해서 감동을 느끼지 못하면 그것은 살아 있다고 할 수 없는 것이고, 차라리 죽는 것이 낫다는 말이다. 워즈워즈는 이 시를 서른두 살에 썼으니까 노년에 자기가 어떻게 변해 있을지는 알지 못했을 것이다. 그는 팔십까지 살았는데 그때에도 무지개를 보면 가슴이 뛰었는지는 알 수 없다. 그러나 그런 것들은 중요하지 않다. 중요한 것은 이 시를 쓸 당시 워즈워즈에게는 위의 발언이 진실이었고, 그것이 이 시를 통해 영원히 진실로 남는다는 점이다.

하긴 이 시에서 워즈워즈가 가슴이 뛰어야만 살아 있는 것이라고 주장했다고 보기 어려운 면도 있다. 그가 결국 강조한 것은 그런 감동보다는 오히려 자연에 대한 경외심이기 때문이다. 사실 그는 나이 들면서, 자기에게도 젊은이의 격정은 사라지고 대신 관조적이고 철학적인 통찰이 생겼음을 다른 여러 시에서 언급하면서 후자가 전자보다 오히려 더 소중한 것이라고 역설하고 있다. 그러나 내게는 그런 주장이, 영어의 표현을 빌리면, "온기 없는 위로cold comfort"에 불과하다. 강렬한 느낌이 없는 곳에 진정한 삶의 기쁨이 어떻게 존재하겠는가? 그리고 삶의 기쁨이 없는 지혜가 무슨 소용이 있겠는가? 그래서 나는 이 시를 읽으면 노년의 지혜로 스스로를 위로하기보다는 나의 젊음의 상실과 생명력의 결핍을 더 절감한다.

그런데 지난 여름에 그 사라진 감동이 어쩌면 되살아날 것 같은 기미가 잠깐 보였다. 그 무덥던 팔월 말이던가 아니면 구월 초 어느 날, 꽃 사진을 찍으러 나서서 시골길을 걷고 있을 때였다. 동네가 끝나는 곳 어느 집 담장을 넘어 능소화凌霄花가 만발해 있었다. 작열하는 태양의 열기 아래 모든 것이 기운을 잃고 늘어져 있는데 능소화의 잎사귀들만 짙은 녹색으로 빛났다. 그리고 밝은 주황색의 능소화는, 마치 그 이름이 염천炎天을 능멸한다는 뜻인 양, 더위를 아랑곳하지 않고 싱싱하게 피어 있었다. 그것들을 잠시 넋 놓고 바라보다가, 그 집을 지나는 하얀 땡볕길이 끝나고 숲으로 접어드는 동구 밖 그늘 길로 눈을 돌렸을 때, 나무 사이로 무언가가 언뜻 지나가는 것이 보였다. 그것은 필경 더위에 지친 내 눈이 빚은 환영이었을 것이다. 아니면 그 강렬한 빛을 발하는 능소화 잔영이 눈동자의 움직임과 함께 움직인 것일지도 모른다. 그러나 그것을 보는 순간 나는 "아, 가을이구나" 하고 속으로 부르짖었다. 키츠J. Keats의 시 「가을에게To Autumn」에서 곡간 바닥에 앉아 있거나 밭이랑에 누워 낮잠 자는 가을같이, 나는 그 환영을 의인화된 가을로 직감했던 것이다. 그리고 그 순간, 아주 짧은 순간, 가슴이 서늘해짐을 느꼈다.

이상한 일이었다. 날씨는 아직도 한여름인데, 나는 분명 그때 가을을 감지했다. 산이며 들은 아직 짙푸른 녹색 천지였는데, 여름 햇살이 너무 강렬했기 때문일까? 나는 그 여름 한가운데에서 어딘가 텅 빈 데가 있음을 느꼈던 것이다. 나의 시선이 하얀 흙길을 지나는 동안 약한 현기증을 일으켰는지 모른다. 어떻든 그 충만해야 할 여름철 한 구석에 공허함이 있다는 것은 여름의 군림이 끝났다는 증좌였다. 이것을 눈치챈 가을이 벌써 동구 밖에서 서성이며 동내로 들어올 때를 엿보는 것이었다. 그리고 그는 나의 무감각했던 가슴에 잠시 서늘한 느낌을 불어넣어 주었던 것이다.

그래서 나는 이 가을에 희망을 걸고 있다. 가을이 더 깊어져 소슬한 바람이 불어오는 어느 날, 떨어지는 낙엽에 놀라 하늘을 쳐다볼 때 공기가 갑자기 희박하게 느껴지고 태양마저 더 높이 천궁天穹 위로 멀어져 간 것처럼 보이면, 문득 옛날의 그 가슴앓이가 다시 찾아올는지 모르기 때문이다. 지난 여름 한순간 내 가슴을 서늘하게 했던 그 기미가 옛날 감동의 회귀를 예고하는 것이라고 믿게 하는 것이다.

그리하여 어디로든 떠나고 싶은 충동이 다시 나를 사로잡으면 이번에는 지체 없이 떠나련다. 바람과 파도가 행락객들의 발자국을 깨끗이 지워 놓은 어느 바닷가나, 풍경소리 맑은 어느 산사를 찾아가는 종작없는 나그네가 되련다. 그럼으로써, 식어 버린 나의 가슴에 불씨를 다시 지펴 보련다.

『계간수필』 2010. 10. 22

마음에 그린 초상화

죽서루竹西樓서 만난 사람

얼마 전 동해시를 들른 길에 관동팔경의 하나라는 죽서루를 찾아가 보았다. 누대는 뜻밖에 시내에서 가까운 곳에 있었다. 올라가 보니 현판에는 "關東第一樓"라고 쓰여 있으나, 크기는 경포대鏡浦臺보다 더한 것 같지 않았고, 절벽 밑으로 물이 굽이쳐 흐르는 것은 촉석루矗石樓와 비슷한데, 오십천五十川 물은 남강南江의 물보다 맑아 보이지 않았다.

특별히 큰 감명을 받지 못한 채 발길을 돌리려던 참에 광주光州에서 왔다는 오십대로 보이는 탐승객을 만나 이야기를 나누게 되었다. 그는 오십천이라는 이름의 유래서부터 죽서루에 관한 많은 것을 내게 일러주면서, 이곳에 관한 시가 많지만 그중에서도 "삼천 도중徒衆은 풍운과 함께 흩어졌으나, 오십천 물은 세월과 함께 흐르네(三千徒與風雲散 五十川同歲月流－돌아와서 『동국여지승람』을 찾아보니 安省의 시였다)"라는 시구가 절창이라는 것까지 가르쳐 주었다.

어루만지는 듯한 시선으로 누대를 바라보며 절구를 읊조리는 그의 잔잔한 목소리에는 이곳에 대한 깊은 애정이 어려 있었다. 이처럼 샅샅이 알고 있기 때문에 그에게는 현판에서부터 주춧돌에 이르기까지 어느 하나도 범연한 것이 없었고, 모두가 각별한 감회와 기뿜을 주는 것이었다. 내게 죽서루가 여느 누대와 별다를 것이 없어 보였던 것은 결국 순전히 나의 무지의 소치였던 것이다.

근방에 있는 미수眉叟 허목許穆의 '퇴조비退潮碑'를 찾아 탁拓을 떠야겠노라고 떠나는 그와 헤어지면서 나는 새삼 나라사랑이라는 것을 생각했다. 그것은 이 땅의 사람들, 그들이 이루어 놓은 것, 그리고 이 땅의 산하를 사랑한다는 말일 것이다.

그런데 그것들을 단순히 내 것이기에 사랑한다면, 그 사랑은 질도 문제려니와 깊이도 기대할 수 없게 될 것이다. 그것들에 대해 정성껏 조사하여서 소상히 알게 되었을 때 그 소중함을 제대로 깨닫게 되고, 그래야 그것들을 살뜰히 사랑하게 될 것이다. 이런 의미에서 죽서루에서 만난 그 탐승객이야말로 조용하게, 그러나 정말 깊이 나라를 사랑하는 분이라는 생각이 들었다.

『조선일보』 1986. 8

밝고 따듯한 마음의 기록

우리가 누구와 친하다고 말할 때에는 대개 그 사람이 너무 임의로워서 그와는 아무 격식도 차릴 필요가 없고, 아무 말이나 흉허물 없이 할 수 있는 것을 뜻한다. 이것은 대개 어릴 때서부터 함께 자란 동무에게 갖는 느낌이다. 그러나 이처럼 같은 또래의 오랜 동무가 아니어도 친하다는 느낌이 드는 사람이 있다. 예컨대 언제나 깍듯이 예의를 지켜야 하는 상대이면서도 그와는 어떠한 깊은 이야기라도 거리낌없이 털어놓고 상의할 수 있는 사람이 있다. 일반적인 기준으로 보면 막역한 사이가 될 수 있는 상대가 아닌데도 그와는 가장 은밀한 이야기를 믿고 나눌 수 있다는 면에서 이런 사람은 죽마고우보다도 오히려 더 큰 신뢰감을 준다고 말할 수 있다. 내게 이상옥 선생은 바로 그런 분이다.

그는 내가 존경하는 선배이지만 나는 그에게 존경이라는 말이 주는 거리감보다는 친구 사이 같은 친밀감을 더 느낀다. 그래서 나는 나보다 삼, 사 년 연장인 그를 무시로 찾아가서 한담을 나누기도 하고 크고 작은 일에 조언을 청하기도 한다. 그는 호오好惡가 분명하고 깔끔한 성격이지만, 또한 놀랄 만큼 큰 친화력을 갖고 있어서, 그가 호감을 갖게 된 사람에게는 더없이 자상하고 다정한 분이다. 나는 스스로 생각해 보아도 부끄러울 만큼 부족한 점이 많은 사람이지만 다행히 아직 결정적인 결함이 들키지 않은 덕분인지 서울대학교에 온 후 십여 년간을 그와 가까이 지낼 수 있는 복을 누리고 있다. 그러던 중 이번에 그의 수필집에 발跋을 붙이게 되었으니 나로서는 커다란 기쁨이요 영광이 아닐 수 없다.

"글은 사람이다"라는 말이 있다. 이것은 아마도 "문체는 사람이다"라는 어느 프랑스 사람의 말에서 유래한 것 같은데, 그렇다고 보면 약간 와전된 느낌이 없지 않지만 이 경우는 발전적 와전이 아닌가 생각된다. 왜냐하면 우리말의 글은 단순히 문체뿐만 아니라 내용과 질까지를 포괄하는 넓은 개념이어서 글 쓴 사람의 인품을 나타내 주는 데에 더욱 적합하기 때문이다.

우리는 이 말을 남의 글을 평할 때에 흔히 쓴다. 그러나 따지고 보면 그 의미가 그리 간단치 않고 그렇기 때문에 아무 경우에나 쉽게 쓸 수 있는 말도 아닌 것 같다. 글이 사람의 참 모습을 반영한다는 것은 그것이 거울과 같다는 말일 것이다. 그러나 글은 정말 어느 경우에나 글쓴이의 진면목을 드러내 주는 마술 같은 힘을 가지고 있을까? 만약 그렇다면 악한 사람이 쓰면 악한 모습이 나타나고 거짓말쟁이가 쓰면 거짓된 모습이 나타나야 할 것이다. 그러나 글이 그런 요술거울이 아닌 것을 우리는 너무나 잘 안다. 실제로는 이기심으로 가득 찬 사람이 글로는 성자나 애국자나 박애주의자로 둔갑하는 경우를 주위에서 자주 보기 때문이다. 물론 거짓을 진실인양 분장하는 기술이 아무리 능란하더라도 그런 글을 여러 편, 그리고 찬찬히 읽어보면 어디에인가 글쓴이의 가면이 드러날지 모른다. 그러나 그렇게 어렵사리 글쓴이의 본색을 드러내 주어서야 그것을 특별난 기능이라고 말할 수 없다. 그러므로 "글은 사람이다"라는 말은 참된 글에나 쓸 수 있는 말로 보아야 할 것이다. 바꾸어 말하면, 그것은 글이 투명할 정도로 솔직하고 진실된 경우에나 적용될 수 있는 말이다. 그런데 글을 그렇게 쓰는 것이 얼마나 어려운가는 글을 조금이라도 써 본 사람이면 알 수 있을 것이다. 그런 기준에 맞을 만한 글은 열의 하나, 백의 하나 있기가 어려울 것이다.

내가 이상옥 선생의 수필들을 읽으면서 "글은 사람이다"라는 말을 떠올린 것은 이런 뜻에서다. 그의 글에는 자기를 미화하거나 생각을 심오하게 보이기 위한 가식이나 과장이 없어서 그의 참 모습이 굴절 없이 나타나 있다. 가령 문장이 정확하고 뜻이 명료한 것은 그의 성격을 빼어 닮았고 또 편편의 건전하고 견실한 내용은 그의 인품을 약여하게 보여 주고 있다. 이처럼 이 경우에는 글이 곧 사람이고 사람이 곧 글이므로 어떤 순서로 말하여도 별로 문제될 것이 없을 것이다. 그래서 나는 이제부터 내가 아는 이상옥 선생에 관해서 몇 가지를 이야기하면서 거기에다 이 수필들에 관한 언급도 조금 곁들일까 한다.

이 선생을 사귀어 본 사람이면 누구나 그의 명징明澄한 성품에 큰 인상을 받을 것이다. 그것은 그를 처음 만나는 사람이라도 그의 맑은 눈빛, 단정한 외모, 그리고 정연한 언변에서 단박에 느끼는 것이다. 그리고 그와 오래 사귀어 보면 그런 성품을 더 여러 면에서 확인하게 된다. 그의 명징함은 첫째로 사물에 대한 그의 판단과 처신에서 나타난다. 우리네는 살아가면서 뜻밖에 당혹스러운 일을 당하여 어찌할 바를 몰라 허둥대는 경우가 많다. 그러나 나는 그에게서 그런 혼란스런 모습을 본 적이 없다. 그에게는 확고한 원칙들이 세워져 있고 그것들에 의거하여 모든 체계가 일사불란하게 정립되어 있어서 언제나 할 것과 안 할 것, 취할 것과 버릴 것, 나아감과 물러섬 등에 대한 판단이 명료하게 이루어지는 것 같다. 어쨌든 그는 어떤 상황에 처하든지 분명한 이유 하에 즉시 분명한 태도를 취한다는 남다른 장점을 가지고 있다. 명징함은 또 그의 일 처리에서도 나타난다. 그는 시작한 일은 반드시 확실한 끝을 내는 성미여서 언제나 끝맺음이 분명하다. 또 공적인 일은 공익을 위한다는 원칙 아래 엄정히 추진해 나아가고 사사로운 정리에 휘둘리는 법이 없다. 그래서 어떤 사안에 대해서 그와 의견을 달리 하였던 사람들조차도 그의 충정과 공정성에 대해서는 이의를 갖는 사람이 없다.

이렇게 말하면 그가 일정한 원칙만을 고집하는 완고한 사람인 것 같은 인상을 줄지 모르지만 사실은 그와 정반대다. 「흑백 양분법」에 잘 나타나 있듯이 그는 어느 한 가지 가치에 절대성을 부여하기를 거부한다. 그래서 그는 「하느님, 나의 하느님」에서 신앙이라는 구실로 절대적인 신념을 강요하는 종교집단을 같은 맥락에서 배격하고 있다. 그 같은 절대적인 가치의 신봉은 유연한 사고, 합리적인 사고를 불가능하게 만든다는 것이 그 이유이다. 여기서 우리는 합리성이 그의 모든 사고의 기본적이고 필수적인 요건임을 알 수 있다. 그러므로 그가 원칙을 중시함에는 틀림없지만 그의 원칙들도 합리성을 기반으로 한 것이기 때문에 그것들은 어떤 경우에도 교조적 신념이나 독선으로 경직될 수 없다.

사실 합리성은 이상옥 선생에게는 체질만큼이나 자연스럽게 그의 일부가 되어 있다. 그러니 그것이 그의 글에서 드러나는 것은 너무도 당연한 일이다. 이 책에는 '××설'이라는 제목이 붙은 수필들이 몇 편 있다. 원래 '××설'이라는 것들은 진위를 검증하지 않은 채 우리가 그냥 믿고 있는 신화들로서 따져 보면 대개 근거가 박약하거나 진실과 거리가 먼 주장들이다. 이 수필들은 우리 주위에 산재해 있는 그런 비합리적인 요소들을 지적한 것들이다. 이같이 비합리적인 것을 찾아내서 바로 잡으려면 사물의 외양에 현혹되지 않고 그 속의 실상을 추구하려는 노력을 기울여야 할 것이다. 「소백산 철쭉 보기」는 바로 그같이 실체를 보려는 의지와 실체를 볼 수 있는 안목을 갖출 수 있는 요건으로 예리한 통찰력과 전체를 보는 균형 잡힌 시각을 들고 있다. 그는 이 둘이 동전의 앞뒤처럼 한 몸을 이루는 관계에 있다고 보는 것이다.

균형 잡힌 시각은 무엇보다 편견과 아집에서 해방되어야 가능한 것이다. 이상옥 선생은 내가 알기로 그런 결함에서 가장 자유로운 사람의 하나이지만, 그래도 그는 혹시 자기 안에 그 같은 요소가 도사리고 있지 않나 저어하여 늘 자신을 돌아보며 단속하기를 게을리하지 않는다. 이 책의 많은 글이 그렇지만, 특히 '자기 성찰의 변'이라는 소제목에 속하는 글들은 대개가 그 같은 반성과 성찰을 통한 자기 혁신의 기록들이다. 그런데 이 같은 자기 성찰은 개인적인 차원에 국한되어 있지 않다. 그의 전공인 외국문학을 통해서, 또 외국에서 보고 느낀 다른 풍물을 통해서 우리의 생활 태도와 문화를 새롭게 바라보려고 노력함으로써 그는 자기 성찰을 좀 더 높은 차원으로 확장해 나가고 있다.

또 균형 잡힌 시각은 전체를 조망할 수 있는 넓은 시야를 필수 조건으로 한다. 세상이 복잡해져 감에 따라 우리의 삶도 각 부분들이 서로의 연관성을 잃음으로써 파편화해 가고 있는 실정이다. 「두 개의 문화」에서 이 선생은 C. P. 스노우의 글 제목을 빌려 점차 우리의 지식사회에서도 심화되고 있는 문화 간의 단절을 우려하고 있다. 이 같은 현상은 학문 분야 간의 단절에 큰 원인이 있다 하겠다. 요즘은 전공의 세분화가 갈수록 심해져서, 한 분야 안에서도 영역을 쪼개고 또 쪼개어 급기야는 각자가 디디고 선 두 발만큼이나 좁은 부분만을 파고드는 실정이다. 그러나 전체의 구도와 그 안에서 각 부분이 차지하는 위치와 역할에 대한 명확한 인식이 결여된, 단순한 부분에 관한 연구는 학문의 근본적인 목표에서 벗어나기 쉬우며, 그래서 한날 도로에 그칠 위험이 클 수밖에 없다. 그뿐만 아니라 학문의 근본과 유리된 지적 노력은 자칫 망상과 아집에 빠질 수 있고, 그렇게 되면 그것은 학문의 너울을 쓴 견고한 비합리적 체계가 되어 인간의 삶을 크게 위협할 수도 있다. 그래서 지금은 전체를 보고 근본은 생각하는 태도가 무엇보다도 요청되는 때다. 이상옥 선생은 평소에 이 점을 늘 강조해 오고 있으며 스스로도 학문의 폭을 넓혀 나가기를 여행勵行하여 후학들에게 모범을 보이고 있다. 또 그는 균형 잡힌 시각의 중요성을 후세 교육에 반영시키기 위하여 여러 방면으로 노력해 왔다. 여기 몇 편의 수필에도 피력되어 있지만, 대학의 학부 교육은 학생들에게 넓은 지적 지평을 열어 주는 교양교육에 중점을 두어야 한다는 그의 의견도 그 같은 생각의 일단인 것이다.

이와 같이 넓은 안목을 가진다는 것은 자연히 다양한 지적 관심으로 이어지게 마련이다. 이상옥 선생은 영문학의 테두리를 넘어 문학 전반에 걸쳐 폭넓은 관심을 가지고 있음은 물론이고 그밖에도 다양한 지적 관심을 가지고 있다. 그 대표적인 것으로 인문지리와 박물학을 꼽을 수 있다. 그는 사진기 같은 기억력을 가지고 있어서 한 번 가본 곳에 대해서는 지리적 특성을 위시해서 역사와 풍물에 이르기까지 속속들이 알고 있다. 그가 안 가본 곳이라도 웬만한 곳이면 가본 사람 못지않게 그곳에 관해서 소상히 알고 있어서 주위의 사람들을 놀라게 하는 경우가 많다. 그래서 우리 같이 그 방면에 무지한 자에게 그는 "걸어 다니는 여행안내서a walking Baedeker"같이 고마운 존재가 아닐 수 없다.

또 「두견이와 소쩍새」, 「야생화 구경」 등에도 나타나 있듯이 그의 박물학 지식은 아마추어의 수준을 훨씬 넘어서 있다. 그의 덕택으로 나도 도감圖鑑 몇 권을 구비하게 되었고, 그래서 새소리도 좀 구별하게 되었으며 나무나 풀이름도 몇 가지 알게 되었다. 그러나 나는 관찰력, 애정, 부지런함에서 도저히 그에 비할 바가 못 되어 배운 것을 해마다 되풀이해서 배우다시피 하고 있다. 지난주에 그가 산에 갔더니 양지꽃, 현호색 그리고 또 무엇, 무엇이 피었더라고 내게 꽃소식을 알려 왔는데, 나는 벌써 그 반수에 달하는 들꽃 이름들을 잊어 버렸다. 내주에 그와 같이 진달래 꽃구경하러 북한산에 가기로 하였는데, 그때에 그는 틀림없이 내 눈에는 아무것도 안 보이는 풀섶에서 갖가지 진기한 들꽃들을 찾아내어 내게 보여 줄 것이다.

이런 작은 들꽃을 사랑하는 데에서도 짐작할 수 있듯이 이상옥 선생은 무척 정이 많고 다정다감하다. 나는 그가 사람을 반기는 데에서 그것을 자주 느낀다. 특히 조금 격조했던 친지를 만날 때면 그의 반색하는 표정과 정다운 인사는 주위를 환하게 만들 정도로 밝고 따듯하다. 그는 지도하는 학생들에게도 남다르게 정을 많이 준다. 그들의 학문적 발전을 위해서 노력과 시간을 경주함은 물론이고 그들의 생활 문제, 나아가 취직에 이르기까지 모든 신상 문제를 정성껏 보살펴 준다. 그래서 그의 훈도를 받은 학생들은 그를 학문적으로뿐만 아니라 인격적으로도 깊이 존경하며 졸업 후에도 그를 어버이처럼 따른다.

그의 따뜻한 마음은 사람에게만이 아니라 모든 아름다운 것들에게도 열려 있다. 「정월 대보름」, 「씨름을 보며」, 「사라져 가는 것들을 위하여」에서 볼 수 있듯이 그는 특히 점차로 없어져 가는 우리의 옛것들에 대한 강한 애착을 가지고 있다. 이 글들에서 그는 한때 우리의 삶을 아름답게 채색하였던 여러가지 놀이와 행사를 감정이 절제된 문장으로 회고하고 있지만, 그런 잔잔한 묘사에서도 그것들에 대한 그의 깊은 사랑은 마치 창호지에 비치는 달빛처럼 은은히 배어 나오고 있다. 글에서뿐만 아니라 옛날 그가 자라던 고향 이야기를 할 때면 감격에 겨워 영롱해지는 그의 눈빛에서, 홍조 어린 얼굴에 피어오르는 순진한 미소에서, 나는 육십을 넘도록 그대로 간직하고 있는 그의 소년다운 마음을 보고 속으로 경탄한 적이 많았다.

또 한 가지 이 선생에게서 내가 경탄하지 않을 수 없는 것은 그의 대단한 근면성이다. 그는 '한중망閑中忙'이라는 말을 쓰자고 주장할 정도로 한시도 무료하게 가만히 있지 못할 뿐만 아니라, 아무리 바빠도 그의 취미 활동이나 글쓰기를 거르는 법이 없을 만큼 부지런하다. 내게 보내는 편지 형식으로 쓴 「유타 통신」이라는 글들은 그가 연전에 미국 유타 주의 브리검영대학에 교환교수로 일 년간 가 있으면서 한국 문학을 강의하는 동안 쓴 글들이다. 주지하다시피 미국의 대학에서 강의를 하자면 그 내용이 여간 충실하지 않으면 안 된다. 게다가 영어로 해야 하고 또 처음 가르치는 과목이었으므로 강의 준비를 하는 데에 시간이 무척 많이 들었을 것이다. 그런데도 그는 틈을 내어 여행도 하고 또 미국 생활의 이모저모를 찬찬히 뜯어보며 글을 썼던 것이다. 그렇게 어려운 일을 하면서도 시간적 여유를 가질 수 있다는 것은 사실 부지런함만이 아니라 뛰어난 능력이 따라야 하는 것이므로 나 같은 범부는 바랄 바가 아니다. 단지 내가 못내 부러워하는 것은, 여행을 하거나 일상생활을 하는 동안 문득 이는 생각이나 느낌은 다소 심천深淺의 차이야 있을망정 내게도 더러 있는 것인데, 나는 그것을 머릿속에 넣고 다니다가 잊어버리고 마는 반면에 그는 그것들을 즉시 글로 옮겼다는 사실이다. 그것도 일 년에 20편이나 말이다. 그가 지금까지 여러가지 공직을 역임해 온 동안, 그것들에 딸린 수많은 업무를 빈틈없이 처리하면서도 교수로, 학자로서의 본무와 자기 발전을 위한 연찬을 평소와 다름없이 수행할 수 있었던 것도 반은 이 부지런함의 덕택이라고 생각한다.

이제 이 선생에 대해서 한 가지만 더 이야기하고 이 졸문을 마칠까 한다. 그것은 그가 자기관리에 대단히 엄격하다는 것이다. 이 말은 물론 그가 자기 보신에 철저하다는 뜻이 아니라, 처신이나 일상 범절에서 그가 지켜야 할 것이라고 생각하는 것은 반드시 행하되, 해서는 안 된다고 생각하는 것은 어떤 일이 있어도 안 한다는 뜻이다. 그는 권문세가에서는 오라고 해도 안 가지만, 스스로 백발이 되었음에도 옛날 스승은 해마다 찾아가 세배를 드린다. 또 어쩌다 남의 신세를 지면 꼭 보태서 갚고야 만다. 사실 그는 주위의 거의 모든 사람들에게 도움을 주지만 그 자신은 도움을 받는 경우가 별로 없다. 그것은 무엇보다도 그가 남의 도움을 받을 필요가 없게 자기의 일을 완벽하게 해 나갈 능력을 가지고 있기 때문이다. 그런 그가 "절대로 못한다"는 말은 가끔 한다. 물론 능력이 모자라서 하는 말이 아니다. 그것은 그가 해서는 안 된다고 생각하는 일들에 대해서 하는 말이다. 그것은 그가 남에게 폐를 끼치거나 염치없는 일이라고 생각하는 것들이다. 우리네는 남에게 폐가 되는 일은 안 해야겠다고 하면서도 이런 저런 이유로 결국은 하게 되는 경우가 많다. 그러나 이 선생은 이 점에 대해서는 찬바람이 일 정도로 단호하다.

이상옥 선생은 병자생丙子生이니까 작년이 그의 회갑이었다. 그의 학덕으로 보나 지명도로 보나, 요즘의 풍속으로 하면 두툼한 화갑기념논문집의 봉정식이 당연히 있었을 법하다. 그러나 봉정식은커녕 논문집도 바로 위의 '절대로 못하는 것' 중의 하나가 되어 거론조차 되지 못했다. 그 대신 스스로 이 수필집을 내어 갑년을 기념하려고 했었는데, 그 일도 동료나 후배에게 알리지 않고 혼자서 하려다가 해를 넘겨 이제야 출간을 보게 된 것이다. 환갑이라는 인생의 큰 고비를 넘기면서도 마음의 흐트러짐이 없이 조용히 자신의 족적을 돌이켜보며 뒷일을 반성하고 앞일을 생각해 본다는 것은 얼마나 뜻 깊고 기품 있는 일인가. 옛날 우리의 선비정신이 아마도 이처럼 오롯하고 결곡한 마음씨였을 것이다. 이기주의와 속물근성과 물질주의가 판을 치는 이 혼탁한 세상에 무엇으로도 오염시킬 수 없는 수정 같은 맑은 마음을 지닌 이상옥 선생 같은 참된 선비가 우리 곁에 있다는 것은 크나큰 축복이 아닐 수 없다. 그가 우리 주위에 있는 한, 흔들리기 쉬운 우리의 마음은 그를 의지하여 바로 설 수 있게 될 것이고, 좌절과 실망으로 피폐해진 우리의 가슴은 건전한 그의 정신에서 새로운 활력을 얻게 될 것이다. 이 수필집은 그를 직접 만날 수 없는 많은 독자들에게 그 같은 축복이 되리라고 나는 믿어 의심치 않는 바이다.

『두견이와 소쩍새』 1997. 4

교수 시인 황동규黃東奎

우리 또래의 많은 사람들이 그렇듯이 나도 황동규라는 이름을 1950년대 초반 『학원』지에 실린 그의 시를 통해서 처음 알게 되었다. 그때 그는 마종기, 유경환, 이제하 등과 함께 학원문단을 점유하다시피 한 유명한 학생 시인이고 나는 무명의 독자였으므로 내게는 멀리서나 바라보는 선망의 대상이었다. 그러나 실제로는 그와 내가 그렇게 멀리 떨어져 있었던 것은 아니다. 나는 그와 같은 중학교와 고등학교를 일 년 뒤져서 다녔던 것이다. 그러나 문예반 모임 같은 데에서도 그와 내가 자리를 같이했던 기억은 없다.

그뿐만 아니라 대학에서도 역시 일 년 차이를 두고 우리는 같은 과를 다녔지만, 만나면 목례나 나누었을 뿐, 여전히 이렇다 할 교류는 없었다. 이때도 나는 평범한 학생이었던 반면에 그는 벌써 문단에 등단한 기성작가로서 시집을 펴내고 있었다. 우리가 현대 서양철학을 소개하는 잡지의 글이나 철학 입문서를 통해 삶의 깊은 신비에 막 눈떠 가고 있을 때에, 또 장님 코끼리 만지듯이 한참 문학을 더듬고 있을 때에, 그는 벌써 절대와 씨름하는 실존적인 고민을 앓고 있었으며 그런 치열한 정신의 드라마를 자신이 구축한 시론에 의해 시로 표현하고 있었다. 그러니 내가 그와 그렇게 오랜 인연이 있었음에도 관계가 소원했던 것은 따지고 보면 언제나 내가 그보다 한참 뒤떨어져 있었기 때문이라고 보아야 할 것이다.

황 선생과 내가 가까워진 것은 대학을 졸업한 후 여러 해가 지난 70년대 초에 내가 서울대학교 교양학부에 출강하게 되었을 때부터다. 황 선생은 이미 그곳에 전임교수로 있었는데, 그는 고달픈 시간강사 생활을 막 시작한 나를 따듯하게 맞아주었다. 나는 그를 늘 오연하여 접근하기 어려운 사람으로 생각했으나 알고 보니 그는 의외로 소탈하고 친화력이 큰 사람이었다. 그로부터 우리는 이내 가까운 사이가 되었고, 특히 내가 서울대학교로 온 이후는 (황 선생은 내가 서울대학으로 오는 데에 큰 도움을 준 사람 중의 하나다.) 근 20년간을 격의 없는 친구로 지내는 터이다.

이처럼 나는 황 선생을 시인으로 먼저 알았지만 실제로 그와 가까워진 것은 같은 과의 동료 교수로서이다. 물론 시인 황동규와 교수 황동규가 별개의 인물일 수는 없지만, 학자, 교육자로서의 황 선생은 일반 독자에게 잘 알려져 있지 않은 그의 일면일 것이다. 그래서 나는 이 짧은 글에서 교수 황동규의 편모를 소개하면서 시인 황동규를 이야기해 볼까 한다.

황 선생의 시 강의에는 언제나 학생들이 많이 모인다. 현역 시인이 시 강의를 한다는 색다른 매력도 있겠지만, 그것만이라면 그의 강의가 그렇게 오래 인기를 지속할 수 없을 것이다. 물론 그가 시인이기 때문에 남다르게 짚어 주는 데도 있을 것이다. 그러나 그보다는 그가 충실한 교수라는 점이 더 근본적인 이유일 것이다. 그는 강의를 위해 철저히 준비하고 또 학생들에게도 그만큼 많은 요구를 한다. 그래서 그의 강의를 들은 학생들은 고되기는 하여도 많은 것을 배웠다는 성취감을 느낀다고 한다.

황 선생은 엄격한 선생이다. 가령 그가 시인이기 때문에 논문의 조직이 다소 허술하더라도 너그럽게 보아 주리라고 믿은 학생이 있다면 크게 낭패를 볼 것이다. 지도를 맡은 학생의 논문이 신통치 않을 경우 심사위원을 설득해서라도 통과시키고 싶은 것이 대부분 교수의 심정이고 또 실제로 그렇게 하는 경우가 적지 않다. 그러나 황 선생은 자기가 맡은 학생이 지도를 해 주어도 끝내 논리를 제대로 세우지 못하면 그 자신이 실격시킨다. 이 점은 단순히 그가 글의 논리성을 중요시한다는 것뿐만 아니라 원칙을 엄정히 지키는 사람임을 말해 준다. 이 엄격함은 그가 먼저 스스로에게 가하는 기율이기 때문에 남에게도 요구할 수 있는 것이다. 그러나 위의 경우처럼 그로 인해 불행을 당하는 사람이 생길 때에 그는 원칙을 지켜 놓고도 매우 괴로워한다. 그런 일이 있고 나면 그의 음주 횟수는 더 잦아지고 나 같은 동료를 만나서, "인간이란 약한 거야. 내가 왜 이렇게 괴로워해야 하지?"라는 푸념을 더 자주 한다.

우리는 이렇게 인정 때문에 가슴앓이하는 그를 시인답다고 생각하기 쉽지만, 정작 시인으로서 그의 진면목은 괴로워도 지킬 것을 지키는 그의 독한 면에 있다. 시는 학문 못지않게, 어쩌면 학문보다도 더 강한 기율을 요구할지 모른다. 자기와의 싸움으로 환언될 수 있는 그 힘든 대결을 그는 소년시절부터 지금까지 한 치의 물러섬이 없이 견지해 오고 있는 것이다. 자신의 내면적 갈등을 직시하면서 정직하게 그 해법을 찾으려는 태도, 또 그것을 곡진하게 표현하되 결코 범상치 않은 언어로 나타내려는 그의 집념은 그로 하여금 늘 긴장하게 하였을 것이다. 음악과 술과 친구, 그리고 무엇보다도 그의 시적 성취가 없었더라면 그가 그 긴 긴장의 연속을 어찌 감당했을지 모를 일이다.

황 선생의 학자적인 일면 중 또 한 가지 특기할 점은 그의 강한 지적 욕구다. 황 선생을 아는 사람은 누구나 그의 폭넓은 독서와 해박한 지식에 큰 인상을 받게 되는데, 그것은 부단히 새로운 것을 추구하는 그의 지적 호기심이 이루어 놓은 것이다. 그는 우리에게 유용한 외국의 새로운 사조를 신속히 받아들여서 그의 학술 활동과 강의에도 적절히 원용해 왔다. 그중 어떤 것은 그가 우리나라에서 최초로 학계에 소개한 것도 있다. 요즘 쏟아져 나오는 문학이론의 홍수 속에 나이든 교수들은 정신이 어지러워 아예 접근을 포기한 사람이 많지만, 황 선생은 이에 위축되는 기색이 없다. 목하 그는 여성론과 탈식민주의 같은 최신 이론에 깊은 관심을 가지고 있는 것으로 안다. 그는 새로 습득한 지식에 관해서 남들에게 이야기하기를 좋아하지만 그렇다고 그를 자기현시적이라고 단정하기는 어렵다. 반대로 모르는 것이 있으면 누구에게나 터놓고 묻는 진솔하고 겸허한 태도도 그는 가지고 있기 때문이다. 따라서 그것은 아는 즐거움에 대한 그 나름의 표현방법이라고 보아야 할 것이다.

이같이 자기 발전을 위한 그의 끊임없는 노력은 시인 황동규에게서도 그대로 볼 수 있다. 가령 『풍장』을 쓰기 얼마 전서부터는 불교에 관한 관심이 높아져서 불교서적을 열심히 읽더니만 얼마 전에는 중세국어 표현에 매료되어 『두시언해』 영인본을 사서 정독하는 것을 보았다. 그가 오랫동안 우리 시단에서 앞서가는 주목받는 시인이 될 수 있었던 것은 그가 이처럼 계속 공부하고 자기 혁신의 노력을 늦추지 않기 때문일 것이다. 과문한 탓일지 모르지만, 황 선생만큼 확고한 자기의 세계를 구축하고 있으면서도 그것을 늘 새롭게 변용해 나가는 시인을 우리 시단에서 달리 찾아보기 힘들다고 본다.

요즘 그가 어쩌다 허점을 보였을 때면 "인간이 모든 걸 다 갖고 살 수는 없지 않아?"라고 우스개 말을 하며 씽긋 웃기를 잘 한다. 그것은 젊은 날 그의 묘한 미소—입을 한일자로 꽉 다물고 입귀만 양쪽으로 당겼을 뿐인, 차라리 긴장의 다른 한 모습이었던 그의 미소—와는 상당히 달라진 것이다. 이제는 입가도 부드러워졌고 눈꼬리 어디엔가에 익살스러움조차 감돌고 있다. 그만큼 그에게 여유가 생겼다는 뜻일 게다. 근래에 들어 그의 시 여기저기에 해학과 유머가 발견되는 것도 이와 무관치 않을 것이다. 또 그 농담에는 그가 이제 하나 둘씩 자기의 것을 포기하며 산다는 진담도 들어 있을 것이다. 그러나 여전히 달라지지 않은 것이 있다. 육십이라는 나이가 전보다 그의 발걸음을 더 무겁게 만들었고 그의 머리숱을 더 설피게 만들었지만, 예컨대 그의 예리한 눈빛과 쇳소리 나는 목소리의 도전적인 어조에는 전혀 영향을 끼치지 못했다. 그의 정신이 조금도 쇠하지 않았다는 증좌이리라. 이처럼 그가 아직도 자신에 부과하는 기율의 엄격성을 유지하는 한, 또 그의 왕성한 지적 호기심과 발전을 위한 의지의 강도가 전과 다름이 없는 한, 그의 시는 좀 더 원숙해질지언정 내용이 평이해지거나 표현의 긴장감이 떨어질 리 없다.

그래서 그가 육십세가 되었다는 것은 이제 우리에게 또 다른 모습으로 나타날 수 있는 계기가 될 수 있는 것 이외에 시인 황동규에는 아무것도 아닐 것이다.

『황동규 깊이 읽기』 1998. 5

김종운金鍾云 선생님 영전에

남녘에 꽃 소식이 새봄을 알릴 때에 선생님은 표연히 불귀의 길을 떠나셨습니다. 근 2년간 그 무서운 고통을 이겨가며 꿋꿋이 투병해 오시더니, 그리 사랑하시던 이 산하에 봄꽃이 피는 것도 보시지 않고 어찌 그리 총총히 떠나십니까. 태산처럼 믿었던 선생님을 이렇게 졸지에 잃으니 저희 후학들은 이제 누구를 의지해서 이 험난한 앞길을 헤쳐갈지 천지가 막막하고 눈앞이 아득합니다.

돌이켜보면 선생님은 학자로, 교육자로 참으로 많은 것을 이룩하셨습니다. 미국문학계의 태두로서 한국아메리카학회와 서울대학교 미국학연구소의 설립에 핵심적 역할을 하셔서 이 땅에 미국학 연구의 기틀을 마련하셨습니다. 또 다수의 연구서를 저술하셔서 후학들이 미국학을 연구하는 데에 지대한 학문적 도움을 주셨습니다. 정년 후에는 우리 문학을 영어로 번역하여 세계에 알리는 일에 힘쓰셔서 국내외의 주요 번역상을 수상하셨습니다.

선생님은 또 학교 행정에 참여하여 봉사하시면서 큰일을 많이 하셨습니다. 관악캠퍼스 종합화계획이라는 엄청난 일을 기획 관리하셨으며, 첫 직선 총장이 되셔서는 학문 간의 균형발전과 학교 발전을 위해서 수많은 업적을 남기셨습니다. 또 학술진흥재단 이사장 직에 계실 때에는 박사후과정 지원사업을 이 땅에서 처음 시행하시어 학문후속세대 육성에 새로운 장을 여셨습니다.

그러나 저희가 선생님의 서거를 이렇게 가슴 아파하고 이토록 가눌 수 없게 허망해하는 진정한 까닭은 그런 탁월한 역군을 잃었다는 것보다는 선생님의 그 너그러운 인품과 고매한 인격을 이제 다시 대할 수 없게 되었다는 것입니다. 교정에 매화가 피기도 전에 먼저 지신 선생님, 선생님은 매화와 같은 군자셨습니다. 선생님은 누구에게나 친절하고 겸손하셨으며 주위의 사람에게 도움을 주려고 늘 애쓰셨습니다. 그래서 선생님의 곁을 스쳐간 사람 치고 크건 작건 혜택을 입지 않은 사람이 없을 것입니다. 이처럼 선생님의 덕은 풀밭 위에 부는 바람처럼 커서 미치지 않은 곳이 없었으니 어찌 군자의 덕이라 하지 않겠습니까.

그러나 매화에 능상오설凌霜傲雪의 곧은 지조가 있듯이 선생님도 온화한 가운데에 매운 선비정신을 지니고 계셨습니다. 선생님의 능력과 경륜을 밖에서 이용하려는 요청이 왜 없었겠습니까마는 선생님은 그런 것에 곁눈길도 주지 않으셨습니다. 또 현직顯職에 있을수록 처신을 깨끗이 해야 된다는 원칙을 엄격히 지키시어 총장 재임중에는 자녀의 혼인을 가까운 친지에게조차 알리지 않으셨습니다. 그리고 마지막까지도 나라의 사정을 생각하시어 시신을 화장할 것을 유언하셨습니다.

이제 저희가 어디에 가 선생님같이 큰 선비를 다시 만나는 복을 누리기 바라겠습니까. 아아, 천하가 한 큰 군자를 잃었습니다.

양양 낙산사 기슭에 한줌의 흙으로 돌아가신 선생님, 병환 때문에 못 가보셔서 못내 아쉬워하시던 설악과 동해를 이제 마음대로 넘나드시며 부디 무량한 명복을 누리소서.

『大學新聞』 2000. 4

권 선생님의 미소

영문과 졸업생 대부분이 그랬겠지만, 나도 권중휘權重輝 선생님을 처음 뵌 것은 대학입학 면접 때였다. 그때 면접시험장에는 권 선생님과 고석구高錫龜 선생님이 앉아 계셨던 것으로 기억된다. 내 차례가 되어서 들어가니까 고 선생님께서 몇 가지 인적사항을 물은 다음 앞에 펼쳐 있는 영어책의 일부를 읽으라고 하셨다. 읽고 나면 대의를 물으실 것 같아서 발음과 억양에 조심하면서도 구문에 신경을 쓰면서 읽었다. 다행히 모르는 단어는 없었던 것 같은데 워낙 긴장한 탓인지 글의 뜻이 명료히 들어오지는 않았다. 예상했던 대로 고 선생님은 대의를 물으셨다. 나는 자신이 좀 없었지만, 내가 이해한 대로 주섬주섬 몇 마디 답을 하였다.

그날 질문은 대체로 고 선생님이 하셨다. 그런데도 나는 옆에 조용히 앉아 계신 권 선생님께 더 신경이 쓰였다. 아마도 고 선생님은 그때만 해도 패기만만한 소장학자의 면모가 약여하셨는 데 반해, 권 선생님은 백발이 성성하여 연세가 대단히 높은 노교수로 보이셨기 때문일 것이다. 고 선생님의 자못 건장한 체구에 비하면 권 선생님은 왜소할 정도로 체구가 작으셨지만 그럼에도 불구하고 어딘가 권위와 위엄을 느끼게 하는 풍모가 있으셨다. 그래서 나는 고 선생님을 향해 대답을 하면서도 연신 권 선생님 쪽의 눈치를 살폈던 것이다. 내 대답에 대해서 고 선생님은 가타부타 말씀이 없이 그냥 나가도 좋다고 하셨다. 그래도 판정은 권 선생님이 하실 것 같아서 권 선생님 쪽을 바라다보았더니 눈가에 잔잔한 미소를 머금은 채 고개를 주억거리시며 역시 나가도 좋다는 표시를 해 주셨다.

그때 선생님의 미소가 내 뇌리에 각인되어 권 선생님을 생각하면 언제나 그 모습이 떠오른다. 아마도 시험관 앞에서 잔뜩 경직되어 있던 나에게 선생님의 따스한 미소가 무척 고마웠고 그래서 내게 깊은 인상을 남긴 것 같다. 그러나 사실 나는 선생님의 그 조용한 미소의 뜻을 가늠할 수 없었다. 얼른 생각하기에는 잘했다는 뜻 같기도 했지만, 다시 생각하면 고등학교 졸업생으로 그 정도면 되었다는 뜻 같기도 했고, 더 부정적으로 보면 형편없는 대답이지만 가긍해서 위로하느라고 웃어 주신 것 같기도 했다. 이처럼 내가 처음 대한 선생님의 미소는 그렇게 인자스런 모습이었는데도 한편으로 나를 불안하게도 했던 것이다.

어찌 되었건 나는 입학이 되어 선생님의 강의를 듣게 되었다. 선생님은 강의 중에도 늘 미소를 지으셨다. 예컨대, 단편소설 강독 같은 시간에는 가끔 학생을 시키기도 하셨는데, 학생의 발표가 끝나면 언제나 미소해 주셨다. 혹 글이 너무 난삽해서 학생들 중 아무도 해석을 못하는 경우도, "글춤 에려운 것이 아인데(그렇게 어려운 것이 아닌데)……" 하며 웃으셨다. 또 번역이 틀렸을 경우에도 틀렸다고 말씀하시는 법이 없이, 그냥 웃으며 고쳐 주셨다.

그런데 선생님의 번역은 정말 놀라웠다. 우리가 아무리 잘 번역

했어도 선생님이 다시 번역하시는 것을 들어보면 언제나 부족한 것을 느끼지 않을 수 없었다. 선생님의 번역은 그만큼 정확하고 완벽했다. 아무리 어려운 문장이라도 선생님이 번역하시면 뜻이 명료하게 드러날 뿐만 아니라 우리말로 어디 한 군데 어색한 점이 없었다. 놀라운 것은 선생님의 그 지독한 영남 방언과 억양에도 불구하고 번역이 그렇게 정확하고 유려했다는 점이다.

선생님은 셰익스피어뿐만 아니라 소설 강의도 하셨고, 문법도 가르치셨다. 그렇게 다양한 과목을 가르치셨지만, 그 내용은 항상 우리가 미처 다 소화할 수 없을 정도로 수준 높고 충실했다. 또 휴강 한 번 없이 시간을 꽉꽉 채우는 강의로 연속된 한 학기 내내 한 번 막힐 때도, 한순간 빈틈을 보이실 때도 없었다. 그래서 선생님은 우리에게 완벽의 대명사셨다.

이렇게 선생님의 가르침을 직접 받아 보니까 선생님의 미소도 달라 보였다. 처음에는 풋내기를 귀엽게 바라보는 노교수의 인자한 미소로만 생각되었었다. 그러나 이제 선생님의 미소는 학문이 완숙하여 스스로 자족한 경지에 이른 학자의 표정으로 느껴졌다. 그래서 나는 그 미소 앞에서 여전히 마음이 편치 않았다. 앞서 말했듯이 처음 번에는 막연한 불안감 같은 것 때문이었지만, 이제는 선생님에 비해 너무나 부족한 자신에 대한 자의식 때문이었다. '어떻게 하면 저 경지에 이를 수 있을까? 나도 공부를 계속하면 저렇게 될 수 있을까?' 하고 자문도 해 보았지만 그렇게 되기는 아무래도 무망해 보였다. 그런 맹랑한 꿈은 차치하고라도, 강의시간 중에 선생님께서 내게 그윽하게 고개를 끄덕이시며 정말 잘했다는 표정의 미소를 지으시도록 한 번이라도 인정을 받고 싶었다. 그래서 예습도 꽤 부지런히 해 갔지만, 숫기가 없어 스스로 발표하겠다고 나서지는 못하고, 뜸만 들이다가 평가받는 기회조차 끝내 잡지 못하고 말았다.

졸업한 후로는 오랫동안 선생님을 뵙지 못했다. 그러다가 선생님을 찾아뵈어야겠다는 생각이 든 것은 80년대 초 서울대학교에 오고 난 다음이었다. 과의 선배 몇 분이 매년 선생님께 묵은세배를 간다는 소문을 들었던 것이다. 그래서 같이 가겠노라고 말로는 약조를 해 놓고도 실제로 행하기까지는 상당한 세월이 걸렸다. 워낙 게으른 탓도 있고, 또 마음 한 구석에 내키지 않는 면도 있었기 때문이었다. 그것은 나같이 선생님과 사적인 인연도 없는 평범한 제자를 졸업한 지 삼사십 년이 지난 터에 선생님께서 기억이나 하실까 하는 의구심이었다.

그러나 이 얼마나 옹졸한 생각인가? 선생님께 인사를 드리는 것은 선생님께서 기억해 주시기 때문이 아니라 내가 고마워서 하는 일이 아닌가? 선생님에게서 그 많은 강의를 들은 것만도 헤아릴 수 없이 큰 은혜요, 또 내가 대학에서 선생 노릇을 하면서 마음에 선생님의 모습을 지니고 그것을 한 전범으로 삼아 스스로를 경계해 왔으니 사적인 인연으로도 그렇게 큰 인연이 따로 있기 힘든 터였다. 그래서 어느 해 작심을 하고 섣달 그믐날에 선배들을 따라 선생님을 찾아뵈었다.

선생님은 이미 구십을 훨씬 넘긴 연치셨다. 그러나 정신은 조금도 쇠하지 않으셔서 생각하시는 것이나 말씀하시는 것이 옛날 대학 시절에 뵌 그대로였다. 특히 놀라운 것은 아직도 머리맡에 책을 놓고 수시로 독서를 하신다는 것이었다. 그러고 보니 선생님은 신관이 전보다 오히려 더 좋아지셨고 모발만 좀 더 희어졌을 뿐이지 전과 조금도 다름이 없으셨다. 특히 내게 반가웠던 것은 선생님의 미소가 여전하다는 것이었다.

다만 조금 달라진 것이 있다면, 전에는 미소에도 불구하고 선생님에게서 어딘지 근엄함을 감지할 수 있었는데, 이제는 근엄함보다는 호호야好好爺의 너그러움이 더 느껴진다는 것이었다. 예컨대, 보청기를 하셨지만 그것이 소리를 울리게 하여 알아듣기가 더 힘드시다는 것과 확대경을 이용해 책을 읽으시는데 어지러워 오래 못 보신다는 말씀을 하시며 웃으시는데 그 미소가 옛날보다 더 환하고 밝아 보였다. 그것은 신체적으로 무력해진 자신에 대해 포기한 나머지 자신을 우스갯거리 삼아 하는 자조적인 웃음은 물론 아니고, 이제 세상 모든 것이 다 우습다는 허탈한 웃음도 아니었다. 분명히 당신이 실제로 겪는 불편을 토로하시는 것인데, 그러면서도 그런 불편에 전혀 구애되지 않으시기에 가능한 웃음 같았다. 다시 말해서 선생님은 그런 불편을 체험하시지만 이미 그런 것들이 조금도 영향을 미치지 못하는 피안에 계셔서, 거기서 그 모든 것을 즐거운 눈으로 보실 수 있기에 지으실 수 있는 웃음 같았던 것이다.

큰 이치를 깨달은 사람의 눈에는 세상 모든 것에서 다 공덕이 보이며 그래서 즐겁지 않은 것이 없다고 하지 않던가. 마지막 몇 해 동안 내가 뵌 선생님의 모습은 이승의 삶을 살면서도 이승의 질곡을 벗어난 현자의 모습이었다. 그래서 선생님께서는 이제 학자로서 자족한 경지를 넘어 인간으로서 자족한 경지에 이르신 것 같다는 생각이 들었다. 그러고 보니 선생님의 웃으시는 모습이 동양화에 자주 등장하는 신선을 연상시켰다. 그것은 예이츠W.B. Yeats가 「래피스 래즐리Lapis Lazuli」에서

주름에 묻힌 그들의 눈, 그들의 눈,
반짝이는 그들의 늙은 눈에는 즐거움이 어려 있다.

Their eyes mid many wrinkles, their eyes,
Their ancient, glittering eyes, are gay.

라고 읊었던, 주름진 눈에 웃음을 담뿍 담은 그 현자들의 모습이었다.

내가 학문적 온축을 이루어 옛날 선생님의 미소를 흉내낼 수 있게 되기도 전에, 선생님께서는 내가 도저히 근접할 수 없는 높은 경지에서 또 다른 미소를 짓고 계셨다.

『閑山 權重輝先生 追念文集』 2003. 10

나의 외숙 상허尙虛 이태준李泰俊

내 기억으로 내가 외삼촌을 처음 본 것은 해방 후 한참 혼란했던 시기다. 해외에서 구국투쟁을 하던 독립투사들이 귀국하면서 국내에서는 여러가지 노선이 서로 주도권을 잡기 위해 다투고 있을 때였다. 그때 우리는 서대문에서 살다가 집을 줄여서 한남동으로 나와 살았는데, 한남동은 문안보다 문화적으로 상당히 뒤떨어져 있던 시골이었다. 그 동네에서 신문을 보거나 라디오로 뉴스를 듣는 집은 가뭄에 콩 나기였다. 그 당시 겨우 대여섯 살밖에 안 되었던 나는 라디오 뉴스와 어른들의 말씀에서 귀동냥한 정계 인사들의 이름과 정치 술어를 외어 가지고, 아무것도 모르는 동네 아이들에게 국내 정세를 아는 척하며 떠드는 재미에 폭 빠져 있었다.

그날도 나는 내 또래 아이들을 대문 앞에 모아 놓고 내가 마치 김구 선생이나 이승만 박사를 개인적으로 잘 아는 듯이 엉뚱한 거짓말을 늘어놓고 있었다. 그때에 한 신사가 골목의 막다른 집이었던 우리 집을 향해 언덕길을 걸어 올라왔다. 키가 무척 컸고 얼굴색이 희었으며, 특히 쌍꺼풀진 큰 눈이 푸를 정도로 맑았다. 양복색이 엷은 회색인지 아니면 약간 포르스럼한 회색인지 확실치 않으나 내가 보기에 대단히 고급스러웠고 그의 흰 얼굴과 썩 잘 어울렸다. 어떻든 그렇게 잘 생기고 멋진 신사는 나는 처음 보았다. 그는 내 머리를 쓰다듬으며 "명렬이 아니냐"라고 말했던 것으로 기억된다. 그 목소리는 크지 않으면서도 낭랑하게 울리는 소리였다. 나는 그의 손에 들린 선물 꾸러미에 얼른 눈을 준 후 집안으로 뛰어들어가서 어머니에게 손님이 온 것을 알렸다.

여느 때처럼 바느질을 하고 있던 어머니는 안방 문을 열다가 손님을 보더니 버선발로 뛰어나와 그를 맞아들였다. 뒤따라 들어간 나에게 어머니는 "외삼촌이시다"라고 일러주었다. 그리고 나를 그에게 절을 시킨 후 서둘러 나가 놀라고 했다. 그러나 반가움보다는 놀람과 걱정의 기색이 더 역력했던 어머니의 표정이 어린 마음에도 걸려서 좀 불안하기도 했으려니와, 또 그 고급 포장지로 싼 선물 꾸러미가 너무 궁금해서 나갈 수가 없었다. 그래서 싫다고 떼를 썼다. 내 속마음을 모를 리 없는 외삼촌은 어서 내게 과자를 주라고 어머니에게 말했다. 그러자 평소 같으면 어림도 없는 일이 일어났다. 즉 손님이 가기 전에는 손님이 가져온 물건에 절대로 손을 못 대게 했던 어머니가 그 선물 꾸러미를 푸는 것이었다. 안에 든 상자의 뚜껑을 여니까 차마 입에 넣기가 아까울 정도로 예쁜 생과자가 가득하였다. 어머니는 말없이 내게 한 개를 건네주었다.

나는 그것을 들고 얼른 밖으로 뛰어나갔다. 그러나 애들에게 빼앗길까봐 마당에서 다 먹은 후 아이들에게로 갔다. 고급 양복을 입은 신사에 호기심이 잔뜩 부풀은 아이들은 대문 틈으로 기웃거리며 우리 집 동정을 살피고 있었다. 나는 "아까 그 아저씨가 우리 외삼촌인데 고급 나마카시를 굉장히 많이 사왔다"고 아이들에게 자랑을 늘어놓았다. 얘기를 하다 보니까 또 먹고 싶어서 견딜 수가 없었다. 아버지도 가끔 생과자를 사 왔지만 그렇게 예쁘고 맛있는 과자는 아니었다. 그래서 무망한 일인지를 알면서도 혹시 한 개 더 먹을 수 있을까 하고 다시 방으로 들어갔다. 외삼촌은 낮은 목소리로 어머니에게 이야기를 하고 있었고 어머니는 잠자코 들으면서 저고리 고름으로 자꾸 눈물을 찍어내고 있었다. 나를 본 어머니는 아무 말 없이 다시 과자 한 개를 또 꺼내 주었다. 어머니가 우는 것은 싫었지만 그래도 재수는 되게 좋은 날이라고 생각하며 나는 또 밖으로 나가 놀았다. 얼마 후 내가 다시 들어왔을 때 외삼촌은 보이지 않고 어머니만 혼자 앉아서 하염없이 눈물을 흘리고 있었다.

지금 생각하니까 그날 외삼촌이 월북하기 직전에 남쪽에 있는 유일한 동기간인 나의 어머니에게 작별인사를 하러 온 것이었다. 그때만 해도 삼팔선을 몰래 왕래하는 사람들이 많아서 가족이 남북으로 갈렸어도 지금같이 막막하지는 않았지만, 어머니는 그래도 그것이 긴 이별이 되리라는 것을 예감했던 것 같다. 혼자 눈물짓는 어머니의 표정이 그처럼 참담해 보였던 것이다. 그후 또 얼마 지나서 외숙모마저 솔가率家해서 월북해 버리고 삼팔선도 완전히 막히자 어머니는 외삼촌을 다시 만나는 것에 절망하였다.

외숙모는 북으로 가면서 집은 당시 집 없이 신접살림을 하던 이종사촌누나에게, 그리고 나머지 세간은 어머니에게 맡기었다. 그래서 어머니는 가을마다 외갓집에 가서 장마 겪은 책들을 꺼내 폭서曝書하고 세간과 옷들을 건사하였다. 일 년에 한두 번씩 그렇게 외갓집에 갔다 오면 어머니는 늘 며칠 간 언짢아했다. "누가 부지깽이 하나 보태 준 사람 없건만, 너희 외삼촌은 자수성가하여 살림도 참 알짬으로 짭짤하게 장만하셨지. 그렇지만 당신이 소싯적에 고생하셨기에 불쌍한 사람은 그냥 지나치지 못하셨단다. 한 번은 새로 맞춰 입은 양복 윗도리를 고학생에게 벗어 주고 들어와서 너희 외숙모가 펄펄 뛴 적도 있었단다." 어머니는 혼잣소리처럼 이런 이야기를 우리에게 해 주면서 먼 하늘을 바라보며 한숨짓곤 했다.

내가 두 번째로 외삼촌을 본 것은 육이오 사변 때였다. 우리는 그동안 다시 서대문으로 들어가서 살다가 살림이 또 궁색해져서 보광동으로 나와서 살고 있었다. 인민군이 서울을 점령한 후 세상이 바뀌자 우리가 살던 보광동에서는 행세께나 하던 사람들이 자꾸 사라졌다. 들리는 소문에 따르면(나중에 결국 사실로 판명되었지만) 밤이면 잡아다가 없애 버린다는 것이었다. 우리도 그 동네에서 제일 번듯한 집 중의 하나에서 살았으므로 필경 숙청의 대상이 될 것 같아서 성북동 외갓집으로 피신했다.

그러자 어느 날 외갓집 형제 중의 제일 맏인 소명素明이 누나가 불쑥 들이닥쳤다. 이북에서 피아노를 전공했다는 누나는 인민군 위안 공연을 위해서 선발대로 내려왔다는 것이다. 울음 반 웃음 반으로 외갓집과 이모 집 식구들의 안부를 묻는 어머니에게 누나는 쾌활히 웃으며 모두 잘 있으니 걱정 말라고 하였다. 곧 통일이 되면 모두 내려와서 함께 살게 될 것이라며 행복한 미래에 대해 자신만만해하였다. 그리고 외삼촌도 문학가동맹의 일원으로 얼마 안 있어 서울에 올 것이라고 했다. 누나는 정든 옛집에서 겨우 하루밖에 못 묵었지만, 승전의 기쁨에 취한 듯 별로 아쉬워하지도 않으며 이튿날 씩씩

하게 남으로 떠났다.

그리고 며칠 후 외삼촌이 정말 외갓집 일각대문을 열고 들어섰다. 나는 두 어른들의 감동적인 만남에 우리 같은 아이들은 자리를 같이하는 것이 아니라고 생각하여 뒷곁으로 피했다. 그러나 그런 가운데에서도 내가 느낄 수 있던 것은 외삼촌의 팔을 붙들고 우는 어머니와 달리, 외삼촌은 무척 다정하면서도 침착하게 어머니를 대했다는 것이다. 그렇게 오랜만에 만난 것치고는 오누이의 대화는 별로 길지 않았다. 외삼촌을 대청마루로 안내해 올라온 어머니는 곧 음식 준비에 바빴다. 외삼촌의 까다롭고 짧은 입맛에 맞는 음식을 차리기 위해 어머니는 노심초사하였지만 그래도 그것이 더없이 즐거운 듯이 보였다. 내가 보기에 어머니에게는 외삼촌이 오라버니 겸 아버지였다. 어머니는 외삼촌을 그렇게 어려워하고 높이 받들었다.

이날 내가 본 외삼촌은 한남동 집에서 본 모습과 달랐다. 예전과 달리 머리칼은 희끗희끗했고 이마에는 주름이 있었다. 여름날이라 정장을 하지 않은 탓도 있겠지만, 어쨌든 전 같은 고급 양복차림도 아니었다. 그렇게 수수한 차림에도 불구하고 그의 용모는 여전히 기품이 있고 멋있어 보였다. 그러나 그는 어딘가 지쳐 보였다. 이날 내 기억에 가장 강하게 남은 외삼촌의 모습은 대청마루의 기둥 옆에 혼자 서 있던 모습이다. 외삼촌은 앞산 위로 흘러가는 흰 구름을 무연히 바라보고 있었다. 그것은 바로 며칠 전 그렇게 신바람이 나 있던 누나와는 딴판인, 외롭고 시름 있는 사람의 모습이었다. 승승장구하는 군대의 뒤를 좇아 대민 선무공작을 하러 온 승리자가 마땅히 보였을 의기양양함은 어디에서도 찾아볼 수 없었다. 외삼촌은 점심만 들고 총총히 떠나면서 너무 섭섭해 하는 어머니에게 다음에 와서는 하룻밤 묵으마고 하였다.

며칠 후 외삼촌은 다시 와서 하루를 자기 집에서 지냈다. 그날 저녁에 외삼촌은 마루 위의 등의자에 앉고 다른 친척들은 마룻바닥에 앉아서 여러가지 이야기를 했다. 그때 누군가 젊은 축에서 외삼촌에게 질문을 했다.

"김일성 장군을 직접 만나 보신 적이 있으십니까?"

"음, 있지."

"어떤 분인가요?"

그 당시 거리마다 김일성의 초상화가 붙어 있었고 그를 찬양하는 현수막과 벽보가 도처에 널려 있었다. 그런 선전에 따르면 그는 불세출의 영웅이었다. 그러나 어른들은 그가 가짜 김일성이라고 수군대었다. 그래서 그 진위를 알고 싶었던 나는 외삼촌의 대답이 어떤 것일지 자못 궁금하였다. 그러나 외삼촌은 "이제 차차 알게 될 거다"라고 하고는 말을 끊었다. 내게는 그것은 뜻밖의 대답이었고 이해가 잘 안 됐었다. 그로부터 한참 세월이 지난 후에야 나는 그때의 외삼촌의 심경을 헤아릴 수 있게 되었다.

그 이틀이 내가 외삼촌과 함께한 전부이다. 그 후 나는 어머니의 이야기와 그의 작품을 통해서 그를 더 깊이 알게 되었다. 육이오 때 초등학교 5학년생이었던 나는 골방에 쌓여 있는 책들 중에서 외삼촌의 작품을 찾아 읽기 시작했다. 특히 『사상의 월야』는 사실상 그의 자서전이기 때문에 여러 번 읽었다. 읽을 때마다 서러움이 복받쳐 소리 죽여 가며 울었지만, 그래도 자꾸 읽었다. 이모와 외삼촌, 그리고 어머니 삼남매가 천애의 고아로 그렇게 모진 고생을 해가며 자란 사실을 나는 그때 처음 알았다. 그런 역경과 가난을 이기고 이 땅의 대문장가로 우뚝 서게 된 외삼촌이 그래서 더욱 자랑스러웠다.

내게 특히 놀라웠던 것은 외삼촌의 그 고매한 인품이었다. 대개 어려서 심한 고생을 한 사람은 성공한 후에도 그 가난의 티가 어디인지 남아 있는 것이 상례이지만, 외삼촌에게서는 전혀 그런 흔적을 찾아볼 수 없었다. 우선 그의 용모에 귀인다운 기품이 있어서 그를 본 사람은 그가 청소년 시절에 처참할 정도의 고생을 했다는 것을 상상할 수 없었다. 그런데 그의 외모만이 그렇게 귀인다운 것이 아니었다. 어렸을 때 그는 고향에서 많은 천대를 받았지만 나중에 그들에게 고까움을 표시한 적이 한 번도 없다고 한다.

그의 취향 또한 고상하고 기품이 있는 것이었다. 그는 자기의 고향 철원의 고가를 헐어 그 재목을 가져다 성북동에 집을 지었다. 그리고 상심루賞心樓라는 사랑을 따로 짓고 거기서 집필을 했다. 그것은 껍질을 벗기지 않은 나무로 기둥을 세우고 지붕에는 커다란 삿갓 모양으로 둥글게 짚을 얹은 초당이었는데 거기에 마루와 방 한 칸을 들였던 것이다. 그리고 연조 깊고 조촐한 탁자 위에 청자와 백자를 올려놓고 벽에는 고서화를 걸어 놓고 완상하면서 책을 읽고 글을 썼다. 창 밖에는 파초와 모란과 자목련을 심었다.

외삼촌은 먹고 입는 것도 무척 가려서 했다 한다. 또 물건도 품위 있고 고급한 것들을 썼다고 한다. 가령 내가 본 낚싯대들만 하더라도 하도 정교하고 아름답게 만들어진 것들이어서 고기를 잡는 도구라기보다는 차라리 예술품이라고 할 만한 것들이었다.

그렇다고 그가 돈을 자기의 기호만을 위해 쓴 것은 아니었다. 그 당시 인기가 있었다 하더라도 문사들의 생활이 대개 그렇듯이 외삼촌도 금전적으로 별로 여유가 없었지만, 도움을 청하는 사람에게는 어떻게 해서든지 도움을 주었다 한다. 어머니는 가끔 자랑 반, 원망 반으로 이런 말을 했다. “너희 외삼촌이 어려서 끼니를 못 이을 때는 거들떠보지도 않던 고향 사람들이 너희 외삼촌이 성공하고 나니까 옛날에 마치 무슨 큰 도움이나 준 것처럼 찾아와서 손들을 벌렸단다. 그러면 너희 아저씨는 없는 돈을 변통해서라도 빈손으로 돌려보내지 않으셨단다. 이제는 고향 사람 쳐 놓고 너희 아저씨 신세 안 진 사람이 없을 것이다.” 그의 단편 「영월 영감」을 읽었을 때 나는 어머니의 이 말을 떠올렸다. 그리고 아끼던 골동품을 처분하여 돈을 마련해서 친척 어른에게 주는 성익이 바로 외삼촌 자신이었다는 것을 알게 됐다. 이처럼 그에게는 궁핍한 사람에게 자기의 재물을 흔쾌히 나누어 주는 너그러움이 있었지만, 그가 고생할 적에 도움을 주지 않은 친척들에 대한 원망이나 고까운 마음은 그의 글이나 행동 어디에서도 찾아볼 수가 없었다. 그것은 가난과 고생도 훼손할 수 없었던, 그의 고귀한 인격의 발현이라고밖에 생각할 수 없었다.

어머니는 우리에게 이 밖에도 외삼촌에 관한 이야기를 많이 하였다. 예컨대, 독립심이나 의지력, 의협심과 정의감, 점잖은 처신이나 의연한 태도 등을 우리에게 가르칠 때는 의례 외삼촌을 그 전범으로 삼아 그의 일화를 들려 주었다. 어머니가 특히 외삼촌에 관해 자주 말해 준 것은 그의 강고한 항일정신이었다. “너희 아저씨가 골동품을 수집하기 시작한 것은 왜놈들이 우리 문화재를 자꾸 사가니까 그들에게 빼앗기지 않으려고 사 모은 것이란다." "너희 아저씨는 끝까지 창씨개명을 하지 않으셨단다. 무슨 때만 되면 성북서에서 일본 형사가 예비검속을 나와서 이 트집 저 트집을 잡으며 협박을 했지만 너희 아저씨는 굴하지 않으셨단다." "조선 사람으로 집에서 일본 옷 입고 일본 말 쓰는 자들은 사람으로 보지 않으셨느니라"라는 등의 이야기로 어머니는 우리에게도 반일감정을 고취하였다.

나중에 나는 그의 작품에서 그 점을 쉽게 확인할 수 있었다. 누대로 붙여먹던 땅이 일본인에게 넘어가면서 생활 터전에서 쫓겨나 처자까지 잃고 거지가 된 소작농, 생활고로 몸을 파는 자기를 보고 자살한 어머니의 시체를 병풍 뒤에 놓고 다시 밤거리에 나선 독립운동가의 딸 등을 소재로 한 그의 단편들에서 나는 어떤 극렬한 정치적 항변보다도 더 강한 반일사상을 느낄 수 있었다. 또 당시의 체제에 영합하고 권력에 빌붙어 소위 출세하려는 순응주의자들에 대한 그의 경멸은 거의 노골적이었으며, 그런 대목은 그의 작품 도처에서 찾아볼 수 있었다. 반면에, 억압적인 식민지 상황에 갇혀 울분과 절망을 토로하는 의식 있는 지식인도 그에 못지않게 자주 등장했다. 이런 내용의 작품들을 읽으면서 외삼촌이 삼켰을 분루와 통한을 간접적으로 느끼며 나 역시 강개하여 마지않았던 것이다.

이처럼 내가 알기로 외삼촌은 누구 못지않게 강한 항일정신을 갖고 있었다. 그래서 그의 작품의 주인공들이 느낀 울분이 그저 울분으로 그쳤을 뿐이고, 좀 더 적극적인 행동에로 이어지지 못한 점을 들어 그의 항일정신의 철저성을 의심하는 비판을 나는 수긍할 수 없었다. 그의 문학관과 그의 실제 생활 태도를 안다면 그런 판단은 내릴 수 없다고 생각했기 때문이다.

외삼촌이 『무서록』의 여러 곳에서 밝히고 있듯이, 그의 문학관에 따르면 문학은 사상보다는 감정이고 표현이었던 것이다. 그는 문학에서 사상성이나 정치성을 배제할 수는 없음을 인정했지만, 그러나 그것들이 적어도 그가 생각하는 문학의 본질은 아님을 분명히 했다. 그에게 문학을 문학이게 하는 것은 무엇보다도 예술성, 즉 심미적인 완결성이었다. 행동을 유발하기 위한 선동적인 구호나 사상을 주입하기 위한 생경한 정치적 선전은 그런 심미적 완결성과는 양립할 수 없는 것이었다. 그가 문학을 통해 할 수 있는 정치적 행위는 독자들로 하여금 식민지 상황에 대해 울분을 느끼게 하는 것이었다. 즉 이 땅의 억압받는 자들의 의식을 자극하여 일깨우고, 그럼으로써 그들에게 민족의식을 고취하는 것이었다. 그러한 암울한 상황을 타개하기 위해서 그들이 해야 할 구체적인 행동은 그들 각자가 생각해내고 실천해야 하는 것이며, 그런 의미에서 그것은 그들 각자의 몫인 것이었다.

외삼촌 자신은 그러한 자기의 몫을 충실히 실천했다. 그는 한글로 작품을 씀으로써 우리 민족의 말과 글을 가꾸는 데에 진력했다. 그가 우리말을 가장 잘 구사하는 작가가 된 것은 그의 타고난 문장력 때문만이 아니라 이 같은 의지와 노력이 함께 이루어낸 것이다. 또 그는 한글에도 지대한 관심을 가져서 문학가로서는 드물게 한글학회에도 관여했다. 또 우리의 오랜 서화나 자기瓷器 같은 고미술품을 수집하는 등, 우리 민족의 전통 문화와 역사를 지키고 전승하는 데에 누구 못지않게 큰 공헌을 했다. 이런 면에서 단편 「돌다리」의 노인은 그의 사상의 한 대변인이라고 볼 수 있다. 세상 사람들이 모두 신식 것을 좇으려 하지만, 그런 시류에 현혹되지 않고 대대로 내려오는 논밭을 고집스럽게 가꾸고 지키며, 난간까지 있는 새 나무다리가 있건만 굳이 오랜 돌다리를 고쳐 씀으로써 조상과의 맥을 튼실히 이어가려는 노인은 바로 우리말을 다듬고 보존하여 민족의 정체성을 지키고 고유문화를 전승하려던 외삼촌의 모습과 흡사하기 때문이다.

그것이 일제치하에서 그가 조선의 소설가, 예술가로서 해야 할 의무로 생각했던 것이다. 일제가 『문장文章』지를 일어로 내도록 강요했을 때에 폐간을 결정하지 않을 수 없었던 것도 이런 맥락에서 이해되어야 할 것이다. 나중에 일제의 강압에 의해 그가 한두 편 친일적인 작품을 쓴 적이 있으나 그것은 당시 그만한 위치에서 글을 쓰는 사람 치고 안 할 수 없는 일이었을 것이다. 그러나 그가 그것을 얼마나 큰 굴욕으로 느꼈는지는 그가 결국 붓을 꺾고 시골로 숨어 버린 사실이 단적으로 말해 준다. 그는 평생의 업으로 생각했고, 그 시대 그 상황에서 자기로서 할 수 있는 유일한 의미 있는 행위라고 생각했던 것을 포기한 것이었다.

그뿐만이 아니었다. 남들처럼 부모가 끼친 짙은 천량錢糧이 있는 것도 아니었고, 하다못해 선산에 위토라도 있어서 땅을 파 먹고 살 수 있는 형편도 아니었다. 일곱 식구의 가장이었던 그는 자기만 바라보고 있는 처자의 호구지책을 자신의 신념을 위해서 내던졌던 것이다. 혹 고생을 모르고 자란 사람이 한 결정이라면 그것을 충동적 행동이라든지 아니면 일시적인 객기라고 칠 수도 있을 것이다. 그러나 배고픈 고통이라면 그는 끝까지 가 본 사람이었으며 그래서 그런 결정이 무엇을 뜻하는지 누구보다 잘 알고 있었다. 그러므로 그것은 다시 그 무서운 고통을 당하더라도 일제가 바라는 글은 쓰지 않겠다는 결연한 의지의 표명이었으며, 그런 의미에서 목숨을 건 비장한 결단이었다. 그의 문학은 정치적 성향이 적었을지 몰라도 그가 문학을 하는 태도는 이렇게 투철하게 정치적으로 무장되어 있었다.

그러나 외삼촌이 그의 예술적 신념으로 인해 가장 무서운 시련을 겪게 된 것은 아마도 이북에서였을 것이다. 임화林和가 권력투쟁에서 밀려날 때 함께 숙청되었다고 하지만, 들리는 소문에 따르면 그 전에도 그의 소위 부르주아적인 문학성으로 인해 그는 많은 비판을 받았다 한다. 주지하는 바와 같이 이북에서 숙청이나 비판을 받아 몰락하면 그 처참하기가 차라리 죽느니만도 못한 것이다. 외삼촌은 그 혹독한 고통을 겪으면서도 필경 자신의 예술관을 버린 것 같지 않다. 만약 그가 숙청된 다음에라도 마음을 바꾸어 이북 체제에 순응하는 글을 썼다면 그의 작품이 그렇게 철저히 말살되지는 않았을 것이다. 외삼촌은 아마도 예술을 위한 순교자의 길을 택한 것 같다.

외삼촌이 천신만고 끝에 고학으로 근근이 다니던 휘문중학에서 동맹휴학의 주모자가 되어 퇴교당한 사실은 흔들리지 않는 그의 정의감과 의지를 잘 보여주는 한 예이다. 이와 함께 그의 굳은 항일정신과 굽힐 줄 모르는 예술적 신념 등을 연결해 생각하면 그를 대단히 강한 성격의 소유자로 보기 쉽다. 그러나 실제의 그는 온화하고 다정하기 그지없는 마음의 소유자였다. 그를 스승으로 여겨 따르는 젊은이들이 많았던 것은 그의 민족주의적 사상을 숭앙해서만이 아니라, 이 같은 다정다감한 성품에 매료되었기 때문이기도 했을 것이다. 그는 특히 인정이 많아서 소외되고 불쌍한 사람들을 남달리 측은히 여겼다 한다. "불우선생"의 송모나 "달밤"의 황수건 등의 이야기가 우리에게서 깊은 페이소스를 자아내는 것은 그들을 바라보는 작가의 눈이 그만큼 깊은 연민과 애정으로 가득 차 있기 때문일 것이다.

외삼촌과 나의 해후는 단 두 번밖에 없지만, 그 두 번의 만남과 어머니와 형들이 전해 준 이야기들과 그의 작품을 통해서 내 마음속에 새겨진 외삼촌의 초상은 용모의 수려함에 못지않게 인자하고 다정한 모습이다. 그는 우리 형제들이 우러러 보는 인격자이면서도 다정하게 우리 곁에 와 주는 자상한 아저씨였다. 그런 점에서 일찍이 노산鷺山이 단편집『달밤』의 서문에서 외삼촌을 "달밤과 같은 사람"이라고 말한 것은 정곡을 얻은 평이라 아니 할 수 없다. 그의 고고하고 의연한 자태나 맑고 청아한 인품은 과연 청천 하늘에 높이 뜬 밝은 달에 비유해 손색이 없다. 그러나 그렇게 높이 떨어져 있기만 한 것이 아니라, 달이 달빛으로 삼라만상을 감싸듯이, 그도 우리 삶의 현장을 깊은 애정을 가지고 보듬었다는 점에서도 그는 달밤을 닮았다. 그러나 그의 달밤은 어딘지 은은한 슬픔이 배어 나오는 달밤이다. 그 슬픔은 당시 조선 사람들이 처해 있던 참담한 현실에서만 오는 것은 아닌 것 같다. 그것은 좀 더 근원적인 슬픔, 즉 삶의 근저에 내재하는 비극성에까지 가 닿아 있는 것 같기 때문이다.

어떻든 이제는 이 세상을 떠나 달나라에 가서 쉬고 계실 나의 외삼촌. 생시에 그리 좋아하시던 이태백과 함께 술을 나누시며 이제는 맑고 밝기만 한 달빛, 슬픔 없는 달빛으로 하계를 비춰 주실 수 있기를 기원할 뿐이다.

『서간문 강화』 2004. 11

기분 좋은 날

어제는 금년 중 가장 추운 날이었다. 아침의 온도가 영하 11도인데다가 바람까지 많이 불어서 체감 온도는 그보다 훨씬 낮으리라는 예보였다. 그렇게 추운 날에는 가만히 집에 들어앉아 있는 것이 상책이지만, 세종로에서 지인과 점심을 같이하기로 한 약속이 있는 터라 외출을 하지 않을 수 없었다. 그래서 옷을 다른 때보다 더 두둑이 입고 장갑은 물론, 모자까지 착용하고 좌석버스를 타러 나갔다. 집에서 세종로까지는 대강 두 시간을 잡아야 하는데 이렇게 특별 방비를 하노라니 한 십여 분을 소비하여 출발이 좀 늦어졌다. 정거장에 닿아 시계를 보니까 약속시간까지 한 시간 반밖에 남지 않았다. 버스를 곧 타야만 간신히 늦지 않을 수 있는 상황이었다.

그러나 급할 때면 언제나 그렇듯이, 자주 오던 버스가 이내 오지 않았다. 정거장은 근처에 바람을 피할 데가 없는 화발허통이라서 불과 한 오 분 남짓 서 있자 얼굴이 시리고 손발이 얼어 왔다. 조금 더 지나니까 가만히 있을 수 없을 정도로 발이 시려서 발을 동동 구르게 되었는데, 버스가 올 방향을 아무리 주시하여도 버스는 좀처럼 나타나지 않았다.

그렇게 추위에 떨며 버스를 기다리고 있는데 조금 낡은 듯한 회색빛 소나타 한 대가 맞은편에 와서 섰다. 그러더니 운전자가 창문을 열면서 "중앙극장, 종로 2가로 가실 분" 하고 걸걸한 목소리로 외치는 것이었다. 옛날 택시가 귀하던 시절 자가용 승용차가 불법 영업을 하던 것이 퍼뜩 떠올랐다. 요즘 극심한 불경기로 서민들의 생활이 어려워진데다가 내가 사는 동네는 교통 사정이 나쁘기로 악명 높은 곳이므로 오늘같이 추운 때를 타서 예전의 그 악습이 다시 살아났나 보다고 생각했다. 그래서 '내 늦으면 늦었지 그런 불법행위에는 가담하지 않겠다'고 자못 결연한 의지를 속으로 되뇌면서 거들떠보지도 않았다.

그런데 같이 버스를 기다리던 사람들이 반색을 하면서 차로 달려가는 것이 아닌가. 그제야 눈여겨보니까 사람들이 운전자와 차비를 흥정하는 것이 아니라 그냥 타는 것이었다. 공짜 차였다. 나도 기회를 놓칠세라 얼른 뛰어가 "고맙습니다" 하고 뒷좌석에 올라앉았다. 마침 버스를 기다리던 사람이 나까지 세 명뿐이어서 내가 타자 차는 곧 출발하였다.

버스는 손님을 태우기 위해서 동네를 뱅글뱅글 돌기 때문에 지금 탔어도 약속시간에 대어 가기는 이미 그른 터였다. 이 차도 버스와 같은 방향으로 가면 버스보다는 조금 질러가겠지만 그래도 약속에 늦지 않기는 어려운 형편이어서 나는 속으로 조바심이 났다. 그런데 이 차는 버스와는 반대로 방향을 잡더니 곧장 동수원 톨게이트 쪽으로 가는 것이 아닌가. 나는 속으로 쾌재를 불렀다. 지금에라도 동수원에서 영동고속도로를 타고 가다가 경부고속도로로 갈아타면 약속시간 안에 충분히 갈 수 있기 때문이었다. 내가 직접 차를 갖고 나왔든지 택시를 잡았으면 택했을 바로 그 노정이었다. 실은 차를 탔을 때에 그렇게 가 달라고 주문을 하고 싶었지만, 얻어 탄 주제에 그런 요구를 할 수 없었고, 또 그 길로 가면 고속도로 통행료도 들기 때문에 부탁하기가 어려웠다. 그렇다고 통행료는 내가 내겠으니 가자고 한다면 그것이야말로 주인을 운전사로 부리는 무례한 행동이 되어서 이래저래 속만 태우고 있던 차에 주인이 스스로 알아서 가 주니 얼마나 잘된 일인가.

차 안은 탄 사람에게 안락한 기분을 주기에 적당했다. 차 안이 너무 깨끗하고 오밀조밀 치장한 것이 많으면 그런 것을 다치거나 더럽힐까 봐 탄 사람이 조심하게 마련이다. 이 차는 손질 안 한 겉모양과 마찬가지로 안도 수더분했다. 자동차를 장식품으로서가 아니라 순전히 교통수단으로 쓰는 주인의 마음이 역력하였다. 이처럼 안락하고 따듯한 차 안에 앉아서 생각해 보니 이런 행운이 없었다. 오지 않는 버스를 기다리면서 혹한에 벌벌 떨고 서 있을 때는 오늘 운수가 사납다고 생각했는데, 공짜 차를 얻어 탔을 뿐만 아니라, 이렇게 통행료에 구애됨이 없이 최단 거리로 차를 모는 시원시원한 사람을 만나고 나니까 아까의 생각이 백팔십도로 바뀌었다. 이제는 고마움의 표시로 통행료를 내가 내겠다는 것이 실례가 될 것 같지 않아서 제안해 보았다.

"안 됩니다. 저는 어차피 혼자서 매일 이 길로 다니며 통행료를 냅니다. 제가 그것을 받으면 통행료를 벌기 위해서 여러분을 태운 격이 되어서 안 됩니다."

그의 반응은 뜻밖에 단호했다. 그러나 듣고 보니 그럴 만했다. 나라도 태워 준 손님에게서 통행료를 받아서 나의 호의를 훼손하고 싶지 않았을 것이다. 다만, 우리네 같으면 조금 더 완곡하게 거절했을 터인데, 그는 그러면 그렇고 아니면 아니라고 딱 부러지게 말하지 어정쩡하게 여운을 남기는 성격이 아닌 것 같았다.

아닌 게 아니라, 옆모습을 보나 거울에 비친 앞모습을 보나 우리의 시혜자는 선이 굵은 호걸형의 사람이었다. 사십대 후반이거나 오십대 초반쯤으로 보이는데 머리는 약간 긴 편이고 미간에는 깊은 주름이 있어 표정이 조금 어두웠지만 전체적으로는 잘생긴 액션 배우 같은 얼굴이었다. 눈가에 어린 약간의 피로한 기색은 지난밤에 과음한 탓인 듯한데, 지금이라도 대포 한잔 들어가면 그것은 금시 없어지고 얼굴 전체가 갑자기 환해질 수 있을 것 같은 인상이었다. 이런 외모로 보아 그는 좀 무뚝뚝하지만, 솔직하고 꾸밈이 없는 성격으로 잔일에는 신경을 쓰지 않을 사람으로 보였다.

이런 그의 성격은 얼마 안 가서 확인되었다. 차가 고속도로로 들어서자 그는 "제가 좋아하는 음악을 틀겠습니다"라고 통보하고는 음악을 틀었다. 우리들 중 아무도 그것을 반대할 사람은 없었겠지만, 하여간 우리가 반응을 보이기도 전에 그는 벌써 음악을 튼 것이었다. 나는 잘 모를 노래들이었지만 들을 만했다. 설혹 내가 싫어하는 종류의 음악이었더라도 목적지까지 가는 동안 참고 견디는 것은 어려움이 없었을 것이다.

그는 입을 꼭 다물고 앞만 수굿이 내다보면서 운전을 했다. 차도 별로 밀리지 않아서 출발한 지 40분이 안 되어서 종로 2가에 다다랐다. 모두들 내리면서 재삼 고맙다 인사를 하였지만, 그는 "네" 하고 한마디로 답하고는 횡하니 달아나 버렸다.

약속시간까지는 충분한 시간이 남았기 때문에 자못 여유로운 걸음으로 세종로로 향해 가는 동안 나는 남이 보면 이상할 정도로 혼자 자꾸 싱글싱글 웃었다. 기분이 좋아서 웃음이 솟아나는 것을 어쩔 수 없었다. 공짜 차를 얻어 타서 약속시간을 댈 수 있게 된 것은 잘된 일이지만, 그것 때문에 내 마음이 그렇게 풍선같이 둥둥 떠오른 것은 아니었다.

그보다는 첫째 우리의 시혜자가 너무 멋있기 때문이었다. 그가 세세한 것까지 배려를 하고 예의바르게 행동했더라면 오히려 덜 감동을 주었을 것이다. 그랬으면 "그 사람 생긴 것하고는 달리 무척 세련된 사람이군" 했을 것이다. 그리고 이 경우 "세련됐다"는 표현은 상찬이라기보다는, 예절과 사회규범에 의해 모가 많이 깎이어 나가서 그다운 면모를 잃었다는 아쉬움의 완곡어법이었을 것이다.

영국의 한 작가의 말마따나 민주주의는 독재자를 용납하지 않는 대신 소인을 양산했다. 그래서 우리는 영웅을 숭배하는 얼빠진 추종자가 되지는 않았지만, 모두가 남의 권리를 침해하지 않음으로써 자기의 작은 몫을 지키려고 눈치껏 행동하는 고만고만한 보통 사람이 되고 말았다. 그런데 오늘 만난 사람은 좀 달랐다. 그는 남의 눈치를 살피는 짓 따위와는 거리가 먼 사람 같았다. 그는 마음 내키는 대로 거침없이 행동하는 자유인이며, 그런 면에서 자연인으로 보였다. 그런 행동과, 그것에 어울리는 그의 풍모가 대단히 멋져 보였던 것이다. 요즘처럼 다 규격화된 것같이 별 차이 없는 사람들만이 사는 세상에 이런 사람을 만난 것은 신선한 충격이 아닐 수 없었다. 오랜만에 사람다운 사람을 본 기분이었다.

이렇게 일상적인 규범에 얽매이지 않은 사람은 자칫 통제하기 힘든 사회의 골칫거리가 되기 쉬운 법이다. 그런데 이 사람은 이웃의 고통을 덜어주는 착한 일을 하는 사람이니 이 아니 기쁜 일인가? 내 기분이 고양된 두 번째 이유는 이 점과 관련이 있다. 나는 나이 들면서 다른 늙은이들과 마찬가지로 걱정이 많아졌는데, 그중의 하나가 세상이 점점 나빠지고 있다는 것이었다. 그러나 오늘 이 사람같이 선행을 하고 생색을 내기는커녕, 그것을 마치 지나가는 공을 발로 툭 차 버리듯이 아무렇지 않게 하는 사람들이 주위에 많이 있으면 세상의 미래에 대한 나의 견해도 재고되어야 할 것 같았다. 저런 호걸들은 불의를 용납할 리 없으므로 염치없고 사악한 자들을 보면 시원하게 응징을 해 줄 것 같았다. 더구나 저런 호남아는 분명히 주위에 많은 친구가 있을 것이고, 그 많은 친구들이 그와 비슷한 사람들일 터이니 세상은 더 좋아질 것이 아닌가? 이런 희망의 가능성이 오늘을 나에게 기분 좋은 날로 만들어 준 것이다.

세종로에서 쳐다본 인왕과 북악은 새파란 고기압의 하늘 아래 눈이 시리도록 맑고 깨끗했다. 그리고 거리를 부산히 오가는 사람들도 모두 선하고 다정한 사람들로 보였다. 한 낯선 사람의 선행이 세상을 바꿔 놓은 것이다.

『무명옷 세대의 뒤안길』 2005. 12

언어와 문화

말과 문화의식

세계적으로 권위 있는 『옥스퍼드 영어사전*OED*』은 영국의 어학회와 옥스퍼드의 클래런든 출판사가 주관하여 만든 것으로 되어 있다. 그러나 이 일에 직접 참여한 사람의 수만도 수백만에 달하고 기타 이런 저런 명목으로 관여한 사람들까지 치면 그 수를 헤아리기 어려울 정도라 하니, 이 사전은 사실상 영국인 전체가 힘을 모아 만들었다고 보는 것이 타당할 것이다. 특히 그들 중의 많은 사람들이 자원봉사자였다는 사실은 영어에 대한 영국인의 애정을 가히 짐작케 해준다.

그런데 그것이 단순한 자기 것에 대한 애정뿐이었다면 그것은 필경 국수주의적 자기도취로 전락했을 것이다. 그 애정이 말을 바르게 쓰도록 하자는 높은 문화의식으로 발전했기 때문에 그 같은 위업을 달성할 수 있었던 것이다.

우리도 훌륭한 말과 글을 갖고 있다. 그러나 우리말을 가꾸고 다듬는 애정이나 그것을 바르게 쓰려는 의식은 전반적으로 부족하다. *OED* 에 겨룰 만한 큰 사전은 그만두고라도, 어법사전이나 동의어 반의어 사전조차도 마땅한 것이 아직 없다는 사실이 이를 증명해준다. 이 같은 현상은 말을 소중히 여기고 바르게 쓰려는 노력이 문학가나 학자들만의 소관이라는 그릇된 생각에서 비롯된 것이다. 말은 엄연히 모든 사람의 것이다. 그것은 사회생활의 기본 도구이므로 마땅히 모든 사람의 관심사여야 한다. 부정확한 말을 하면 안 되는 것은 이 같은 말의 사회적 역할 때문이다. 부정확한 말은 안으로 정신적 나태와 밖으로 오해와 혼란을 빚는다. 전자는 개인의 수치로 끝날 수 있지만, 후자는 심각한 사회적인 문제로 번진다. 그러므로 말을 바르게 하는 것은 사회생활을 하는 모든 사람의 도의적 책무다. 이런 기본적인 인식이 모든 사람의 마음에 뿌리 내릴 때에 우리의 말이 제값을 하게 될 것이고, 그때 비로소 우리 사회도 진정한 문화사회가 될 것이다.

『조선일보』 1986. 8

조촐하다는 것

옛날 어른들이 많이 쓰시던 표현 중에 '조촐하다'는 말이 있다. 어원을 따져 보면 혹시 한문 표현에 가 닿을는지 모르지만, 그렇더라도 지금은 분명 우리 것이 된 말이다. 중복된 'ㅗ' 음이 주는 단아한 울림이나 'ㅈ', 'ㅊ' 음이 풍겨 주는 결곡한 맛이 그 뜻과 무척 잘 맞는 말이다. 음감과 뜻이 이렇게 잘 어울리는 말도 달리 찾기 힘들 것이다. 이 말은 돌아가신 어머니께서 생전에 즐겨 쓰셨기에 내게는 각별히 정이 가는 말이기도 하다.

어렸을 때에 어머니께서 할아버지에 관한 이야기를 하실 때면 자주 들려 주시는 말씀이 하나 있었다. 그 어른은 요새 말로 하면 역설을 좋아하셨던 모양이다. 행색이나 언동이 촌스럽고 메떨어진 사람을 보시고 나면, 거꾸로 "거 참 조촐하디 조촐하고, 양반되디 양반되더구나" 하셨다 한다. 어머니께서 이 이야기를 자주 하셨던 것은 할아버지께서 조촐한 것을 무척 찾은 분이셨다는 말씀을 하기 위해서였다.

그 어른은 의복과 음식에 대한 기호가 꽤 까다로웠던 모양이다. 한때는 장안에서 알아주는 부자였을 정도로 재산을 많이 모으셨지만, 노래老來에나 명주옷을 입으셨지, 그 전에는 비단옷을 몸에 걸치지 않으셨다 한다. 그러나 워낙 깨끗한 것을 좋아하셨기 때문에 집에 침모가 있었어도 어머니는 바느질에서 헤어날 날이 없었다고 한다. 또 사랑에 친구분들이 자주 들르셨는데, 그때마다 즉시 조촐한 주안상을 보아 올려야 했단다. 거기에는 육포와 어란魚卵이 언제나 올랐고 게다가 철따라 해물과 채소가 곁들여야 했다 한다. 예컨대 봄이면 동죽에다 미나리강회를, 가을에는 송이산적에다 낙지 데침을 차려내야 했단다. 외며느리셨던 어머니에게는 일찍이 홀로 되신 그 어른의 수발을 받들기가 여간 어려운 일이 아니었을 터인데도, 어머니는 할아버지의 취향을 말씀하실 때면 원망은커녕 언제나 존경과 자부마저 느끼는 기색이셨다.

그것은 두 분이 같은 가치 기준을 가지셨기 때문일 것이다. 사실 어머니도 조촐한 것을 매우 좋아하셔서 조촐한 사람을 보시면 꼭 칭찬을 하셨다. 검은 자주 고름을 단 연미색 저고리에 팥죽색 치마를 곱게 받쳐 입고, 화장기 없는 깨끗한 얼굴에 쪽을 똑바로 찐 여인을 보고 조촐하다 하셨다. 더운 여름날에 풀기가 빳빳한 모시 바지저고리를 단정히 입고 합죽선으로 천천히 더위를 쫓는 점잖은 남자를 보고 조촐하다 하셨다.

그러나 외모만으로 사람을 조촐하다고 하신 것은 아니었다. 위의 두 예에서도 외양이 깨끗해서만이 아니라, 그런 외양이 그들의 깔끔한 성품을 나타내 주기에 하신 말씀이었다. 그러므로 사람의 마음가짐이나 행동에 대해서도 이 말을 쓰신 것은 물론이다. 예컨대 우리의 언행이 상스러웠을 때에는 "조촐하지 못하게 그게 무슨 짓이냐?" 고 나무라셨다.

그리하여 내 마음 속에 자리잡은 '조촐하다'는 말의 뜻은 이런 것이다. 물건으로 치면 그것은 양적으로 많거나 큰 것이 아니다. 그러나 이 양적인 열세가 오히려 질적인 우수성을 돋보이게 해 주기 때문에 전체 의미에 조금도 부정적인 영향을 끼치는 것은 아니다. 또 그것은 고급한 것일 수는 있어도 사치스런 것은 아니며, 절대로 야해서는 안 된다. 음식이면 가짓수가 많거나 푸짐하지는 않되 알차고 맛갈져야 한다. 의복이면 현란해서는 안 되며, 단정하면서 은연중에 세련된 심미안이 풍겨야 한다. 사람의 경우는 괄괄하거나 기걸찬 사람이 아니라 성정이 맑고 차분한 사람을 말한다. 용모도 보는 이의 눈이 번쩍 뜨일 정도의 미모이면 오히려 넘고처지는 격이요, 그냥 깨끗하고 단정해야 맞는다. 중요한 것은 용모건 옷차림이건 거기에 그의 높은 기품과 교양이 내비쳐야 한다는 것이다.

사람에 대해 말할 경우, 한자숙어의 '옥골선풍玉骨仙風'이란 말이 탈속한 풍모를 지칭한다는 점에서 '조촐하다'와 통한다고 하겠다. 그러나 두 말이 갖는 공통점은 거기에서 끝날 뿐이며, 그들이 주는 전체적인 분위기는 사뭇 다르다. 전자에서는 '옥玉'이니 '선仙'이니 하는 글자들이 비유로 쓰였고 그래서 다소 과장된 느낌을 줄 수 있는 데 반해, 후자에서는 전혀 그런 수식어가 없어서 뜻이 더욱 오롯이 산다. 실은 바로 그 점이 이 말의 묘미이기도 하다. 또 '전아典雅하다'나 '단이端雅하다'도 이 말과 뜻이 가깝다 하겠으나, 이들은 어딘지 너무 다듬어지고 규범적인 냄새가 나서 '조촐하다'는 말이 갖는 소탈하고 꾸밈없는 맛하고는 판이한 느낌을 준다.

이렇게 보면 '조촐하다'는 말은 우리의 고유한 미적 감각을 표현해 주는 말이라고 할 수 있다. 그것은 단순히 높은 격조만이 아니라, 옹골차되 되바라지지 않으며, 속됨을 거부하되 오만하지 않음을 뜻하는 말이다. 그것은 소략疏略한 것 같으면서 내실이 깃든 것이요, 모자라는 듯 하면서도 충족한 것이다. 그래서 그것은, 지나친 정교함을 피하고 소박한 조화를 취하여 품위 있는 아름다움을 만들어 온 우리 민족의 심미감과 잘 어울리는 말이다.

이렇게 좋은 말이건만 옛 어른들이 돌아가시고 나니까 아주 없어진 듯 한동안 들리지 않았다. 하기야 6.25동란 이후 얼마 동안은 나라 전체가 폐허였고 사람은 모두가 빈민이었으므로 조촐한 것을 찾아볼래야 찾기가 어려웠던 것이 사실이다. 그 후 공업화 시대에 들어서면서부터는 물질주의, 금전만능주의가 세상을 휩쓸어 조촐한 것은 외화外華와 사치에 치어 뒷전으로 밀려나고 말았다.

그러나 사람이 여유가 생기면 옛것도 돌아보고 전통문화도 다시 찾게 되는 법인가 보다. 우리도 근래에 생활이 조금 나아지면서 젊은이들 사이에 우리 것을 되살리려는 기운이 일고 있다. 그 일환으로 옛말을 다시 쓰는 경향이 생겼고 그 덕분에 요즈음은 '조촐하다'는 말을 여기저기서 제법 자주 듣고 보게 되었다.

그런데 안타까운 일은 많은 경우 이 말이 잘못 쓰이고 있다는 사실이다. 한 번은 학생들이 선생들을 초청한 자리에서였다. 학생 대표가 일어나 인사말을 하면서, "저희들이 주머니 사정이 넉넉지 못해서 이처럼 조촐한 자리를 마련하였으니……" 하는 것이었다. 또 한번은 어느 대학에서 제자들이 그들의 선생님에게 회갑에 논문집을 증정한다면서 초청장을 보내 왔는데 거기에도 "조촐한 자리를 마련하였사오니 부디 오셔서……"라고 쓰여 있었다. 아마도 이들은 '조촐하다'는 말에 양적으로 풍부하지 않다는 뜻이 있는 것만 알아서 전체적으로도 미흡하고 부족함을 뜻하는 것으로 아는 모양이다. 그러나 앞서도 말했지만 이 점은 사실상 반어적으로 작용하는 것이다. 그러므로 쓸 계제를 가려 보면, 이 말은 상찬賞讚할 때 쓸 말이지 결코 겸양할 때 쓸 말이 아니다. 위의 두 예에서도 차린 쪽에서 그렇게 말한 것은, 어감은 좀 다르지만, "이렇게 훌륭한 자리를 마련하였으니……"라고 말한 바와 다름없어서 우리의 예법으로 보면 심한 망발이 아닐 수 없다. 그런 말은 대접을 받는 사람이나 하객이 주최 측의 노고를 치하하는 뜻에서나 쓸 수 있는 말이고, 그런 경우라야 어법에 맞다.

집안 이야기에다 예문까지 섞어가며 다소 장황하게 이 말의 뜻과 용법을 설명한 것은 그럼으로써 이 말의 오용을 좀 막을 수 있지 않을까 하는 바람에서였다. 이 말이 자꾸 오용되어 마침내 '초라하다'나 '변변치 못하다'는 말의 동의어로 전락한다면 그 손실은 단어 하나가 사멸하는 데에 그치는 것이 아닐 것이다. 그 말의 뜻이 변질되면 그것이 본래 뜻했던 내용도 없어질 것이고, 그렇게 되면 그것은 우리 민족이 오래 간직해 온 선비다운 멋의 단절뿐 아니라, 밀려오는 천박한 풍조 속에서 우리 고유의 아름다움을 지켜 줄 전통적 가치의 상실로 이어질 것이기 때문이다.

이 밖에도 요즈음 이상하게 쓰이는 말이 많다. '나름대로'라는 말도 그중의 하나다. 이 말은 이제 그대로 거의 정착된 것 같다. "나름대로 노력을 하고 있습니다"라든지 "나름대로 자부합니다" 등의 표현을 우리는 요즈음 방송매체를 통해 무시로 듣고 있다. 심지어 일회성인 말에서보다는 오류가 많이 걸러진다는 신문, 잡지 등 문자매체에서도 이런 표현이 교정되지 않고 그대로 쓰이고 있다.

내가 전에 듣기에는 '저 나름으로,' '그 나름으로,' '그 사람 나름으로' 등과 같이 언제나 명사나 대명사를 붙여 썼지(동사와 결합하는 경우는 여기서 논외로 한다) 그런 말 없이 '나름'만을 혼자 떼어 쓰지 않았다. 내가 잘못 알고 있나 해서 '나름'을 사전에서 찾아보았더니, 이희승 편 『국어 대사전』에는 형식명사로, 신기철·신용철 편 『새 우리말 큰 사전』에는 불완전명사로 분류돼 있었다. 이름은 달라도 뜻은 둘 다 독립해서 쓰이는 말이 아니라는 것임을 쉽게 짐작할 수 있었다. 그러니 요즈음의 말이 잘못된 것이 틀림없다.

그런데 앞에 있어야 할 말은 없애 버리고 뒤에는 '대로'를 꼭 덧붙이는 것은 어찌된 일인가? "그 사람은 그 사람 나름으로 애를 썼다"와 "그 사람은 그 사람대로 애를 썼다" 사이에 의미의 차이가 거의 없는 것으로 보아 '나름'과 '대'는 동의어임을 알 수 있다. 그렇다면 '나름대로'는 주인은 없고 객만 있는 말인데, 그 객이 하나도 아니고 둘씩 몰려 있는 이상한 말이 아닌가?

'나름대로'는 문법에 어긋날 뿐만 아니라 이처럼 얼굴 없는 사람 같아서 그 어감도 좋지 않다. 가령 "저 나름으로 노력했습니다만……" 하면 매우 겸손하고 무게가 있게 들리는데, "나름대로 노력했습니다만……" 하면 그런 느낌이 반감해 버린다. 전자에는 '저'라는 말이 정중한 감을 줄 뿐만 아니라 노력한 주체를 확실히 해 줌으로써 그만큼 책임감도 통감하고 있다는 느낌을 준다. 이처럼 말하는 사람의 태도가 성실하기 때문에 그 변명도 진실되게 들린다. 그러나 후자에는 노력한 주체가 누구인지 확실히 드러나지 않으니까 책임의 소재 또한 불분명해진다. 이렇게 되면 말하는 사람이 잘못된 결과에 대해 책임을 질 용의가 있는지도 의심스러워진다. 위의 예문은 일종의 사과의 뜻을 표하기 위한 것인데, 이렇게 내용이 공허해지면 사과는 순전히 형식적인 것이 되어서, 전체적으로 불성실한 감을 주게 된다.

그뿐만이 아니다. 이처럼 말하는 사람의 성실성이 의심되면 '나름대로'라는 말이 주는 음감마저 나쁜 쪽으로 작용한다. 이 말의 두 'ㄹ' 음이 내는 매끄러운 소리가 세련되고 멋있게 들리지 않고, 그럴듯한 말로 입에 발린 말이나 하려는 것 같아 경박하게 느껴진다. 심지어는 혀끝만 날렵하게 놀려 잘못을 호도하려는 것 같기도 해서 사기성조차 느껴진다. 말 한 마디의 유무가 결과적으로는 이렇게 큰 차이를 빚는다. "'아' 해서 다르고 '어' 해서 다르다"는 우리 속담의 뜻을 새삼 되새기게 하는 경우다.

또 요새 유행하는 말로 "별 볼 일 없다"는 말이 있다. 원래는 "문안에 볼 일 좀 보러 간다"든지 "볼 일 없는 사람은 나가시오" 하는 말 등에서 볼 수 있듯이, '볼 일'은 문자 그대로 '볼 일'이었지 다른 뜻이 없었다. 그런데 요새는 이런 뜻으로 쓰이는 경우보다는 '별 볼 일 없다'라는 한 개의 관용구로 쓰이는 예가 더 많아졌고, '볼 일'의 뜻도 '효용'이나 '가치' 같은 것으로 바뀌었다. 그런데 그런 뜻이라면 이미 '별 것 아니다'나 '신통치 않다' 등 여러가지가 있는데 구태여 이런 말을 만들어 쓰는 이유가 무엇인지 알 수 없다.

이 말은 그 뒤에 숨은 심리가 탐탁치 않다. 가령 '별 볼 일 없는 사람'이라고 하면 그 사람 자신이 할 일이 별로 없는 무능한 사람이라는 뜻보다, 말하는 사람에게 별 소득을 줄 것이 없는 사람이라는 뜻으로 쓰이는 것 같다. 그것은 '별 볼 일 없는 곳'이나 '그거 별 볼 일 없어' 등에서와 같이 사람이 아닌 사물에게도 이 말이 두루 쓰이는 것으로 보아 알 수 있다. 그렇다면 이 말은 세상의 모든 것을 자기 처지에서만 보며 자기에게 얼마나 이용가치가 있냐에 따라 그것들의 가치를 매기려는 극히 자기본위적이고 이기적인 태도를 함축하고 있는 것이다. 이는 덕이 있는 발상이라고 볼 수 없다.

'조촐하다'는 것은 모든 면에서 품위를 지킨다는 뜻이다. '나름대로'같이 내용이 불분명한 말이나 '별 볼 일 없다'같이 야박한 말을 삼가고, 뜻이 탄탄하고 덕이 담긴 말을 가려 쓰는 것 또한 '조촐함'을 지키는 일일 것이다.

『새국어생활』 1991. 3

영영사전 찾아보기

나이가 들면서부터는 학부 강의만 하는 학기가 많다. 영문학도 연구 경향과 방법이 자꾸 바뀌니까, 대학원 강의는 새로 공부한 젊은 선생들이 하는 것이 옳다고 생각되어 차차 기피하게 되는 반면에, 기초나 개론 과목 같은 것은 대체로 깊이보다는 폭이 중요한 것들이므로 경험이 좀 있는 사람이 제격일 것 같아서 자주 맡게 된다. 이런 경우 학생들은 대개 이제 영문학에 입문하는 사람들이다. 이들에게 내가 요구하는 것 중의 하나는 사전을 자주 찾아보라는 것이다. 물론 영영 사전을 보라는 것이다. 그 필요성을 설명하기 위해서 무지개에 나타나는 색의 스펙트럼을 자주 예로 든다.

"사물에 대한 개념은 문화권마다 다른 것이 보통입니다. 누구나 다 똑같이 인식하리라고 믿는 물리적 현상도 사실은 똑같이 인식되지 않습니다. 가령 우리가 무지개 색을 빨강, 주황, 노랑, 초록, 파랑, 남색, 보라의 일곱 색이라고 하지만 이는 서양 사람들이 규정한 색의 차이일 뿐이고(우리는 그것을 그대로 받아들인 것입니다), 다른 문화권의 사람들은 그것을 더 많은 색으로 또는 더 적은 색으로 구분할 수 있습니다. 실제로 과거에 우리는 초록과 파랑을 구별 없이 푸른색으로 포괄해 불렀습니다. 이것은 같은 현상을 놓고도 생각하기에 따라 개념의 한계가 달라지기 때문에 생기는 차이입니다. 그런데 개념과 개념 사이의 한계라는 것은 모호하기 짝이 없는 것입니다. 다시 무지개 색을 놓고 보더라도, 가령 초록과 노랑 사이 어디가 경계일까요? 이 색들은 서로 붙어 있으면서 점진적으로 변하고 있어서 둘 사이의 명확한 경계선을 긋기란 불가능합니다. 그러므로 경계를 정하는 것은 방편적이고 자의적일 수밖에 없습니다. 그래서 우리를 포함한 중국 문화권에서는 초록과 파랑을 한 범주로 본 반면에 서양에서는 그것을 둘로 나눈 차이가 생긴 것입니다.

가장 객관적이라고 말할 수 있는 자연현상을 놓고도 문화에 따라 개념이 이렇게 다를 수 있으니, 그런 구체적 객관성이 근원적으로 배제된 추상적인 사물에 이르면 동서양의 개념이 서로 다를 것은 너무나 당연합니다. 그러므로 추상명사의 경우, 조금 과장해 말하면, 영어와 우리말에 뜻이 일치하는 예가 거의 없다고 보는 편이 옳습니다.

그런데 우리의 영한사전은 어떻습니까? 우리 사전은 이렇게 우리말과 개념이 다른 영어 단어의 뜻을 설명하고 있는 것이 아니라, 우리 단어로 대치해 놓고 있습니다. 그러나 아까 말했듯이 특히 추상적인 내용의 단어일 경우, 우리말에는 영어와 뜻이 똑같은 것은 거의 없고 비슷한 말만 있을 뿐입니다. 이렇게 뜻이 비슷한 말을 뜻이 같은 말로 제시하고 있으니 얼마나 부정확합니까? 영어의 뜻을 바르게 알기 위해서는 영영사전을 보아야 하는 일차적인 이유가 여기에 있습니다."

설명이 여기에 이르면 고개를 주억거리는 학생들이 여기저기에 보인다. 이에 힘을 얻어 사전을 많이 찾아야 할 또 다른 이유를 든다. 그것은 다름 아니라 영어가 외국어이므로 우리로서는 추측하기 힘든 관용적 표현들이 많기 때문이라고 말한다. 특히 아는 단어로 구성된 구phrase가 가장 빠지기 쉬운 함정이니까 조금이라도 뜻이 잘 통하지 않는 경우 억지로 의미를 맞추려는 쓸데없는 짓을 하지 말고 정직하게 사전을 찾아보라고 이른다. 문학이 아무리 상상력을 중요시하는 분야이지만, 그렇게 이상한 상상력을 발휘하여 억지로 의미를 꿰맞춰 놓으면 기상천외한 해석이 되어서 세인에게서 칭찬이 아니라 치소嗤笑를 받게 된다고 경계한다. 실제 예까지 들어 역설하지만, 이번에는 효과가 별무신통이다. 좀 효과가 있을까 하고, "정년을 얼마 안 남은 이 나이까지 나는 여전히 사전을 찾는다"며 써온 것을 들어 보이지만, 감탄은커녕 한심하다는 표정을 짓는 학생이 보이는가 하면, 길 잘못 들었다는 표정이 역력한 학생도 있다. 이거 안 되겠다 싶어 이제는 사전 찾는 재미를 얘기한다.

"50년대 말에서 60년대 초, 우리가 대학을 다니던 시절은 교재로 쓸 책도 별로 없었습니다. 더구나 주석이 제대로 달려 있는 책을 구하는 것은 바랄 수도 없었습니다. 그러니 공부하는 데에 의지할 것이라고는 우리나라 콘사이스 사전뿐인데 이것은 뜻이 부정확할 뿐만 아니라 역사적인 의미 변천이 수록되어 있지 않기 때문에 영문학의 고전을 읽는 데에는 거의 도움이 되지 못했습니다. 그래서 나는 청계천 헌책방을 몇 날 며칠을 뒤져서 겨우 *The Shorter Oxford English Dictionary* SOD를 구했습니다. 그때의 기쁨은 서울대학교에 합격한 것의 버금가는 것이었습니다. 이 사전을 구비하고 나서부터는 그동안 공부할 수가 없어서 기피하였던 셰익스피어W. Shakespeare나 포프A. Pope나 디킨스C. Dickens 강의 같은 것이 겁나지 않았습니다. 이 사전을 찾아보면 그동안 해석이 되지 않던 부분들이 전부 풀렸습니다. 그중에서 정말 뛸듯이 기뻤던 것은 뜻이 풀리지 않아서 찾아보는 바로 그 부분이 예문으로 나왔을 때입니다. 예를 들어, 베이컨Francis Bacon의 「학문에 관하여Of Studies」를 예습하다가 "if a man's wit be wandering, let him study the mathematics;"라는 부분에서 wit가 요즘의 뜻으로는 쓰인 것 같지 않아서 찾아보았더니 1660년까지는 "the seat of consciousness, the mind"라는 뜻이었다며 그 예문으로 바로 위의 문장이 제시되었을 때에, 또 벤 존슨Ben Jonson의 유명한 서정시 「눈으로만 내게 건배해 주오 Drink to Me Only with Thine Eyes」를 배우면서 "But might I of Jove's nectar sip/ I would not change for thine"에서 change가 좀 특이하게 쓰였다 생각해서 찾아보았더니 1567년에 "to make an exchange"라는 뜻으로 쓰인 예로서 바로 존슨 시의 위 구절이 나왔을 때에 느꼈던 그 전율에 가까운 기쁨은 지금도 생생합니다."

이렇게 내 딴에는 가장 감동적이었던 순간을 소개하면서 학생들의 반응을 살핀다. 아까보다는 조금 나아진 것 같지만 아직도 기대에는 못 미친다. 우리같이 궁핍한 시대를 겪지 않은 탓인지, 아니면 그까짓 정보쯤이야 키보드 몇 번 두드리면 인터넷을 통해 얼마쯤이라도 쉽게 얻을 수 있기 때문인지, 대체로 크게 감동할 바는 아니라는 반응이다. 그러나 그중에서도 내 눈과 마주쳤을 때에 밝게 빛나는 눈동자들이 몇 보인다. 나는 이제 그 한두 명의 젊은이들을 확인하는 것으로 만족한다. 사실은 수십 명의 학생들이 모두 내 이야기에 감동하여 평생 사전이나 뒤적이며 영문학과 씨름하겠다고 나서도 문제다. 인문학에 대한 사회의 냉대는 갈수록 심해지고 있는 판에 그 많은 젊은이들의 창창한 미래를 무엇으로 보장해 줄 수 있겠는가. 그러나 세상이 이렇게 삭막해질수록 인문학의 가치는 더욱 절실히 필요한 것이다. 그래서 많이는 아니더라도 한 세대에 몇 명씩으로라도 그 명맥은 유지돼야 한다. 언젠가 인류가 다시 철들면 인문학이 지켜온 그 맑고 숭고한 가치들을 전수하기 위해서도 말이다.

그 한두 명의 학생들, 그 눈망울 맑은 젊은이들을 대책도 없이 공연히 형극의 길로 끌어들인 것이 아닌가 하는 의구심을 느끼면서도 이런 얘기를 계속하는 것은 그들을 통해 지켜나가야 할 가치가 그만큼 숭고한 것이라는 신념을 아직 잃지 않았기 때문이다.

『영미문학교육』 2002. 6

무의식적인 가해

1968년 겨울에 북한의 무장 특공대가 청와대를 기습하려던 사건이 있었다. 그들은 청와대 근처까지 침투하여서야 발각되었고 거기서 대낮에 총격전이 벌어져서 전국이 발칵 뒤집혔었다. 그때 내려온 31명의 특공대원은 거의 다 사살되었고 몇 명만 살아 돌아갔는데 생포된 사람이 한 명 있었다. 그는 비록 적에게 잡힌 몸이지만 죽음에 대해 추호도 두려운 기색을 보이지 않았을 뿐 아니라, 그의 언행이 하도 당당하여서 그에 대한 기사가 도하 신문에 매일 대서특필되었다. 그래서 그의 이름이 당시 만인의 인구에 회자되었으며, 그런 연유로 이 놀라운 테러사건도 그의 이름을 따서 "김××사건"으로 불리게 되었다.

그런데 얼마 전 어느 신문에서 본 것 같은데, 그 유명한 김 모 씨가 그 사건을 "김×× 사건"으로 부르지 말아 달라고 호소하였다고 한다. 그동안 그는 남한에 귀순하여 어느 종교의 성직자가 되었으며 가정도 이루어 손자까지 보았는데 아직도 사람들이 그 때의 사건을 "김×× 사건"이라고 부르기 때문에 자신은 물론 가족들에게 커다란 상처를 주고 있다는 것이었다.

사실 그 사건을 "김×× 사건"이라고 하여 김 씨를 마치 사건의 주모자인 것같이 취급하는 것은 얼토당토않은 일이다. 그 사건의 주모자라면 그 일을 꾸민 당시 북한의 특수부대 책임자나 고위급 인사이지, 김 씨는 그들의 거짓 선전에 속아 자신이 믿었던 정의를 위해 목숨을 던지려 했던 순진한 청년이었을 뿐이다. 그러니까 따지고 보면 그는 그 사건의 주모자는커녕 희생자다. 그런 그에게 아직도 그 끔찍한 사건의 누명을 뒤집어씌운다는 것은 그에게는 견딜 수 없이 억울한 일일 것이고, 또 그러는 우리들은 이만저만 부당한 일을 저지르는 것이 아닐 수 없다.

나도 평소에 별 생각 없이 남들이 하는 대로 그 사건을 "김×× 사건"이라고 불러 왔다. 그러던 차에 김 씨의 호소를 접하자 가슴이 철렁 내려앉았다. 어떤 글에서 이 사건을 언급하면서 "김×× 사건"이라고 쓴 적이 있기 때문이었다. 그 글은 이미 활자화한 지 오래여서 엎질러진 물이지만, 잘못인 줄 알면서 그것을 반복할 수는 없었다. 그래서 그 글을 새로 실을 때를 대비하여 "북한 무장 특공대의 청와대 기습 미수 사건"이라고 원고를 고쳐 놓았다. 그러나 의식적이건 무의식적이건 간에 그에게 나도 가해를 한 것은 분명하였고 그 점에 대해 지금도 부끄럽고 죄송한 마음을 금할 수 없다.

그러면서 생각해 보니까 우리가 무심결에 남에게 가슴 아픈 말을 하는 경우가 상당히 많았다. 꽤 오래전의 일이다. 교수 휴게실에서 선배 교수들이 동료 한 사람을 놀리고 있었다. 놀림을 당하는 분의 성씨는 원씨였는데 그는 바로 임진왜란 때의 수군통제사였던 원균元均의 후손이었다. "아, 원 선생 조상도 일등공신인데 왜 이충무공한테 그렇게 꼼짝 못하고 당하기만 하나?" 하고 동정하는 척하며 한 분이 그를 슬쩍 건드렸다. 그러자 어떤 경우에도 주눅이 들지 않기로 유명한 원 선생이 "그건 참 안 되데. 여러 요로를 통해 정당한 평가가 내려지도록 힘을 썼지만, 일반 대중의 머릿속에 한번 박힌 관념은 좀처럼 바뀌질 않아" 하며 풀 죽은 모습을 보였다.

이 이야기를 듣고 나도 적이 찔리는 바가 있었다. 나도 으레 원균은 무능하고 비겁한 사람으로 알았기 때문에 주위에 혹시 원씨가 있는 줄도 모르고 그를 험담했는지도 모르기 때문이다. 그런데 그가 이순신과 같은 일등공신이라니. 그렇다면 나라에서 그의 공로를 이순신과 대등하게 평가했다는 말이 아닌가. 이것은 그때까지 나는 전혀 모르고 있던 사실이었다. 그래서 도서관에 가서 조선왕조실록을 찾아 해당 사항을 읽어 보았다. 원균이 이순신과 공을 다툰 것은 사실이고 또 이순신같이 연전연승하지 못한 것도 사실이지만, 그는 싸움에 나가면 늘 선봉에 섰으며 많은 전투를 승리로 이끈 매우 용맹한 장수였다. 그래서 전란이 끝나고 나라에서 서훈을 할 때에 그도 권율, 이순신과 함께 선무공신 일등급에 올랐던 것이다. 그러나 우리는 대부분 이런 역사적 사실은 모른 채, 이순신을 주인공으로 하는 역사소설이나 만화, 또는 설화를 통해서 그를 알아 왔다. 이런 글들은 이순신을 영웅으로 부각시키기 위해서 그를 상대적으로 비하하고 있는데 우리는 그것을 그대로 사실로 받아들였던 것이다. 다시 말해서 우리는 원균을 부당하게 평가절하해 온 것이다. 이것은 원균의 후손들에게는 원통하기 짝이 없는 노릇이 아닐 수 없다. 사실을 제대로 알지도 못하면서 자랑스런 자기네 조상을 덮어놓고 능멸하는 우리들이 그들은 얼마나 원망스러웠을까?

그런데 원균에 대한 부당한 험담은 우리가 임진왜란에 관한 이야기를 할 특별한 계제에나 저지를 수 있는 실수이지만, 어떤 가해는 일상생활에서 무시로 저지를 수 있는 것도 있다. 이런 일이 있었다. 몇 년 전에 고등학교 선후배 20여 명이 네팔의 안나푸르나 베이스캠프로 등산을 가게 되었다. 우리 기期가 제일 고령이겠거니 했는데, 신청을 받고 보니까 일행 중에서 우리보다 3년 선배가 한 분 있었다. 처음에는 연세 많은 동문이 끼어서 우리들에게 짐이 되지 않을까 은근히 걱정이 되었지만, 그는 생각이나 행동하는 것이 연세보다 훨씬 젊은데다가 무엇이나 후배들에게 베풀고 도와주려고 하는 천하의 호인이어서 곧 모두가 따르고 좋아하게 되었다.

등산을 무사히 마치고 카투만두로 돌아와서 오랜만에 한국음식으로 저녁을 먹는 자리였다. 식당주인은 우리를 위해서 특별히 한국서 가져온 반찬들도 내왔다. 차린 것을 들여다보던 한 동문이 "아이고, 숙주나물도 있네" 하고 감탄하였다. 그러자 좌상인 그 선배가 "녹두나물!" 하고 고쳐 주는 것이었다. 그러고 보니까 그 선배의 성씨가 신申씨였다. 얼른 눈치를 챈 그 후배는 "아, 그렇지요. 녹두나물이 맞죠" 하고 선선히 자기의 발언을 수정했다. 그러자 그는 "우리 집에서는 새 며느리가 들어오면 제일 먼저 가르치는 것이 이것을 숙주나물이라고 하지 않고 녹두나물이라고 부르게 하는 것이야" 하는 것이었다. 그는 웃으면서 이 말을 했지만, 그의 호인다운 얼굴도 겸연쩍은 표정을 감추지는 못했다. 그 자리에는 다행히 후배들만 있었으니까 그렇게나마 속의 말이라도 할 수 있었을 것이다. 그렇지 않은 자리에서는 말도 못하고 당할 뿐만 아니라 그런 모멸을 무시로 당할 것이니 신숙주 후손들이 살아가면서 겪는 고통도 만만치 않을 것임을 짐작할 수 있었다.

성삼문, 정인지와 더불어 당대의 대문장가요 뛰어난 어학자였을 뿐만 아니라 탁월한 정치가였던 신숙주는 어린 왕, 단종을 옹위하여 왕실의 정통을 유지하는 데에 신명을 바치지 않고, 찬탈자인 수양대군을 도왔기 때문에 선비로서는 훼절을 하고 만 셈이다. 그래서 사육신으로 죽은 성삼문은 추상절秋霜節의 곧은 선비로 만대에 추앙을 받는 반면, 신숙주는 지조를 지키지 못했다 하여 세인의 지탄을 받아 왔다. 그가 쉽게 절개를 버린 것을 풍자하여 사람들은 쉬기 잘하는 녹두나물을 숙주나물이라고 부르게 되었다는 것이 숙주나물의 유래라 한다.

이같은 신숙주에 대한 일반인들의 반감은 『신숙주부인전』이라는 신소설에도 잘 반영되어 있다. 이 소설에 따르면 신숙주의 부인은 남편이 성삼문 등과 함께 국문鞠問을 받고 참형斬刑을 당했을 줄로 알았는데 멀쩡하게 살아 돌아온 것을 보고 너무 부끄러워서 목을 매어 자살하였다는 것이다. 그러나 이것은 사실과는 전혀 관계가 없는 허구다. 신숙주는 사육신들이 잡혀죽을 당시 중국에 사신으로 가 있었으므로 성삼문과 함께 국문을 당한다는 것은 물리적으로 있을 수 없는 일이며, 또 신숙주의 부인도 『실록』에 따르면, 사육신 사건 이전에 병사한 것으로 되어 있다.

의리와 명분을 중시하는 도학적 입장에서 보면 신숙주의 처신은 지탄의 대상이 안 될 수 없었을 것이다. 그러나 당시 왕권이 매우 취약해져서 국기國基가 흔들릴 정도였으므로, 수양이 왕권 확립을 위해 나약한 왕을 폐위한 것은 그 나름으로 이유가 있었다고 보는 견해도 있다. 신숙주가 수양의 편에 선 것이 그가 의리부동해서 그랬는지, 아니면 그 나름의 정치적 판단에 의해 그랬는지 나는 알지 못한다. 그러나 분명한 것은 그것은 그의 판단일 뿐이고 그러므로 그것이 잘못되었다면 그것에 대한 징벌은 그에게 한해야 옳을 것이다. 지금은 연좌제가 폐지되어 직계 존비속이 저지른 범죄에 대해서도 적어도 법적으로는 아무 불이익을 받지 않는 시대가 아닌가. 물론 도의적인 책임이라는 것이 있다. 그러나 그것도 당사자가 스스로 느끼게 해야지 남이 곁에서 면박을 주어 느끼게 할 것은 아니다. 더구나 지금의 신숙주 후손은 당사자도 아니지 않은가. 그러므로 지금 우리가 신숙주를 비하하는 말로 그의 후손에게 마음의 상처를 준다는 것은 어느 모로 보나 정당화될 수 있는 짓이 아니다.

이 밖에도 우리가 별 생각 없이 한 말이 어떤 사람에게는 비수가 되어 가슴에 꽂히는 경우가 많을 것이다. 위에 든 예들은 실제 인물의 이름을 거명하며 하는 험구이니까 조금만 조심하면 피할 수 있는 실수들이다. 이런 명시적인 표현들 말고, 암시적이거나 우회적 표현으로 남의 마음을 상하게 하는 말들까지 감안하면 우리가 말로써 무심코 남에게 가해하는 경우가 수없이 많을 것이다. 그런 점을 생각하면, 말한다는 것이 정말 어렵다고 느껴질 뿐만 아니라 두렵기까지 하다.

『무명옷 세대의 뒤안길』 2005. 11

한문숙어 오용 삼제三題

1980년대는 대학생들의 데모가 절정에 달했던 때였다. 주지하다시피 그들은 정당성 없는 군사정권을 부정하고 민주주의를 회복하기 위해 시위를 했다. 이 같은 군사정권에 대한 그들의 거부는 당연히 군사문화의 배격으로 이어졌으며, 그래서 학생들에게는 민주화와 군사문화 배격이 거의 같은 의미로 쓰일 정도였다.

그런데 시간이 지나면서 "군사문화 반대"라는 학생들의 구호가 문자 그대로 구호에 그치는 것 같은 현상들이 보이기 시작했다. 즉 학생회 구성원들 사이의 경직된 위계, 상명하달의 엄격한 명령 계통 등에서, 그들은 그들이 질타해 마지않던 군사문화를 답습하는 것 같았다. 그것은 흉보면서 닮는다는 식으로, 상대방의 결점은 빈틈없이 지적하면서도 자기 관리, 자기 성찰은 부족했기 때문이었을까? 아니면 군대라는 강력한 집단에 대항하기 위해서는 이쪽에서도 그에 필적할 만한 강하고 효율적인 조직이 필요했기 때문이었을까? 하여간에, 언제이건 군사정권이 물러가면 그 학생들이 이 나라를 민주화하는 데에 주역이 되리라고 믿었고, 그래서 그들에게 희망을 걸었던 우리들에게 이런 사정은 커다란 실망과 우려를 안겨 주었다.

그런데 이 무렵에 학생회장에 출마한 학생들은 자기들의 출마선

언이나 출마의 변을 흔히 "출사표出師表"라는 제목으로 대자보에 실었다. "출사표"라면 누구나 제갈량의 「전, 후 출사표」를 떠올린다. 『삼국지』를 읽은 사람은 대개 심정적으로 유비, 관우, 장비의 편에 서게 되고, 그래서 제갈량이 선제先帝 유비의 뜻을 받들어 위魏를 정벌하고 한漢을 재건하겠다는 출사표의 내용은 곧 사邪를 파하고 정正을 세우겠다는 뜻으로 해석하게 된다. 이런 맥락에서 학생들도 당시 왜곡된 정치 현실을 바로잡겠다는 의도로 이 말을 사용했는지 모른다. 그러나 "출사"의 "사師"는 군대라는 뜻이다. 그런 뜻은 지금도 "사단師團"이라는 말에 남아 있다. 그러므로 "출사"는 전쟁을 하기 위해 "군대를 일으키다," 또는 "군대를 출동시키다"는 뜻이다. 군사정부와 군사문화를 그토록 맹렬히 반대했던 학생들이 자기들의 출마 소견서를 "군대를 일으키는 글"이라는 뜻의 술어로 썼다는 것은 커다란 아이러니가 아닐 수 없다.

그런데 학생들이 이렇게 출마의 변을 "출사표"로 쓴 데에는 언론의 책임이 크다. 정치가들이 무슨 자리를 위해 경선에 나서는 것을 보도하면서 언제부터인가 우리 언론이 이 말을 애용해 왔기 때문이다. 지난번 국회의원 선거 때에도 "아무개 ×× 지역에 출사표"라는 식의 제목을 한번쯤 내걸지 않은 신문이 없을 정도였다. 그런데 출사표는 제갈량처럼 전쟁을 일으킬 수 있을 만큼 전권을 쥔 재상이나 쓸 수 있는 글이다. 이제 겨우 국회에 발을 들여놓기 위해 출마하는 사람이 자기의 정견 발표를 출사표라고 부르는 것은 가당치도 않은 과장이다. 그뿐만 아니라 출사는 상대 국가를 군사적으로 정벌하는 것이지만, 선거는 상대방을 쳐부수는 것이 아니라, 출마자 자신의 역량과 비전을 유권자에게 알려서 그들의 선택을 구하는 것이므로 목적을 달성하는 수단이 전혀 다르다. 혹 상대방 후보를 무찌르겠다는 뜻으로 이 말을 썼다면, 그것은 선거의 본뜻을 왜곡하는 것이고, 또 선거를 순전히 입후보 간의 싸움으로 보는 지극히 위험한 발상이다.

이처럼 출사표라는 말은 요즘 그 뜻에서도 잘못 쓰이고 있는데, 그 용법을 보면 더욱 해괴하다. 이 말을 받는 동사는 거의 언제나 "던지다"이다. 아마도 "도전장을 던지다"는 뜻으로 "출사표를 던지다"라고 하는 것 같은데, 도전장은 왜 또 "던지는가?" 필경은 중세 서양에서 기사가 다른 기사에게 도전할 때 장갑을 도전의 대상 앞에 던지는 풍습에서 유래할 것이다. 그래서 영어에서도 "throw the gauntlet장갑을 던지다" 하면 "도전한다"는 뜻이 된다.

그러나 출사표는 도전장이 아니다. 대표적인 중국 문학 이론서라고 할 수 있는 『문심조룡文心雕龍』에 보면 장章과 표表는 신하가 황제에게 올리는 글의 형식들로 설명되어 있다. 제갈량의 출사표도 적국에 보낸 도전장이 아니라, 출병의 당위성과 정사政事에 대한 충고를 적어 자기의 주군인 촉蜀의 황제 유선劉禪에게 올린 글이다. 그래서 표는 항상 "닦아 올린다"로 되어 있지, "던진다"라는 말은 있을 수 없다. 혹 요즘 세상은 왕정이 아니라고 반발할지 모르지만, 그래도 말이 안 되는 것이 출마자는 선거민을 받들어야지 전단지 돌리듯이 자기의 소견서를 "던져주며" 그들을 홀대할 수 없기 때문이다. 그러므로 출마자가 출마의사를 발표한다는 것을 "출사표를 던진다"고 하는 것은 어느 모로나 맞지 않는 말이다.

『삼국지』와 관련된 말로 잘못 쓰이는 것이 또 하나 있다. "고육지계苦肉之計" 또는 "고육지책苦肉之策"이 그것이다. "은행이 고육지책으로 대출 금리를 내렸다"느니, "××시가 고육지책으로 집회를 허용하였다"느니 하는 식의 표현을 각종 언론매체가 무시로 쓰고 있다. 고육지책은 적벽대전에서 오吳의 주유가 황개와 짜고 벌인 사항계詐降計이다. 즉 작전회의에서 황개로 하여금 조조에게 항복할 것을 제의하게 한 다음 주유가 이에 대로한 척하며 그를 태형에 처하고, 심하게 매를 맞은 황개가 조조에게 가서 거짓 항복을 하게 한 것이다. 이 계교에 속은 조조는 적벽대전에서 대패하고 만다. 그러니까 이것은 상대방을 속이기 위한 계책이다. 육체에 고통을 가하는 것은 속이기 위한 수단일 뿐이고, 목적은 속이는 데에 있다.

위의 든 예들을 이런 본래의 뜻으로 풀이하면 은행이 고객에게, 시는 시민에게 속임수를 썼다는 말이 된다. 전달하고자 한 뜻이 그것은 아닐 것이다. 그것이 아니라 자신에게 불리하거나 또는 원치 않는 방책을 어쩔 수 없이 시행했다는 뜻이라면, "궁여지책窮餘之策"이나, "울며 겨자 먹기" 등의 말로 바꿔 썼어야 옳다.

또 한 가지 요즘 와서 자주 이상하게 쓰이는 말이 "호도糊塗하다"이다. 한다 하는 정치가들뿐만이 아니라 방송과 신문도 "××당이 국민을 호도한다"는 표현을 자주 쓰고 있다. 이들은 아마도 이 말이 비슷한 음의 "오도誤導하다"와 뜻도 같다고 생각하는 모양이다. 이 말은 문자 그대로 "풀로 발라 덮는다"는 뜻이다. 풀은 그 수단이 임시변통이나 미봉책임을 뜻하고, 그것으로 덮는다는 것은 자기에게 불리한 상황이나 자기의 결함을 감추려 한다는 말이다. 그럼으로써 결과적으로는 어물어물하여 곤경을 모면하려는 것이다. 그러니까 “호도하다”의 목적어는 자기에게 불리한 사실이나 정황이지 그런 것을 인지할 상대방이 아니다. 만약 위의 예문에서도 인식의 주체를 속이려 한다는 말을 하려면, “국민의 눈을 속인다”라고 해야 될 것이다.

언론의 중요 기능 중의 하나는 공중이 바른 어문생활을 하도록 전범을 보이는 것이다. 요즘 인터넷에서 사이비 언론들이 우리의 말과 글을 심각하게 훼손하고 있는 상황이므로, 바르고 품위 있는 말과 글을 수호해야 하는 정규언론의 역할은 더욱 절실히 요청되고 있다. 그런 중차대한 책무를 지고 있는 정규언론이 이런 혼란을 빚고 있으니 가뜩이나 걱정 많은 초야의 늙은 서생은 근심만 늘 뿐이다.

『마로니에 그늘자리』 2009. 12

내면의 풍경

새 나라의 새 세대

우리나라에서는 어느 세대의 얘기를 들어 봐도 좋은 세월을 살았다는 말은 듣기 힘들다. 오십대는 오십대대로의 슬픈 내력이 있고, 사십대는 또 그 나름의 기구한 사연이 있다. 얘기를 하다 보면 이들 선배들은 결국 삼십대더러 다행한 세대라고들 한다. 수난의 정도를 비교해 보면 그럴는지도 모른다. 그러나 삼십대도 장미꽃같이 행복한 인생을 살아 온 것은 아니다. 특히 우리처럼 1940년경에 태어난 삼십대 후반의 사람들은 어느 세대 못지않게 다난하고 불행한 이력을 갖고 있다.

일제의 질곡을 아프게 느꼈을 만큼 그 당시 크지는 않았지만, 소위 대동아전쟁 덕분으로 한참 감미품을 먹을 나이에 우리는 콩깻묵이나 얻어먹는 알량한 유년시절을 보냈다. 해방이 되어 새 세상이 오자 우리는 자유, 평등, 민주, 독립 등 거창한 술어를 뜻도 모르며 따라 외웠다. 그래도 그 바람에, 인간이 얼마나 존엄한 존재고 민족이 얼마나 귀중한 것인가를 어렴풋이나마 의식하게 되었다. 그러다가 국민학교를 마칠 무렵 6. 25사변을 당했다. 그 순진하고, 깨끗한 것만을 보고 생각할 나이에 전쟁을 겪었던 것이다. 그리고는 살벌한 폐허 속에서 보낸 중·고등학교 생활, 4. 19와 5. 16을 앞뒤에 치른

대학시절—우리의 역사도 결코 부러워할 만한 것은 못 된다.

그런데도 삼십대가 윗세대들보다 다행한 면이 있다면, 그것은 처음부터 우리 교육을 받았다는 점일 게다. 학교 교육으로 따져 보면, 우리는 건국과 함께 시작한 세대요, 우리나라가 독립한 국가로 처음 배출한 세대다. 이 점은 지금 삼십대를 다른 세대들과 구별하여 주는 점이기도 하다.

우리는 처음으로 일본적인 것을 탈피한 세대다. 일본말을 모르는 사실이 가장 단적으로 이런 특성을 나타내 준다. 우리 윗세대는 그것을 강제로 배웠고, 우리 아랫세대는 이제 스스로 택해서 배우고 있으니, 일본말을 모르는 세대는 아마도 우리들뿐일 게다. 이것이 반드시 자랑될 것은 아닌데도, 이런 얘기를 할 때면 은근히 자부심을 느끼는 것은, 우리가 그만큼 온전히 한국적인 세대라는 긍지에서이다.

우리는 윗세대들이 갖고 있는 일본에 대한 콤플렉스 같은 것을 전혀 모르며 자랐다. 또 모든 면에서 일본과 절연된 상태에서 성장했기 때문에 우리의 의식구조에는 일본적인 요소가 철저히 배제되어 있다. 이런 의미에서 우리는 정신적으로 다른 세대들보다도 순수하다고 자부할 수도 있다.

사실 우리는 '우리 것'만으로 마음을 키우며 자란 세대다. 무엇으로나 꿈과 긍지가 될 것을 잔뜩 가져야 하는 어린 시절에, 당시 막 일어나던 '우리 것'에 대한 새로운 인식과 자부심은 그런 욕구를 채워 주기에 안성맞춤이었다. 그래서, 대부분의 어른들 머릿속에는 '일본 것'과 '미국 것'이 재빨리 자리바꿈을 하고 있을 때, 우리들의 천진한 마음에는 우리 것이 화려하게 군림했다. 이것은 건국 초의 열띤 흥분, 벅찬 희망 등과 합세하여 우리의 가슴을 한없이 부풀려 주었다. 그때는 우리 어린이들에게까지도 들뜬 감격 시대였다.

새나라의 어린이는
일찍 일어납니다.
잠꾸러기 없는 나라
우리나라 좋은 나라.

어린애들의 노래이기는 하지만, 마지막 두 줄의 연결에는 분명 뚱딴지 같은 데가 있다. 그러나 어른이 된 지금도 그때의 감격을 되새기며 이 노래를 불러 보면, 감정적으로는 조금도 무리를 느낄 수 없다. 그 당시는 아무거나 갖다 대어도 우리는 결국 '우리나라 좋은 나라'라고 외치게 돼 있었다. 중요한 것은 '우리나라 좋은 나라'라는 것을 어떠한 방식으로라도 강조하는 것이었고, 그럼으로써 그것을 스스로 재확인하는 기쁨이었다.

이때의 우리들은 꼬마 국수주의자들이었다고 할까. '우리 것'이면 무엇이나 세계의 으뜸인 것으로 알았다. 그냥 그렇게 알 정도가 아니라 종교처럼 굳게 믿었었다. 그리하여 그것들은 우리 마음속에 알알이 보석이 되었고 그 현란한 광망으로 언제나 우리를 감동시켰었다.

나중에 좀 더 자라면서 전쟁과 부패를 체험하고 또 더 넓은 세상에 눈뜨게 되자, 그 많던 보물들은 너무나도 허망히 빛을 잃어 갔다. 그러나 대부분이 추하게 퇴색한 후에도 그것들에게 주었던 애정은 그렇게 한물에 가셔지지 않았다. 끝내 돌멩이로 변한 것을 솎아내고 나서 이제 몇 개 안 남은, 그나마 광채를 많이 잃은 보석들을 그래도 소중히 품고 있는 것은, 지금도 때때로 꺼내어 그 불행했던 시인처럼 '손바닥으로 발바닥으로 닦아' 보는 것은, 어린 시절에 그것들에 바쳤던 사랑이 아직 한 가닥 깊이 남아 있기 때문이리라. 어쨌든 지금 삼십대는 우리 것에 대해 어려서 한껏 순수한 사랑을 가졌었고, 지금도 숙명같이 그때의 숫한 마음을 가슴 한구석에 지니고 있는 세대이다.

이와 관련하여 또 한 가지 지금의 삼십대가 늘 의식하며 자라 온 관념은 '우리가 해야 한다'는 생각이었다. 어려서부터 우리는 새 세상을 만들 사람들이라는 말을 들어 왔다. 미래의 주인공이라는 말은 어느 세대의 어린이나 듣는 것이지만, 우리처럼 명실공히 '새나라'의 주인공이라는 말은 누구나 다 들은 것이 아닐 것이다. 우리는 이 말을 수없이 들으면서 스스로도 그렇게 믿어 의심치 않았다. 이것은 우리에게 강력한 자기암시가 되었고, 결국 모든 것을 우리가 만들고 이룩해야 한다는 사명감으로 차차 굳어졌다. 우리가 이십대였을 때에 보인, 기성세대에 대한 맹렬한 반발도 따져 보면 이런 데에 그 연원이 있을 것이다. 이런 저버릴 수 없는 사명감 같은 것이 우리의 의식 저변에 항상 깔려 있기 때문에, 모두가 다 썩어도 우리는 썩을 수 없으며, 우리가 이룩할 세상은 밝고 깨끗하고 자랑스러우리라고 다짐했었다.

이러다 보니까, 삼십대가 무슨 선택된 세대나 돼서 선민의식을 갖고 있는 것같이 들리게 됐다. 그러나 물론 그런 것은 아니다. 단지 우리는 건국과 함께 자란 세대로 거기에 걸맞게 큰 포부와 꿈을 가졌었다는 얘기다.

그 포부와 꿈이 얼마나 실현되었는가? 아직은 뒤를 돌아다볼 나이가 아닌 터에 어렸을 적 얘기나 늘어놓은 것은, 지금에 와서 특별난 것도 없고 이렇다하게 이룩한 것도 없다는 얘기가 되겠다. 하기야 어느새 그런 걸 따질 시기도 아니다. 우리는 아직 젊고, 정작 일할 날들도 창창히 남아 있다. 그러면서도 어린 시절을 돌이켜본 것은, 이렇게 할 일이 많은데 벌써 흐트러지려는 마음을 스스로 경계하고, 잊혀 가는 생각들을 다잡아 보려는 뜻에서이다.

『隨筆文學』 1976. 6

비판과 책임

얼마 전 청소년들의 폭력사건과 범죄가 신문에 대서특필되던 무렵 교육계의 인사들과 자리를 함께한 적이 있었다. 거기서도 청소년 문제가 화제로 오르자 너나없이 각자가 아는 바 그들의 탈선행위를 열거하기 시작했고, 그러다 보니 요즘 청소년들 거의가 불량배에 가깝다는 결론에 도달했다. 이어 우리는 한심한 세태를 개탄했고 나아가 나라의 장래를 걱정하며 자못 심각한 표정을 지었다.

그때 나는 잠자코 듣고만 있는 고교 교사 한 분에게 고교생의 실태를 물었다. 물론 나는 그가 현장에서 나온 생생한 실례로써 우리들의 결론을 확인해 주리라고 기대했다. 그러나 그는 "그래도 착한 아이들이 훨씬 더 많지요"라고 대답하는 것이었다.

그 담담하면서도 확신에 찬 말에 나는 이을 말을 생각하지 못했다. 그것은 비뚤어진 학생의 수보다 올바른 학생의 수가 더 많다는 단순한 수치상의 사실로써 우리들의 추측의 허가 찔렸기 때문만은 아니었다. 그 짤막한 말 한 마디가 가진 커다란 무게에 압도되었기 때문이었다. 그 무게는 애정으로써 학생들을 이해하고, 책임지고 그들을 지도한 사람이나 이룩할 수 있는 진실의 무게였다. 그런 견실하고 진지한 태도가 상대적으로 부박하고 무책임했던 우리들의 비판 태도를 반성하게 했던 것이다.

우리 사회의 모든 문제가 그렇겠지만, 특히 청소년 문제는 우리 모두에게 직접적인 책임이 있는 것이다. 그런데 우리는 이 문제에 대해 얼마만큼 자신의 책임을 느꼈고, 얼마만큼 애정을 갖고 그들의 고뇌를 헤아려 보려 했던가. 이런 자성에 대해 떳떳한 대답을 찾을 수 없었다. 좀 더 정직하게 말하면, 특수한 사례를 근거로 모두를 싸잡아 매도하고 세상의 사악함을 강조함으로써 자신의 정의감만을 만족시켰지, 정작 자신이 해야 할 몫에 대해서는 근거 부실한 일반론을 방패삼아 아예 불가능한 일로 젖혀놓고 뒷전에 물러나 앉았던 것을 부정할 수 없었다. 책임과 애정이 함께 하지 않는 비판은 공허할 수밖에 없으며, 그래서 촌철寸鐵의 진실 앞에 허망히 무너지고 만 것이었다.

버릇이란 것이 고약해서, 아직도 재미삼아 세상 험담을 하는 축에 끼었다가도 요즘은 대개 슬며시 입을 다물거나 자리를 떠버리는 것은, 그날 천근의 무게로 좌중을 압도하던 그 나지막한 말 한 마디가 자꾸 생각나기 때문이다.

『동아일보』 1985. 4

비판과 자기발전

얼마 전 어느 모임에서 있었던 일이다. 내가 초안한 작은 글을 몇 명의 선배와 동료가 고치고 다듬게 되었다. 참석한 분들 대부분이 누가 초안자인지를 몰랐기 때문에 거리낌 없이 불만스런 점을 지적하고 고쳐 주었다. 지적받은 내용은 물론 모두가 수긍이 가는 것들이었고, 그렇기 때문에 어색한 부분이 하나씩 드러날 때마다 나는 모닥불을 뒤집어쓴 것같이 얼굴이 달아올랐다. 오래두고 잊지 못할 무참한 경험이었다.

그런데 얼마 후 그 일을 다시 생각해 봤을 때 나는 또 다른 면에서 부끄러움을 맛봐야 했다. 그때의 기분을 되살펴 보니 거기에는 순전히 자괴감만이 있는 것이 아니라, 불쾌감과 분노가 더 큰 비중을 차지하고 있었던 것이다. 비판의 내용이 대체로 옳아도 열의 하나만큼 수긍할 수 없는 구석이 있으면, 그것을 빌미삼아 나머지 아홉까지도 부정해 버리고 싶은 충동이 가누기 어려울 정도로 치솟았던 것이다. 스스로 꽤 이성적이라고 자부해 왔던 것이 망상에 가까움이 드러난 셈이다. 이것이야말로 크게 부끄러운 일이었다.

사람은 누구나 비판을 받을 경우 본능적으로 침해를 느끼고 반발심을 갖게 마련이다. 그러나 발전이 있으려면, 그 반발심이나 불쾌감을 돌려서, 지적당한 자신의 부족한 점을 개선하는 건설적인 힘으로 써야 하는 것이 상식이다. 그런데 이런 상식이 말처럼 쉽게 실천되지는 않는다.

그러나 비판을 긍정적으로 수용하면 비판을 하는 쪽보다 받는 쪽의 득이 더 크게 되어 있다. 비판을 받은 사람은 자기의 잘못을 반성하여 그것으로부터 벗어날 뿐만 아니라, 비판의 내용도 철저히 따져서 그것에 관해 비판한 사람보다 더 많이 알게 되기 때문이다. 게다가 반발심을 죽이고 비판을 수용함으로써 포용력을 넓혀 인간적으로도 더 성숙하게 된다.

민주주의가 비판을 허용한다는 것은 이런 의미에서도 좋은 제도임을 증명한다. 누구나 비판의 대상이 될 수 있다는 것은 평등이념을 고취할 뿐만 아니라, 이런 면에서 보면 누구에게나 자기발전의 계기가 주어진다는 뜻도 되기 때문이다.

『동아일보』 1985. 5

낭비 세대

6. 25를 겪은 세대는 지금보다 너무 험하고 거친 것을 먹고 입으며 자랐기 때문에 요즘 청소년들이 물건을 헤프게 쓰는 것을 보고 개탄하지 않을 수 없다. 가령 돈 주고 산 빵을 반쯤 먹다 내놓든지, 엊그제 산 운동화의 뒤축을 꺾어 신고 다니는 것을 보면, 우리에게는 쌀겨로 만든 쑥개떡이 얼마나 꿀맛이었으며, 새 신발을 신는 날에는 땅 밟기가 얼마나 안쓰러웠는지를 얘기하며 그들을 나무라게 된다. 그리고 그렇게 눈물겨운 추억이 자식들에게는 별로 감동적이 아니라는 데에 다시 한 번 한숨을 내쉰다.

그러나 따지고 보면 그들만을 나무라는 것은 온당한 일이 아니다. 우리의 청소년들이 난데없는 돌연변이가 아닐진대, 그들이 낭비성을 갖게 된 데에는 우리의 책임이 없을 수 없다. 사실, 못 먹고 못 쓴 것이 한이 되어 자식들만은 무엇이나 원 없이 갖도록 하겠다며 해 달라는 대로 다 해 준 것이 우리 아니었던가. 재물을 아끼고 소중히 여겼던 선인들의 미풍을 마치 가난의 유산인 양 내던져 버리고, 한 푼 벌면 두 푼 쓰려 했던 것도 우리였다. 이런 어른들 밑에서 자란 그들이 절약을 모르는 것은 차라리 당연한 결과라 하겠다.

이렇게 보면 청소년들의 낭비에 대해서 우리가 할 일은 꾸중보다는 있으면서도 절제할 줄 아는 생활 태도를 가르치고 수범하는 것이다. 천석꾼의 집안일수록 손자가 반찬 투정을 하면 당장 초달을 들어 엄히 다스렸던 옛 할아버지의 법도와, 개수구멍에 낟알이 흩어져 있으면 며느리를 불러 "하늘이 무섭지 않느냐?"고 불호령을 내렸던 옛 시어머니의 규모를 우리가 다시 찾아가져야 하는 것이다. 이것은 단순히 물자를 아끼기 위해서가 아니라, 우리의 후손이 정말 풍요롭게 살도록 하기 위해서이다. 아까운 것을 모르며 물건을 쓰는 사람은 풍요하게 살아도 풍요로움을 모르며, 그래서 마음으로는 언제나 가난뱅이를 벗어나지 못하기 때문이다.

『조선일보』 1986. 8

삼천리三千里 길

북한산 승가사 뒤의 사모바위에서 문수봉 쪽으로 조금 가다 보면 북쪽으로 나 있는 오솔길이 하나 있다. 그 길은 1968년 북한 특공대의 청와대 공격 미수 사건 이후 폐쇄되었던 등산로인데, 얼마 전에 풀려서 이제는 초입에 '삼천리 길'이라는 팻말까지 세워져 있다. 북한산의 등산로는 안 가 본 데가 없을 정도로 샅샅이 아는 동료 산여山如도 그 길을 가 보지 못했다는 것이다. 그래서 날을 잡아 둘이서 그 길을 한 번 가 보기로 했다. 산은 오르며 보아야 제 맛이니까, 사모바위 쪽에서 내려가지 말고 북쪽 기슭에서부터 올라가기로 정하였다. 그렇게 약조는 해 놓고도 좀처럼 서로 시간이 맞지 않아서 몇 달을 그냥 지내다가 오월 하루 강의가 없는 날을 잡아 등산을 결행하였다.

전철로 구파발역에 닿을 때까지도 밀린 일들이 걸려서 하루를 공치는 것이 마음에 무거웠다. 그러나 버스로 갈아타고 삼천리 입구에서 내려 의상능선의 연봉들을 바라보며 걷기 시작하자 어느새 기분이 가벼워졌다. 시절은 바야흐로 늦은 봄꽃과 신록이 한 데 어우러질 무렵이어서 숲의 경관이 일 년 중 가히 으뜸이라고 할 만한 때인데다가, 날씨마저 화창하여 상춘 등산으로는 더없이 좋은 날이었다.

또 같은 북한산 자락이지만 북쪽은 서울을 등지고 있어서 공기도 더 맑았고 풍경도 한결 더 소박했으며 계곡은 더 유수幽邃하였다. 게다가 주중이라 산길에는 우리 두 사람밖에 없었다.

내를 건너 조강한 마사토 길을 조금 걸어 올라가니까 삼거리에 안내판이 나타났다. 안내도를 보니까 등산로가 시작되는 곳에 삼천사三千寺라는 절이 있었다. 그러고 보니 삼천리란 이름도 삼천사가 있는 동리라는 뜻이었다. 처음 '삼천리 길'이라는 푯말을 보았을 때는 그 계곡이 아무리 길어야 일, 이십 리일 터인데 삼천리라니 과장이 너무 심하다고 생각했다. '비류직하삼천척飛流直下三千尺'이나 '백발삼천장白髮三千丈'류의 과장이 있기는 하지만 그것들은 시적 표현이니까 그럴 수 있겠고, 실제 골짜기에 붙인 이름에 그런 과장법을 쓴 것은 적절치 않다는 논평까지 한마디 곁들였었다. 그러나 이제 보니 그게 얼마나 얼토당토않은 지레짐작이었는가. 어떻든 우리가 가는 길에 처음 보는 절이 있다는 것이 반가웠고, 더구나 삼천사에 보물로 지정된 마애여래입상이 있다는 것이 더욱 반가워서 다시 언덕길을 부지런히 올랐다.

막 한 구비를 돌아섰을 때에 뒤에서 자동차 소리가 났다. 이 한적한 산길에 웬 자동차인가 하고 돌아보니 한 젊은 여인이 혼자 승용차를 몰고 올라오는 것이었다. 얼른 보았지만, 이목구비가 반듯한 삼십대 여인이었다.

"절에 가는 사람일까?"

"글쎄. 부처님을 뵈러 가면 걸어 올라가야지."

이렇게 노닥거리며 조금 더 올라가니까 이내 '삼각산 삼천사三角山

三千寺'라는 현판이 걸린 일주문이 나타났다. 산문山門 앞의 주차장에는 역시 앞서 본 그 승용차가 서 있었다.

절은 새로 지은 지가 얼마 되지 않은 것이 분명했으며 좌처가 북향인데다가 터도 협소하여 대체로 옹색한 분위기였다. 안내문에 따르면 옛날에는 법회에 삼천 명의 신도가 모이기도 했다지만, 지금의 규모로는 삼백 명만 와도 비좁을 것 같았다. 절 구경에 흥미를 잃은 우리는 법당 주위를 대강 한 번 둘러보고는 그 보물이라는 마애불을 찾아 나섰다.

불상은 절 뒤쪽에 있다는 종무소 직원의 말을 듣고 절 뒤로 올라갔다. 법당을 막 지나자 왼쪽으로 제법 널찍한 노천 예배소가 있었는데, 그 돌마루 위에서 아까 본 그 여인이 날아갈 듯이 절을 하고 있었다. 얼른 눈길을 돌리고 더 올라가며 주위를 살펴보았다. 그러나 어찌된 일인지 마애불이라고는 보이지 않았다. 혹시 마지막 건물인 산령각山靈閣 뒤에 있나 하고 돌아가 보았지만 역시 허탕이었다. 아무래도 이상해서 다시 내려가 안내판을 찾아 약도를 보았다. 위치는 분명히 법당 뒤였다. 우리가 다시 법당 뒤 그 예배소에 닿았을 때는 그사이 백팔배를 마쳤는지 아까 그 여인은 사라지고 없었다. 그래서 그 여인이 절하던 곳을 바라보았더니 바로 거기 커다란 바위에 훤칠한 부처님의 입상이 새겨져 있었다.

불상은 선각線刻이 아니라 부조浮彫한 것이어서 상당히 입체감이 있는 모습이었고, 본래는 채색을 했었는지 아직도 군데군데 물감이 묻어 있었다. 고려조의 불상이라 통일 신라기 불상의 도톰한 뺨과 후덕한 턱, 그리고 인자한 눈매를 고루 갖춘 완미한 모습은 아니었지만 키가 후리후리한 몸매에 섬세한 옷 주름, 그리고 부드러운 곡선이 잘 조화된 뛰어난 마애불이었다.

마애불 구경을 마친 후 우리는 절 뒤로 난 등산로를 따라 산을 오르기 시작했다. 길은 경사가 비교적 완만했고, 또 비가 온 뒤 풍부한 수량의 맑은 물이 흰 화강암 반석 위를 흐르는 곳이 많아서 계곡을 내려다보며 걷는 맛도 좋았다. 그러나 마음은 그 마애불을 못 찾던 일로 인해 개운치 않았다. 그렇게 두렷이 서 있는 부처를 왜 못 보았을까. 어째서 절하는 여인은 보면서 그 앞의 부처는 못 보았단 말인가. 손가락으로 달을 가리키면 달을 안 보고 손가락만 본다는 선가禪家의 비유가 생각났다. 그것은 진리를 못 보고 그것을 밝혀 주기 위한 방편에 집착하는 범부의 망집을 경계한 얘기다. 그러나 그것은 그래도 진리를 찾는 구도자가 빠지기 쉬운 함정을 적시한 것이지만 나의 경우는 어떠한가. "부처님을 뵈려면 걸어가야지" 하고 제법 흰소리까지 치며 성인을 공경하는 마음이 남보다 나은 척했지만, 실제는 여인에 눈이 팔려 부처를 지척에 두고도 못 보았으니 얼마나 낮은 근기根機인가. 그 여인을 보았을 때 얼른 눈을 돌린 것은 일종의 죄의식에서 나온 반사작용이었다. 겉으로는 부처를 찾고 있었지만 속마음으로는 그 여인을 찾고 있다가 실제로 여인이 나타나자 죄책감을 호도하기 위해서 짐짓 여인에게 관심이 없는 척했던 것이다. 그처럼 마음이 이미 여인으로 가득 차 있었으니 어디에 부처가 들어설 자리가 있었겠는가. 그런 마음을 가지고 부처가 안 보인다고 이상해했던 것이다. 스스로 생각해도 너무 가소로워서 자신도 모르는 사이에 소리 내어 웃고 말았다.

왜 갑자기 웃는지 의아해하는 산여에게 부처와 여인에 관한 이야기를 꺼냈다. 그 첫마디에 그는 벌써 다 알아듣고 자기도 똑같은 생각을 했다며 따라 웃었다. 그러면서 그 부처님이 망상으로 가득한 우리의 마음속을 환히 꿰뚫어보시고 우리에게 깨우침을 주신 것이라고 말했다. “그렇다면 그 여인이 보덕각시普德閣氏였나?” 하며 우리는 또 다시 웃었다.

겉으로는 그렇게 웃었지만, 속으로는 자괴감이 쉽게 가시지 않았다. 얼마를 걸었을까, 냇물은 벌써 보이지 않았다. 돌 밑으로 흐르는 물소리조차 이내 끊기고 산새 소리만이 가끔 들렸다. 오름세가 제법 급해진 것을 보아 마지막 오르막이 시작된 것 같았다. 그때 묵묵히 걷고 있는 두 등산객의 발께로 어디서인지 산벚나무의 꽃잎들이 날아와 떨어졌다. 깜짝 놀라 눈을 들어 주위를 둘러보아도 산벚나무는 보이지 않는데 꽃잎은 허공에 어지러이 흩날렸다. 아, 봄은 벌써 가고 있었다. 아직 봄이라고 생각하고 봄놀이 등산을 나왔는데 봄은 이미 가고 있는 것이었다. 그 순간 가슴속의 피가 일시에 잦아드는 것 같았다. 그러면서 그 자리에 걷잡을 수 없이 슬픔이 스며들었다. 어찌하랴, 세세연년 봄은 돌아오고 꽃은 피건만, 떨어지는 꽃, 가는 봄을 보노라면 이렇게 주체할 수 없게 슬퍼지는 것을! 제행무상諸行無常이니 세상 것에 대한 집념을 끊으라고 불가佛家에서는 가르치지만, 무상하기 때문에 오히려 더 애착이 가는 마음을 어쩔 수 없었다.

떨어지는 산벚꽃을 보고 숙연해진 우리 둘은 다시 말없이 산길을 걸었다. 삼천사를 지난 지 불과 한 시간도 안 되어서 능선이 저만치 보였다. 그러자 왼쪽으로 문수봉의 웅장한 모습이 눈에 들어왔다.

보현보살과 함께 석가모니불의 협시보살인 문수보살文殊菩薩. 그는 모든 수행修行 중의 으뜸인 지혜를 나타낸다 하였다. 그 봉우리가 이 날따라 오를 수 없을 것같이 높아 보였다. 그러고 보니 삼천리 길은 역시 처음 생각했던 대로 삼천리나 되는 머나 먼 길이었다. 그것은 능선을 올라도 아직도 갈 길이 아득히 더 남은 먼 길이었다.

『아홉 사람 열 가지 빛깔』 1994. 6

육십대 젊은이

근자에 우리나라에 고령화 현상이 나타나면서 변한 것 중의 하나는 환갑이 대수롭지 않게 된 것이다. 이, 삼십 년 전만 해도 환갑을 맞은 사람은 남다르게 수를 누렸다고 보아 대단한 노인으로 대접했다. 그러나 요즘은 육십을 못 사는 사람이 오히려 드물 정도로 육십대가 흔하다. 그뿐만 아니라 그들 중에는 육체적으로나 정신적으로 옛날의 사, 오십대 장년에 못지않게 건강한 사람들이 많다. 사정이 이렇고 보니 이제 육십대는 노인으로 행세하고 싶어도 그러기가 어렵게 됐다. 그러니 환갑잔치를 수연壽筵이라고 했던 말도 이제는 어울리지 않게 되었고, 또 그렇게 의미가 없어지니까 환갑연도 자연히 드물어졌다.

나도 연전에 갑년을 지냈는데, 그때를 당하니까 오래 살아 대견하다는 생각은 없고, 벌써 환갑이 됐다는 것이 황당하고 한심하게만 느껴졌다. 그러니 생일잔치를 벌일 의욕이 날 리가 없다. 한 일 없이 나이 먹은 것만도 한스러운데 무어 좋은 일이라고 사람들 모아 놓고 잔치까지 벌일 것인가. 더구나 주위 사람들이 (듣기 좋으라는 말이겠지만) 아직 오십대로밖에 안 보인다고 추켜세우는데다가, 나 자신도 늙은이라고 생각이 되지 않는데, 환갑연을 벌인다는 것은 내가 노인이 됐다는 것을 스스로 공표하는 것 이외에 아무것도 아니었다. 그래서 혹시 누가 나이를 물으면 환갑이 언제냐는 물음으로 지레짐작하고 대답 끝에 "나는 환갑연 같은 것은 안 한다"고 미리 방패막이를 했다. 그러나 친척 조카들은 내가 사실은 잔치를 벌이고 싶으면서도 공연히 쑥스러워서 속에 없는 말을 하는 것이 아닌가 의심하여서, 정말 안 차릴 거냐고 자꾸 물어오는 통에 성가셔서 생일 임시해서 아예 한 보름 동안 집을 떠나 있었다.

이렇게 스스로는 아직 늙은이가 아니라고 우겨대지만, 육십을 넘으니까 몸과 마음이 전과는 완연히 달라지는 것을 느끼지 않을 수 없다. 그래도 웬만큼 불편한 것은 오기로 그냥 버티면서 늙지 않았다고 안간힘을 쓰는데, 연장자를 우대하는 우리 문화가 그렇게 나이를 의식하지 않으려는 노력을 자꾸 약화시킨다. 예컨대, 학교에서 어떤 위원회의 위원으로 참석하면 나이가 제일 많다고 해서 위원장 감투를 씌우고, 무슨 모임이 있어 가보면 좌상이라고 갑자기 인사말을 시켜 당황케 한다. 그런가 하면 내가 속해 있는 학과에서는 후배 동료들이 모두 경로사상에 철저해서 궂은 일이 나이 든 사람에게까지 돌아오지 않도록 미리 처리해 준다. 세상에 편한 것 싫은 사람이 어디 있는가. 후배들이 이렇게 배려해 주니까 그동안 못 이기는 체하면서 놀던 것이 버릇이 되어서 이제는 아예 당연히 일을 안 하는 것으로 생각이 굳어져 버렸다. 그러다 보니 학교에서는 입으로만 늙은이가 아니라고 떠들 뿐이고 실제로는 늙은이 노릇을 하고 있음을 부정할 수 없다.

그러나 밖에 나오면 아직 늙은이가 아니라는 사실을 느끼게 되는 경우를 자주 겪는다. 얼마 전에 수지水枝로 이사를 와서 얻은 기쁨 중의 하나는 이웃의 정년하신 몇 선배님 내외분들과 우리 부부가 가끔 모여서 저녁을 같이 하게 된 것이다. 한 집씩 돌아가면서 주최를 하는데 지난번 우리 차례가 된 날 공교롭게도 시내에 일이 있어 나갔다가 길이 막혀 약속 시간에 대어 갈 수 없게 되었다. 집사람에게 먼저 예약한 음식점에 가서 선배님들을 잘 모시라고 전화로 일러놓고는 나는 한 삼십 분 늦게 도착했다. "늦어 죄송합니다"라고 사과하면서 방에 들어서자 좌상이신 선생님이 "괜찮아. 요즘 젊은 사람들 다 일이 많은 거 알고 있어" 하시는 것이었다. 참으로 오랜만에 듣는 "젊은 사람"이라는 말이었다. 감격한 나는 그 선생님께 앞으로도 계속 그렇게 불러 주십사고 부탁을 드렸고 이에 좌중은 모두 한바탕 웃었다.

이보다 한술 더 뜨는 예가 있다. 매년 연말에 문리대 영문과 동창 몇이서 한 은사님께 묵은세배를 간다. 선생님께서는 금년에 세는 연세로 99세시니 소위 백수白壽이시다. 그러니 제자들도 나이가 많아서 거의가 칠십을 넘겼거나 칠십에 가깝다. 그중에 아직 정년이 안 되어 현직에 있는 사람은 나 하나다. 우리는 매년 한 백화점에서 만나 그곳에서 한과를 한 상자 사 가는데 그것을 들고 가는 짐꾼 역은 언제나 최연소자인 내 몫이다. 선생님 댁에 가서도 나는 대화에 끼지도 못하고 한 구석에 쭈그리고 앉아 선생님과 선배님들이 하시는 얘기를 듣고만 있다가 끝나면 인사하고 나오는 것이 고작이다. 그래도 내게는 그 세배 날이 일 년 중 가장 기다려지는 날 중의 하나이고 그날 짐꾼 노릇하는 것이 신바람이 날 정도로 즐겁다.

이 밖에 또 다른 몇 모임에서도 막내 취급을 자주 받다 보니 늙고 젊은 것은 상대적이라는 생각이 들었다. 따지고 보면 이것은 지극히 당연한 사실인데 실제로 그에 맞춰 행동하는 예를 보기는 그리 쉽지 않다. 특히 노인이지만 상대적으로 젊은 축에 속할 때 젊은이로 행동하는 경우를 별로 볼 수 없다. 이것은 사람들 대부분이 일정한 나이가 들면 덮어놓고 늙은이라고 생각하여 젊은이처럼 행동하기를 포기하기 때문이다. 그러나 바로 이럴 때에 젊은이로 행동하는 것이 젊음의 즐거움을 다시 맛볼 수 있는 기회이다. 나보다 젊은 사람들 앞에서 내가 젊었다고 자랑해 봐야 겉으로는 수긍하는 척할지 모르지만 속으로는 주책이라고 생각할 것이 틀림없고, 잘못하다가는 마땅히 받을 예우도 못 받을 수 있다. 그러나 나보다 더 나이 많은 분들을 섬기면 내 입으로 떠들지 않아도 모두 나를 젊은이로 부르고 젊은이로 취급해 준다. 그러니 육십대가 되어도 젊어지고 싶으면 나이 많은 분을 섬기는 것이다. 그러면 젊음을 인정받을 뿐만 아니라 실제로 젊어지는 것을 체험할 수 있다.

바로 어제 낮에도 나는 그런 경험을 하였다. 좌석버스를 타고 학교로 가는 길이었다. 한 젊은이가 할머니를 모시고 버스에 올랐는데 좌석이 없었다. 할머니는 흔들리는 버스 안에서 몸을 가누느라고 안간힘을 쓰는 것이 여간 딱해 보이지 않았다. 그런데 이 광역 직행버스는 명색이 좌석버스인데다가 장시간 운행한다는 구실로 이 안에서는 자리 양보를 안 하는 것이 통례로 되어 있다. 그래도 이 경우는 좀 다르겠거니 하고 기대해 봤지만, 역시 아무도 그 노인에게 자리를 내어 드리는 사람이 없었다. 그때 내 마음 한 구석에서 "이

봐, 육십대 젊은이, 무얼 하는 거야? 젊은이면 젊은이 노릇을 해야지" 하는 소리가 들렸다. 나는 더 이상 주위를 둘러보지 않고 일어나 자리를 양보하고 문가로 가서 섰다. 그러자 팔다리에 갑자기 새 힘이 솟구치는 느낌이 들었다. 그래서 버스가 급커브를 돌 때도 팔다리에 힘을 주어 몸을 지탱하는 것이 조금도 힘들지 않았다. 내가 아직 늙지 않았다는 것이 그렇게 확실히 실감될 수가 없었다. 그래 그런지 차창 밖 풍경도 싱그러워 보였다. 3월 말이 되어도 생기라고는 보이지 않던 수양버들도 어제 따라 겨울 때를 벗고 포르스럼하게 물이 올라 보였다.

『아홉 사람 열 가지 빛깔』 2003. 3

스포츠와 나

나도 한때는 운동경기를 꽤 좋아했다. 6, 70년대에는 권투를 특히 좋아했다. 그러다가 김득구라는 선수가 시합 도중에 뇌출혈로 사망하고 난 다음부터 권투와 인연을 끊었다.

내가 권투를 즐겨 보던 당시 우리나라의 권투선수들은 소위 "헝그리 박서"였다. 그들은 배가 고파서 권투를 시작했고, 살기 위해서 상대방을 때려 눕혀야 했다. 말은 기술을 발휘해서 상대방을 제압하는 경기라고 하지만, 이들 배고픈 선수들에게 그것은 이기면 살고 지면 죽는 약육강식의 살벌한 싸움판이었고, 인생의 성패를 건 사생결단이었다. 이런 처절한 사투를 우리는 단순히 운동경기라고 강변하면서 그 가열성苛烈性을 즐겼다. 당시 정치적 폭압으로 가슴에 쌓인 분노가 많았던 관중은 자기가 선호하는 선수가 상대방을 주먹으로 쳐서 쓰러뜨리면 열광하면서 간접적인 한풀이를 하는 경우가 많았는데, 나도 그중의 하나였다. 그 상대방이 우리의 증오를 마음 놓고 쏟아 놓을 수 있는 외국선수이면 더욱 좋았다. 우리는 그런 장면을 즐기면서 민족적 열등감을 해소하든가, 아니면 더 나아가 턱없는 우월감에 도취되기도 했다.

우리는 무엇보다 불같은 투지와 강력한 펀치에 매료되었었다. 그것들만이 우리 내부에 들끓고 있었던 불만과 증오를 시원하게 풀어 줄 수 있기 때문이었다. 그래서 우리는 펀치가 가히 살인적이어서 한방에 상대를 넉아웃시키는 선수, 아무리 타격을 받았어도 절대로 굴하지 않고 싸우는 선수에 환호를 보냈다. 그런 무자비한 요구가 선수를 죽음의 나락으로 몰아넣고 있다는 사실은 전혀 의식하지 못했다. 그러다가 80년대 초에 김득구 선수의 사건이 터진 것이다.

많은 사람들에게 그랬듯이, 그 사건은 내게 충격이었다. 그도 역시 끔찍이 가난한 집안 출신이었고, 권투만이 그를 가난에서 구할 수 있는 수단이었다는 점에서 전형적인 헝그리 박서였다. 당시 우리 대부분은 영화에서나 본, 별천지 같은 라스베이거스에 가서 세계 챔피언에게 도전한다는 것은 그에게 일생일대의 기회였을 것이며, 그래서 그는 그 한판의 싸움에 목숨을 걸었을는지도 모른다. "그러나 그 기회를 잡으려는 욕구만이 그로 하여금 자신의 안위를 돌보지 않게 했을까?" 하는 의문이 나를 끈질기게 괴롭혔다.

우리는 싸우다가 쓰러지는 선수에게는 동정과 격려를 보냈지만, 도중에 기권하는 선수에게는 경멸과 야유를 퍼부었었다. 나는 우리의 그런 야비한 관전 태도가 그를 죽음으로 내몬 한 원인이었다는 생각을 떨쳐 버릴 수가 없었다. 외국의 선수들은 시합을 하는 도중에 중대한 신체적 문제가 느껴지면 그 경기를 포기하고 다음의 기회를 도모하는 것이 상례다. 그러나 우리의 야박한 관전 풍토에는 선수의 그런 당연한 행동을 포용할 아량이 없었다. 우리는 끝장을 봐야 직성이 풀렸다. '김선수도 도중에 기권을 했으면 그에게 던져질 고국 관중의 싸늘한 시선과 그 후에 이어질 그들의 매정한 외면을 의식했을 것이다. 그래서 그는 세컨드에게 자기의 이상 상태를 알리지 않고 마지막 회전을 싸웠을 것이다. 그렇다면 우리 소위 권투 팬들은 모두 간접적으로라도 그의 죽음에 책임이 있지 않은가? 생각이 여기에 이르자 와락 죄책감이 들면서 가슴이 섬뜩했다. 그런 시각에서 보니까 주먹을 맞고 정신이 혼미해져서 비틀거리는 선수를 향해 벌겋게 상기된 얼굴로 목청껏 싸움을 독려하는 관객의 모습이 스포츠 애호자라기보다 야차夜叉에 더 가깝게 보이기 시작했다. 그 위에 내 얼굴이 겹쳐지면서 권투에 대한 정념이 떨어졌고, 그래서 안 보게 되었다.

내게 권투가 시들해질 무렵 우리나라는 온통 야구로 법석을 떨기 시작했다. 소위 프로야구가 등장한 것이었다. 그런데 알다시피 야구가 처음 성행하던 80년대는 우리 모두 참으로 엄혹한 세상을 살던 때였다. 특히 대학에서는 거의 매일 민주화를 위한 학생들의 데모가 계속되어서 학교는 강의하는 날보다 타의에 의해 휴강하거나 아예 휴교하는 날이 더 많을 지경이었다. 그런 때에 대도시의 시민들이 운동장에 모여 운동경기에 정신이 팔려 있다는 것이 내가 보기에는 위정자들의 우민정치에 놀아나는 것 같았다. 야구는 규칙과 작전을 알면 대단히 재미있는 경기라고 주위에서 권했지만, 나는 자꾸 저들의 속임수에 빠지는 것 같아서 그것에 관심을 가질 생각을 하지 않았고, 그래서 끝내 야구에 재미를 붙이지 못했다.

야구보다 더 거국적으로 사람들을 열광시켜 온 경기는 축구일 것이다. 이것도 프로야구와 비슷한 시기에 프로팀을 구성하여 리그를 벌이면서 관중을 끌어 모으기 시작하였기 때문에, 야구와 같은 이유로 나는 마뜩지 않게 생각했다. 그래서 경기장에는 안 갔지만, TV로는 자주 보았다. 축구는 특히 국제경기일 때 대중의 관심이 고조되었다. 그러다가 월드컵 경기에서 4강에 오르는 뜻밖의 좋은 성과를 올리면서 온 국민의 열광은 절정에 다다랐다.

그런데 축구에 대한 나의 열정은 이것을 계기로 식기 시작했다. 수십만 관중이 경기장도 모자라 대도시 광장의 전광판 앞에 모여 같은 색의 옷과 차림을 하고 응원단장의 구령에 따라 움직이며 소리치는 모습이 언뜻 휴전선 넘어서 하는 매스게임과 비슷한 느낌을 주었던 것이다. 물론 이것은 순전히 자발적인 것이기 때문에 그것에 저들의 경우와 같이 전체주의의 독재성이나 비인간성 같은 것은 없지만, 그 많은 대중이 한결같이 같은 복장을 하고 일사불란하게 움직이는 것은 민주주의사회에서는 어딘가 어울리지 않는 광경으로 보였다. 이 무렵 어느 방송사가 현장취재를 하면서 한 외국인에게 소감을 물은 적이 있다. 그 외국인은 우선 대단히 인상적이라고 감탄한 다음, 자기네 나라에서도 많은 군중이 운동경기를 보면서 응원을 하지만, 이렇게 많은 사람들이 같은 옷을 입고 같은 동작으로 응원하는 모습은 본 적이 없다는 것이었다. 서양이 아니라 이웃나라들에서도 볼 수 없는 광경일 것이다.

축구는 하나의 경기일 뿐인데, 지난번 월드컵 때에는 사람들이 그것을 마치 국위가 걸린 국가적 대사大事나 나라의 명운命運이 달린 일로 생각하는 것 같았다. 아마 국호國號를 구호로 외치는 응원방식도 우리나라 말고는 볼 수 있는 데가 달리 없을 것이다.

혹자는 지난번 월드컵 경기를 통해 국민 단합이 이루어졌고 애국

심도 고취되었다며 그런 점에서도 국제경기를 거국적 행사로 확대해 치러야 한다고 주장할는지 모른다. 그러나 이것은 대단히 위험천만한 발상이다. 국민 단합이나 애국심 고취같이 중대한 국가통치 수단은 예측 가능하고 합리적인 정책이나 확실한 이념을 통해 이룩해야 안전성을 보장받을 수 있을 것이다. 그런 것을 예측이 불가능한 스포츠에다 결부시킨다면 그 정부나 국가의 안전성은 널뛰기판이 될 것이다. 축구는 오락 그 이상도 이하도 아닌데, 우리 국민은 그것에 너무 큰 의미를 부여하는 것 같다. 무엇이나 지나쳐서 본뜻이 흐려지면 병폐가 생기게 마련이다. 그런 이상한 열기를 조장하는 것은 물론, 그런 것에 휩쓸려서도 안 되겠다고 생각되어서, 그 이후 나는 축구 경기를 잘 안 보게 되었다.

또 한 가지 그런 관전 태도에서 내가 저어하는 바는 그런 군중은 자칫 위험할 수 있다는 점이다. 같은 복장에다 같은 몸짓을 하며 구호를 계속 외치는 것은 전형적인 군중심리 조작 방법이다. 군대에서 유니폼을 입히는 것은 각자의 개인차를 없애고 전체의 일부를 만들기 위한 것이다. 마찬가지로 여기서도 모두 같은 옷을 입으면 전부가 동지라는 동질감과 유대감은 생기겠지만, 그와 동시에 개인차가 없어지면서 군중 속의 일부가 되는 익명성이 생기게 된다. 또, 같은 동작을 반복하면서 구호를 외치면 흥분이 고조되면서 군중심리도 최고조로 증폭된다. 이럴 때는 조그마한 자극에도 감정이 폭발하기 쉬워서, 만약 누가 그들을 폭력으로 유도하면 걷잡을 수 없이 광폭해질 수 있다. 앞서 말한 익명성이 평상시 우리의 행동을 통제해 오던 윤리적·사회적 제약에서 우리를 해방시켜 주기 때문에, 평소에는 생각지도 못하던 폭력적인 언동을 사람들은 이런 경우 서슴없이 하게 된다.

이런 익명성에 의해 촉발되는 폭력은 데모대와 경찰들의 싸움에서 흔히 볼 수 있다. 경찰과 데모대가 대치해 있을 때 누군가가 먼저 돌을 하나 던지면 상대방에서 그 돌을 집어 다시 던지고, 그러면 이쪽에서 여럿이 던지고, 다시 저쪽에서 더 많이 던지고 하여 순식간에 공중에 무수한 돌이 날게 된다. 그래서 사람들의 눈이 터지고 머리가 깨지고, 간혹 목숨마저 잃게 되는 끔찍한 사태가 일어난다. 그런데 그런 폭력을 유발한 첫 번째 돌은 누군지 알 수 없는 자가 시작한 것이다. 익명성과 군중심리가 만나면 이렇게 순식간에 폭력화할 수 있기 때문에 그 둘이 함께 존재하는 경우는 언제나 위험할 수 있다.

월드컵 축구경기 때에 모인 우리 응원 군중은 나중에 쓰레기까지 치우는 등, 상찬할 만한 문화시민의 자세를 보여 주었다. 그러나 만약 우리 선수들이 잘 싸워 주지 못했고, 그래서 성적이 저조했다든지, 심판이 불공정해 보이는 판정을 하여 우리에게 결정적 불이익을 가져왔다든지 했다면, 무슨 사태가 벌어졌을지 아무도 알 수 없다. 그런 군중에는 폭력성이 항시 잠재해 있기 때문이다. 나는 그런 획일적 집단보다는 모두가 제각각인 군중이 좋다. 복장뿐 아니라 생각도 행동도 서로 다른 군중, 경기가 끝나면 툭툭 털고 일어나 조용히 떠나는 군중이 더 성숙하게 느껴지고 편하다.

테니스는 기회가 없어 못 배우고 만 운동이다. 70년대 초 내가 미국서 돌아와서 시간강사를 할 때, 우리나라 대학에는 테니스가 한참 붐을 이루고 있었다. 그때 나는 많으면 일주일에 이십여 시간의 강의를 해야 했으므로, 오후면 테니스복으로 갈아입고 코트로 나가는 친구들을 부러운 눈으로 바라볼 뿐, 함께 치지는 못했다. 그러다가 얼마 안 가서 대학에 전임 자리를 얻었지만, 그 학교는 캠퍼스가 협소하여 테니스 코트 수도 적었다. 따라서 코트는 고참들이나 잘 치는 사람들의 전유물이었고, 나 같은 신참이 배우겠다고 비집고 들어갈 수 있는 곳이 아니었다. 그렇게 몇 년 눈치를 보다 보니까 어느덧 사십이 넘어서 배우는 것을 포기하고 말았다.

이 밖에도, 근래에 와서 많은 사람들의 관심을 끌게 된 경기로 골프가 있다. 그것이 대중적 인기를 누리게 된 것은 우리의 여자선수들이 미국 무대에서 뛰어난 성적을 올리면서부터이지만, 사실은 그 이전부터 남자들 사이에는 상당한 바람이 일고 있었다. 그런데 나는 이 골프도 마음에 안 든다. 우선 장비를 구비하는 것도, 실제로 골프장에 나가서 치는 것도, 우리나라에서는 외국에 비해 너무나 돈이 많이 든다. 그러니 우리나라에서는 골프가 재력이 튼튼한 사람이나, 그런 재력가들이 모시는 권력가들이나 즐기는 운동이 되었다. 권력가와 재력가는 사회계층의 피라미드에서 정점에 속하는 사람들이다. 이 소수가 골프를 치니까 골프는 높은 사회적 지위의 상징이 되었다. 그러자 형편이 되지 않는 사람들까지도 그 축에 끼고 싶어서 골프를 치려고 안달을 하게 되었다. 골프는 이렇게 속물성俗物性을 자극하여 분수에 넘치는 소비를 유발하고 있는 것이다.

또 골프를 치면서는 운동과 사교를 같이할 수 있으므로 이런 이점을 이용하여 많은 뒷거래가 그것을 통해 이루어진다. 그래서 그것은 또 각종 비리와 부정의 온상이 되고 있다.

게다가 골프의 유행은 많은 골프장 건설을 부추겼고, 결과적으로 우리나라의 산천을 심각하게 훼손하였다. 골프는 원래 완만한 구릉 지대가 많은 곳에서 생긴 운동이다. 그러므로 우리나라같이 급경사의 산이 대부분인 곳에 골프장을 만들려면 멀쩡한 숲을 채벌하고 산을 깎아야 한다. 그런 맨땅에 잔디를 심으려니까 제초제와 비료 등 농약을 많이 사용해야 한다.

십여 년 전에 한국영어영문학회가 강원도의 모 골프장를 빌려 일박 이일로 학회를 연 적이 있다. 가 보니까 경관은 그림같이 아름다웠고 시설은 호텔 빰치게 좋았다. 그런데 그러면 당연히 맑고 청신해야 할 공기에 이상한 약품 냄새가 좀 났다. 이튿날 아침 산책을 하고 나서야 그 정체를 알았다. 잔디에 맺힌 이슬이 함빡 묻었던 신발을 말리고 보니까 검은색 구두가 희끄무레해져 있었다. 농약이었다. 그 약냄새는 잔디에 친 농약 냄새였다. 놀라운 것은 구두색이 변할 정도로 농약을 많이 쳤다는 사실이었다. 캐디들이 일반 여성들보다 불임률, 기형아 출산율이 높다는 보고가 있다는 한 동료의 말을 듣고 나니까 어서 그곳을 떠나고 싶어졌다.

이처럼 농약을 퍼부으니 근처의 하천이 성할 리 없다. 골프장 아래에는 한때 두꺼비가 많기로 유명한 강이 있는데 필경 지금은 두꺼비며 물고기를 찾아보기 힘든 강이 되고 말았을 것이다. 골프는 훌륭한 운동경기이지만, 우리나라에서는 이렇게 많은 폐해를 일으키고 있다. 그러니 소위 사회의 지도층에 속하는 사람들이 골프의 붐을 부추길 것이 아니라, 먼저 자제하여 이런 폐해를 줄이는 데에 앞장서야 할 처지다. 이런 폐해를 생각하면 골프를 친다는 것이 곧 죄를 짓는 것 같아서 나는 골프를 칠 생념도 가져보지 않았다.

이렇게 대부분의 운동경기들로부터 관심이 멀어졌지만, 그래도 나는 아직 뉴스에 나오는 스포츠 소식이나 기사는 꽤 열심히 보는 편이다. 요 근래에는 나이 어린 수영선수와 피겨 스케이팅 선수가 전 국민의 관심의 표적이 되었다. 나도 그들의 경기에 관심을 가졌지만, 그들의 경기를 TV로 중계하는 것은 별로 보지 않았다. 무엇보다 전 국민의 시선과 주의가 자신에게 집중되는 것이 그 어린 사람들에게 얼마나 부담이 될까 하는 안쓰러운 마음 때문이었다. 그 솜털도 안 가신 앳된 얼굴이 시합 전 긴장으로 파랗게 질려 있는 것을 보면, "내가 저들에게 무엇을 해 준 것이 있다고 저들에게 그 무거운 짐을 지우는가?" 하고 자문하게 된다. 대중매체가 그렇게 총 출동하여 온 국민이 기대를 걸고 지켜보고 있다는 심리적 압박을 가하기보다는, 가만히 놔두어 그들이 편한 마음으로 경기에 임할 수 있게 해 주었으면 좋겠다.

실은 이 두 사람의 경기뿐 아니라, 다른 경기의 결승전도 나는 요즘 별로 안 본다. 그것은 나이 들면서 경기라는 것 자체에 대한 거부감이 커진 것과도 관련이 있다. 운동경기라는 것은 결국 승자를 가려내기 위한 경쟁인데, 그 과정은 계속적인 제거除去로 이어진다. 어느 판에나 승자가 있으면 패자가 있게 마련이어서, 승패만 놓고 보면 그 화和는 언제나 영零인 소위 "제로 섬 게임"이다. 전체를 놓고 볼 때, 결과적으로 아무 득이 없는 일을 위해 그 많은 노력을 기울인다는 것은 커다란 낭비라고 아니 할 수 없다.

이런 생각에다가, 이제는 선수들의 마지막 대결 장면을 보고 싶지가 않기 때문에, 남들은 가장 재미있다고 하는 결승전을 나는 피하는 편이다. 우선은 그 숨막히는 긴장감을 지속하는 것이 싫다. 그뿐만 아니라 그런 치열한 대결이 무의미하다고 생각되기 때문에도 보기 싫다. 결승에 가서는 승점을 따고 못 따는 것이 선수의 기술이나 능력에 달렸다기보다 그가 통제할 수 없는 요소에 의해 결정되는 경우가 대부분인데 왜 오직 득점 결과에 의해 선수들의 등급을 매기려 드는지 모르겠다.

가령 양궁에서 선수가 아무리 겨냥을 잘 했다 해도 예상치 않았던 바람이 시위를 놓는 순간 불었든지, 아니면 예상을 했는데 그보다 더 강하게 불었든지 하면 10점 될 것이 9점이 되고 마는 것이다. 구기球技에서도 공이 줄의 안쪽에 떨어지냐 바깥쪽에 떨어지냐, 또는 골포스트 중간의 안쪽에 맞느냐 바깥쪽에 맞느냐는 선수의 의도대로 되는 것이 아니다. 이런 경우가 아니더라도, 결승에 가까워 갈수록 선수 간의 실력 차이가 미세해지니까 운에 의해 승부가 결정되는 수가 더 많아진다. 그러므로 그런 고수들을 놓고 한판 승부로 실력의 순위를 매긴다는 것은 사실상 의미가 없다.

그뿐만 아니라 그렇게 해서 승자가 되면 명예와 돈, 또 그 밖의 모든 혜택을 다 독차지하니, 이것도 타당치 않다. 득점 위주의 방식으로 하면 점수만 따져서 우승자를 가리지 다른 것은 고려하지 않기 때문에, 매너나 폼, 그 밖의 스포츠맨으로서 갖춰야 할 여러가지 점에서 우승자가 다른 선수들보다 못할 경우가 많다. 그럼에도 불구하고 모든 영광은 우승자에게만 돌아가므로, 이 제도는 점수 이외의 면에서 우수성을 보인 선수들에게는 불공평하기 짝이 없다. 이런 제도 하에서는 건전한 스포츠맨 정신이 함양될 리 없다.

이런 독식 제도는 선수뿐만 아니라 관중의 심성에도 악영향을 끼친다. 모든 것을 혼자 거머쥐려는 것은 인간이 가진 무제한한 탐욕성을 노정하는 것이다. 그것을 충족하기 위해 상대가 없어질 때까지 모두 물리치려면 무자비한 경쟁을 치러야만 한다. 거기에는 한 치의 양보도, 멋을 부리기 위한 여유도 있을 수 없다. 관중은 선수가 이렇게 매몰찬 모습으로 상대방을 모두 격파하고 결국 모든 것을 차지하는 과정을 보면서 간접적으로 자기의 탐욕을 만족시키는 것이다. 이런 몰인정한 욕망의 극대화가 얼마나 심성을 피폐하게 할까는 불문가지不問可知다.

이처럼 선수와 관중이 모두 탐욕적이 되는 한 큰 이유는 그 뒤에 돈이 있기 때문이다. 인기 종목에서는 그 돈이 가히 천문학적이라고 할 만한 숫자의 액수이니, 황금을 돌로 볼 수 있는 성자가 아니고서야 그 유혹에서 자유로울 수 있는 사람은 없다. 그러니까 그렇게 상금이 많이 걸린 경기는 말이 스포츠이지 실제는 일확천금을 노리는 도박이나 다름없다. 내가 특히 프로경기의 결승전을 안 보는 이유가 여기에 있다. 간단히 말해서 돈 냄새가 너무 나고 소위 스포츠의 멋과 여유는 찾아볼 수 없기 때문이다.

그래서 나는 프로경기라도 상금의 액수를 줄였으면 좋겠다. 그래야 선수들이 상금에 대한 과도한 집념에서 어느 정도 해방될 수 있을 것이고, 또 그래야 그들의 경기도 스포츠의 모습을 다시 찾을 수 있을 것이다. 또 준결승에 오른 선수들은 모두 우승자로 만들면 좋겠다. 점수는 다 같으니까 각기 다른 장점을 들어서 우승자를 만드는 것이다. 예컨대, 기술의 미려성, 협동성, 공격성, 수비성 등, 그 경기의 특성에 따라 여러가지 장점을 들어 우승상을 주는 것이다. 이렇게 게임의 목표를 다극화하면 오직 점수 한 가지로 상대방을 제외해 나가는 제로섬 게임의 낭비를 줄일 수 있고, 무의미하고 비정한 경쟁의 극렬성도 완화할 수 있을 것이다.

나는 이렇게 인기 있는 경기들과는 여러가지 이유로 거리를 두고 있고, 게다가 사람들이 운동경기의 진수라고 하는 경쟁을 좋아하지 않으니까 스포츠와는 상관이 없는 사람이라고 말할 수도 있을 것이다. 그러나 좋아서 하는 운동이 내게 전혀 없는 것은 아니다. 나는 30년 가까이 등산을 계속해 오고 있다. 등산은 경기가 아니다. 물론, 등산을 하는 데에도 걸음이 빠른 사람과 느린 사람의 차이는 있지만, 경주를 하는 것이 아니니까, 별 문제가 되지 않는다. 빠른 사람이 쉴 만한 곳에 먼저 가 기다리기를 반복하면 전체적인 보조를 맞출 수도 있고, 아예 목적지까지 갔다가 돌아와서 함께 천천히 올라갈 수도 있다. 어떤 경우든지 정상에 가서는 다 함께 모여 즐기게 되어 있고 내려올 때는 언제나 함께 내려온다. 그래서 경쟁에 이기는 재미는 애초부터 배제되어 있을지라도 남의 기쁨을 빼앗지 않고 모두가 성취의 기쁨을 누리니까 이 기쁨이 승자의 그것보다 훨씬 더 크고 높다 하겠다. 또 그 과정 내내 뜻맞는 친구들과 담소를 나눌 수 있으니 이 아니 즐거운가? 어디 그뿐이랴. 명산에 가면 빼어난 경관을 누릴 수 있고, 그런 곳에는 명찰名刹 등 고적이 있으니 그것들을 찾아보는 기쁨이 때론 산에 오르는 기쁨보다 더 클 수 있다.

게다가 요즘은 야생화를 촬영하러 다니는 친구들과 함께 산에 가니까 갖가지 진기하고 예쁜 들꽃을 찾아내어 즐기는 기쁨까지 더하였으니, 등산보다 더 즐거운 운동은 없을 것 같다.

스포츠라는 말에는 운동경기라는 뜻만 아니라 즐거움을 위해서 하는 운동이라는 뜻도 있다. 등산은 그 후자에 속할 것이다. 어떻든 등산도 이렇게 훌륭한 스포츠이므로, 그런 점에서 나도 스포츠 애호가라고 자처할 수 있을 것 같다.

『저녁 놀 느린 걸음』 2009. 1

종심 從心

어쩔 수 없이 먹는 나이인데도 특별히 인정하기가 싫은 나이가 있다. 내 경우 마흔이 그랬고, 이번에 일흔이 그렇다. 내게는 이 '흔'자 붙은 나이들이 인생의 중요한 단계를 구획 짓는 경계로 여겨지기 때문인 모양이다.

청춘은 인생의 봄이라는 뜻인데, 그것은 필경 이십대를 지칭하는 말일게다. 나의 이십대 중에서 인생의 봄 같은 시기를 꼽으라면 그것은 대학을 다닌 4년간일 것이다. 그 기간은 성인의 특권을 누리면서도 생계에 대한 책임은 면제되었으며, 갖가지 실험이 허용되었으면서도 실수와 잘못은 학생이라는 이름으로 용서되었다. 이런 일종의 보호구역 안에서 나는 지적·정서적으로 자유를 만끽했다. 그럼에도 불구하고 그때 내가 청춘을 마음껏 구가했다고 생각되지는 않는다. 내가 산 그 시대는 젊은이의 꿈과 낭만을 펼치기에는 너무 궁핍하였고 사회적 제약도 많은 시기였기 때문이다. 그러니까 그때는 봄은 봄이지만 제대로 꽃을 피워 보지 못한 봄이었다고나 할까? 그 후 4년이 넘는 군 복무와 곧 이어 직장생활 등으로 나머지 이십대를 어영부영 지낸 나는 철 늦게 삼십대에 들어설 무렵 지나가는 청춘의 뒷자락을 붙잡느라고 허둥대었다. 아무 준비도, 대책도 없이 미국을 간 것은 그런 절박한 심정으로 저지른 결단이었다. 한 번밖에 없는 인생인데, 모험 한 번도 못해 보고 평범한 나날의 연속으로 일생을 마칠 수는 없었다. 그리고 모험을 하려면 이십대밖에 기회가 없다고 생각했던 것이다. 그때 내게 청춘은 모험과 동의어였다.

미국에서의 나의 삶이 모험이라는 말에 값하는 것이었는지는 아직도 확언할 수 없다. 그래도 한 가지 확실하게 말할 수 있는 것은 기댈 데 없는 미지의 세상 속에 나를 던져넣고, 모든 것을 혼자 힘으로 해결해 나갔다는 것이다. 그것은 온실에서 자란 것이나 다름없는 나에게 감당하기 힘든 어려움이었지만, 나의 삶을 철저히 내가 책임지고 꾸려 나간다는 자부심과 성취감을 주었다. 또 일하면서 공부하였기 때문에 시간적으로 무척 쫓겼지만, 그래도 그 제약 없고 무엇이나 허용된 자유천지에서 젊은이로서 하고 싶은 것들을 틈틈이 해 보는 즐거움을 누렸다. 이때가 내 일생 중에서 가장 가난했지만, 그래도 젊음을 젊은이답게 살았다고 말할 수 있는 유일한 기간이었다.

돌아와서는 직장 구하고, 결혼하고, 그렇게 생활의 굴레를 하나씩 쓰면서 다시 범속에 길들어 갔다. 그러나 속으로는 나는 아직 변하지 않았다고 믿었다. 삼십대가 되었어도 얼굴이 어려 보여서 이십대 같다는 사람들의 인사말을 속없이 곧이들으면서 아직도 내게 청춘이 남았거니 하고 믿었던 것이다. 그러다가 어느 날 불쑥 닥친 마흔은 이런 위안마저도 불가능하게 만든 것이었다. 아직 청춘이라고 아무리 억지를 부리고 싶어도 '마흔의 청춘'이라는 말은 내 귀에도 어불성설이었다. 마흔은 그렇게 부인할 수 없게 나의 청춘에 종지부를 찍은 나이였기에 거부감이 갔던 것이다.

일흔도 이제는 갈데없이 노인임을 자인하지 않을 수 없는 나이이기에 인정하기가 싫었다. 옛날에는 육십만 살아도 장수했다고 치하를 받았지만, 요즘은 육십대는 늙은이 축에 끼지도 못하는 세상이 되었다. 그래서 나도 육십대를 짐짓 노인이 아니라고 믿으며 살았다. 그러나 일흔이 다가오자 더는 버티기가 어려워졌다. 실은 요즘 들어 신체 각 부위의 기능이 현저히 저하되면서 스스로도 늙었음을 절감하는 처지이기도 하지만, 우선 '칠십'이라고 하면 '노인'이라는 말이 접미사처럼 따라붙지 않는가. 『예기禮記』에도 "칠십을 '노老'라고 부르고 모든 것을 자식에게 물려준다七十日老而傳"고 하였다. 또 칠십은 "고래로 드물다"는 '고희'가 아닌가. 이 말은 두보杜甫의 「곡강曲江 2」라는 시의 함련頷聯에 나오는데, 그 연을 옮겨 보면 이렇다.

酒債尋常行處有　술빚은 보통이라 가는 곳마다 있고
人生七十古來稀　사람이 칠십 살기는 고래로 드무네.

전후 문맥으로 보면 이 연의 뜻은 "어차피 칠십도 못 사는 인생인데, 마실 수 있을 때에 마시며 진정한 생의 즐거움을 향수享受하지 않고 무엇하리?"이다. 왜냐하면 위 인용문에서 "인생칠십고래희"는 "그렇게 오래 살기 어렵다"는 것보다는 "그렇게 오래 살지 못 한다"는 말의 축소어법understatement으로 보는 것이 더 타당하기 때문이다. 두보는 실제로 육십도 못 살고 세상을 떴으니 옳은 판단이었다. 이렇게 보면 일흔이 되도록 살아 있는 것만도 고맙게 생각해야 할 지경이니, 아무리 염치가 좋더라도 그 나이에 늙은이임을 부정할 도리는 없다.

바로 그렇기 때문에 나는 일흔이 되기가 싫었다. 마흔에서 청춘을 상실했다면, 일흔에서는 인생 자체를 몰수당하는 것 같았던 것이다. 그래서 이 핑계 저 핑계로 몇 년 동안 일흔을 거부해 왔다. 내 경우 생일이 음력으로는 섣달 그믐께이고 양력으로는 이듬해 정월이어서 그것이 얼마동안 가능한 일이었다. 보통 나이를 띠로 따지는데, 띠로 보면 나는 재작년에 벌써 일흔이 되었다. 그러나 나는 양력으로 쳐야 제 나이이고, 양력으로는 아직 아니라고 우겼다. 작년에는 만으로는 아직 일흔이 아니라고 속으로 되뇌면서 인정하지 않았다. 그렇게 2년여를 버티어 왔지만, 이제 해를 넘기고 양력 생일마저 지나고 나니 만으로 따져도 도리 없이 일흔이 되고 말았다.

그러나 아직도 내 나이를 '고희'라고 부르기는 싫다. 그 말에는 갈 때를 넘기고도 어정거리고 남아 있는 늙은이라는 함의가 느껴질 뿐만 아니라, 실제로 요즘은 그 나이 된 사람이 하도 많아서 "고래로 드물다"는 말이 무의미해졌기 때문이기도 하다

일흔을 지칭하는 말로 '고희' 말고도 '종심從心'이라는 말이 있다. 『논어』 위정편爲政篇에 "칠십이종심소욕七十而從心所欲이나 불유구不踰矩"라고 한 말에서 유래한다. "칠십에는 마음이 바라는 바대로 하여도 법도에 어그러짐이 없었다"는 뜻이니 일흔 살 된 사람에게는 더 바랄 바 없이 좋은 말이다. 그러나 내게는 가당치 않은 말이다. 이것은 칠십 평생 도를 찾아 정진하고 덕을 쌓은 공자孔子나 이를 말이지, 나 같은 범부는 흉내도 낼 수 없는 경지다. 나는 지금도 속된 욕심

이 많아서 마음대로 하면 반드시 법도를 벗어나니, 내 경우는 "종심소욕從心所欲이면 필유구必踰矩"라고 해야 옳을 것이다. 따지고 보면 일흔에서만 문제가 되는 것이 아니다. 내 나이 사십은 '불혹不惑'은커녕 갖가지 미혹으로 흔들렸던 때였다. 오십에 '지천명知天命'이라지만, 나는 평생 내게 천명이 주어졌다고 느낀 적이 없다. 또 육십이 아니라 칠십에도 '이순耳順'이 안 돼서 아직도 TV에서 보도되는 소리가 귀에 거슬려 뉴스를 시청하는 짧은 시간에도 수없이 화증을 내는 처지다.

나이만 같다고 하여 자신을 성인과 견주려는 것은 분수를 모르는 짓이다. 나는 다행히 그렇게까지 물정을 모르지는 않는다. 그래도 누가 나이를 물으면 나는 '종심'이라고 대답하고 싶다. 성인의 경지를 참칭僭稱하려는 뜻은 물론 아니다. 나는 아직도 가 보고 싶은 곳, 보고 싶은 것들이 많고, 알고 싶고 배우고 싶은 것들도 많다. 또 다행히 몸과 마음이 그런 것들을 아예 포기할 정도로 쇠락하지는 않았고, 이제는 시간적 여유도 있으니까 할 수 있을 때까지 그런 욕구를 추구하고자 한다. 그러니까 나의 '종심'은 "종심소욕"의 축약일 뿐이지 그 다음 구절과는 무관한 것이니, 그 뜻은 "마음의 욕구를 그대로 좇는다"는 것이 될 것이다. 일흔이 되어서도 마음을 비우지 못한 것이 부끄럽기도 하지만, 또 한편으로는 이 나이에 아직도 바라는 바가 많아서 할 일이 많다는 것이 다행한 일 아닌가 하고 자위해 본다.

『마로니에 그늘자리』 2010. 2

우리들의 일그러진 얼굴

소리 없는 압력

얼마 전에 구두 한 켤레를 사러 세종로의 구둣방들을 들른 적이 있다. 신고 있던 구두가 개비改備해야 할 정도로 닳은 것은 아닌데도 새 신을 사려고 한 것은, 다른 데는 말짱한데 콧부리가 허옇게 해지고 발이 불편해서 못 신겠기 때문이었다. 이유는 간단했다. 뒷굽이 높아 체중이 앞으로 쏠리기 때문에 발이 아프고, 발부리가 자주 걸렸던 것이다. 게다가 앞창은 짧아서 구두코를 보호하지 못하였다.

그런데 그 여러 점포를 치훑고 내리훑고 두 번이나 뒤져 봐도 앞창을 넉넉히 대고 뒷굽이 낮은 신사화는 찾을 수가 없었다. 혼자 찾다 못해 점원에게 물으니 그런 구두는 요새 안 나온다는 것이었다. 무슨 특별한 구두도 아니고, 따지고 보면 가장 정상적인 구두를 찾는데 소위 유명 제화점마다 없다니 어이없는 노릇이었다. 공연히 이상한 사람 취급까지 받으며 나오고 나니 뒷맛이 여간 씁쓸하지 않았다.

요즘은 경향京鄕을 막론하고 구두 안 신는 사람이 없는 세상이다. 그러므로 제화업은 국민 생활에 커다란 영향을 끼치는 사업이 되었다. 세종로에 점포를 가진 회사들은 우리나라 제화업계를 대표하는 업체들이니만큼 전 국민을 대상으로 제품을 생산해야 할 것이다. 그러므로 유행을 좇는 사람들만을 겨냥할 것이 아니라 그렇지 않은 고객에 대한 배려도 있어야 마땅하다. 그러려면 유행하는 모양의 구두와 더불어 평상적인 편한 구두도 만들어야 할 것 아닌가. 그러나 실제는 유행을 좇지 않는 사람은 아예 고객으로 생각지 않거나, 아니면 누구나 좋든 싫든 유행을 따르라는 식이다. 허탕을 치고 나서 특별히 불쾌했던 것은 구두를 못 사서가 아니라 바로 이처럼 은연중에 가해 오는 강압 때문이었다.

이런 자기중심적이고 획일적인 사고방식은 근본적으로 위험한 것이다. 이런 생각이, 그럴듯한 구실을 얻어 자기 정당화가 가능해지면 단번에 전체주의로 둔갑할 수 있기 때문이다. 불편한 구두를 신어야 하는 것과 생활 전체를 지배당하는 것은 별개의 것 같지만 사실은 뿌리가 같은 것이요, 그렇기 때문에 우리 생활에 알게 모르게 침투해 있는 이런 유의 침해들을 방치해서는 안 되겠다는 것은 걱정 많은 한 서생의 쓸데없는 우려만은 아닐 것이다.

『동아일보』 1985. 5

마음속의 담장

얼마 전에 법령으로 금지되기 전까지는 유리창에 짙은 색깔을 착색하여 밖에서 안을 볼 수 없는 차가 많았다. 그것도 소형 승용차에보다는 고급 승용차에 특히 많았다.

산촌, 어촌에는 담장이 아예 없는 데가 많다. 좀 더 큰 마을에도 담장은 애들의 키를 넘는 것이 고작인데, 도시에 이르면 어른도 넘을 수 없게 높아진다. 그러다가 도시에서도 저택들이 모여 있는 데를 가 보면 사다리를 놓고도 올라갈 수 없을 정도로 높아진다. 이런 경우 밖에서는 담만 보이고 집은 추녀 끝도 보이지 않는 것이 상례다. 이런 담 쌓기에서는 개인의 재산과 사생활을 보호하겠다기보다 외부 세상을 완전히 차단하겠다는 의도가 더 강하게 드러난다.

위의 두 현상에서 보듯이, 우리의 부유층은 나와 내 것을 알토란같이 지키겠다는 자기애와 함께, 바깥세상과는 절연되고자 하는 거부 심리를 갖고 있다. 이 같은 바깥세상에 대한 완강한 거부는 그것에 대한 혐오와 경멸의 표시라 아니할 수 없다.

그런데 문제는 이들이 세상을 부정할 수 있는 처지가 아니라는 점이다. 이들이야말로 세상에 잘 적응하고 그 안에서 남보다 더 영리하게 처신하여 지금의 경제적·사회적 성공을 거둔 사람들이 아닌가.

또 이들의 사회적 영향력이 큰 만큼, 세상이 그렇게 탐탁치 않게 된 데에도 이들의 역할이 컸던 것이다. 이렇게 보면 바깥세상에 대한 이들의 혐오와 경멸은 다름 아닌 자기 자신에 대한 것이 되고 만다.

요즘 사회에는 가진 자와 못 가진 자 사이의 위화감이 큰 문제가 되고 있다. 그런데 가진 자와 못 가진 자 사이의 알력과 불화는, 가진 자의 이와 같은 자아분열적인 자기혐오증에 의해 더욱 심화되는 것 같다.

『조선일보』 1986. 8

승강기 단상斷想

어느 술자리에서 들은 이야기다. 미국에서는 승강기의 열림 단추가 잘 고장 나는 반면에 우리나라에서는 닫힘 단추가 잘 고장 난다는 것이다. 미국에서는 승강기에 사람이 타면 뒷사람을 위해 우선 열림 단추를 누르고, 우리나라에서는 누구나 타면 남 생각할 것 없이 빨리 갈 생각으로 닫힘 단추를 먼저 누르기 때문이라는 것이다. 처음에는, 흔히 있는 자조적이고 사대적인 우스갯거리로 들려서 함께 웃으면서도 별로 개운한 기분이 아니었다. 그러나 나중에 곰곰이 생각해 보니 그 이야기가 여러 모로 맞는 말이어서 이번에는 정말 기분이 우울해졌다.

미국에 갔다 온 지도 오래되었고, 또 승강기를 탔을 때에 미국인의 행동을 유심히 보지도 않아서 사실이 어떠했는지는 잘 모르겠지만, 확실한 것은 승강기가 우리의 것보다 더 여유 있게 운행되었다는 점이다. 그래서 문이 닫히기 전에 승강기를 타기 위해서 종종 걸음을 쳤던 기억은 없다. 승강기의 운행뿐만 아니라, 자동차 운전이나 공공장소에서의 행동 등에서 일반적으로 미국인이 우리보다 더 마음의 여유가 있음은 분명했다. 생활의 속도는 우리와 비교가 안 되게 빠르면서도 사람관계가 우리보다 덜 각박하고 여러 면에서 유연성을 유지하는 것도 바로 그런 여유 때문일 것이다.

우리는 어떠한가? 앞의 이야기에서 누구나 타면 뒷사람은 생각지 않고 닫힘 단추를 누른다는 말이 처음에는 좀 악의적인 과장으로 생각되었지만, 그 후 눈여겨보니 별로 틀린 말이 아니었다. 내가 사는 아파트에서 관찰한 결과, 승강기가 올라가고 내려갈 적마다 닫힘 단추가 안 눌려지는 때가 없었다. 나중에 타는 사람이 들어오면서 누르지 않으면 단추판 가까이 선 사람이 눌렀다. 어떤 때에는 먼저 탄 사람이 열림 단추와 닫힘 단추를 함께 누르고 있다가 마지막 사람이 탔다고 생각되면 열림 단추를 누르고 있던 손가락을 재빨리 떼어서 일각의 지체도 없이 문이 닫히고 승강기가 움직이게 하였다. 또 운행하던 승강기가 서고 문이 열리기 시작할 때, 더 가는 사람이 벌써 닫힘 단추를 누를 때도 있다. 그러면 문은 열리자마자 곧 다시 닫히는데 그 사이에 얼른 나오지 않으면 닫히는 문에 끼이기 십상이다. 이런 경우를 당했을 때는 꼭 내쫓김을 당하는 것 같아서(사실 내쫓기는 것이다) 여간 불쾌하지 않다.

요즘의 승강기는 모두 자동식이어서, 탄 사람이 가고자 하는 층의 단추만 누르면 저절로 문이 닫히고 움직이게 되어 있다. 그런데 우리는 층수 단추를 누른 후 문이 저절로 닫히기까지 불과 3, 4초 동안을 못 참는 것이다. 몇 사람이 예외적으로 그러는 것이 아니라 거의 모두가 그러니까 문제다.

우리의 선대들이 산 법도를 보면 결코 그렇게 조급하지 않았는데 우리는 왜 그렇게 되었을까? 아마도 제일 큰 원인은 지난 이, 삼십 년 동안 너무 허겁지겁 살아온 탓일 것이다. 생각은 남만 못지않은

데 사는 형편은 너무 비참하여, 그 원수의 가난을 벗어 버리고 남들처럼 좀 버젓이 살아 보려는 의욕에서 그동안 모두 물불을 가리지 않고 열심히 뛰어왔다. 그렇게 억척을 부리며 몰아쳐서 일을 해낸 덕분에 아닌 게 아니라 소위 한강변의 기적도 이룩했고 고도성장이라는 것도 성취했다. 그러나 이제는 어느 정도 가난의 땟국도 벗었으니 지난 일을 돌이켜 반성하고 차분히 정도로 나아갈 채비를 차려야 할 때가 아닐까? 그렇게 급히 서두르는 것은 어디까지나 비상시의 행동 방식이지 항상 그럴 수는 없는 것이기 때문이다.

이런 이야기를 하는 것은 조급해하고 서두르는 것이 우리의 습성이 되어 가고 있는 것 같기 때문이다. 벌써 동남아에서는 한국 사람이라고 하면 "빨리 빨리"를 외쳐대는 사람으로 알고 있다 하지 않는가.

조급히 구는 것은 우선 남이 보기에 좋지 않다. 조급한 사람은 인정이 메말라 보일 뿐 아니라 가벼워 보여서 신뢰가 안 간다. 그러나 그보다 더 큰 해독은 그것이 성실성을 해친다는 점이다. 조급히 일을 하면 빨리 마치는 것 같지만 사실은 그렇지가 않다. 급히 서두르면 일이 거칠어서 반드시 부실한 데가 있게 마련이며, 그렇게 부실한 일은 제대로 한 것이라고 볼 수가 없다. 그렇게 대충대충 한 일을 다 한 것이라고 생각하는 사람은 무엇이 정말 일을 마치는 것인지조차도 모르는 사람이며, 따라서 성실성과는 애초부터 거리가 먼 사람이다. 또 부실한 데가 있는 줄 알면서도 일을 다 했다고 말한다면, 그는 속이는 사람이다. 처음에는 남만을 속이겠지만 그런 거짓말을 자꾸 하면 스스로도 그것을 믿게 되고, 나중에는 자신도 속이게 되어 구제할 수 없는 인간이 되고 만다.

그런데 정말 우려되는 것은 이런 조급증이 어른들에게뿐만이 아니라 아이들에게서도 보인다는 사실이다. 닫힘 단추를 누르는 빈도로 보면 아이들이 한술 더 뜨니 말이다. 아이들은 타면 먼저 단추판 앞을 차지하고 서서 어른들이 손쓸 틈도 없이 먼저 닫힘 단추를 눌러 버리는 것이다. 아이들은 호기심도 많고 또 기계를 조작하는 재미도 있어서 그런다고 이해할 수도 있다. 그러나 그런 것들은 몇 번 해 보면 충족될 터인데, 한없이 그러는 것을 보면 거기에도 조급증이 작용하고 있는 것 같다. 혹 그렇지 않더라도 그런 습관을 붙이면 결국 조급증을 갖게 될 것 같아서, 그런 아이를 보면 한마디 말해 준다.

"닫힘 단추를 누르지 않아도 조금만 있으면 문이 닫힌다. 그러니까 잠깐 기다려 봐. 그리고 닫힘 단추를 자꾸 누르면 고장도 나고 전기도 낭비된단다."

내 딴에는 최대한 부드럽고 친절하게 일러 주지만, "네" 하고 수긍하는 아이는 아직 못 만났다. 대부분이 못 들은 척하고 딴청을 피우거나, 아니면 말없이 빤히 쳐다볼 뿐이다. 그래도 기회가 있으면 나는 계속 아이들에게 그 말을 한다. 콩나물시루에 물을 부으면 밑으로 다 새는 것 같지만 그래도 그 물로 콩나물이 자란다는 믿음으로 그 말을 계속 하는 것이다.

『書窓에 불을 밝히고』 1987. 10

서양인 흠모하기

멀리 거슬러 올라갈 것도 없이, 우리가 대학생이었을 때만 해도 서양 문화를 도입하는 것이 곧 우리 사회를 현대화하고 발전시키는 것으로 여겨져서 서양 문학을 이 땅에 소개하는 사람도 우리 문화 발전에 중요한 몫을 한다는 자부심을 갖고 살 수 있었다. 그러나 요즘은 문화라는 말에 값할 수 없는 저질의 서양 습속이 쏟아져 들어와 그 폐해가 도처에서 불거지고 있는 터여서 소위 서양 문학을 전공한다는 우리네 같은 사람들은 자신의 역할에 대해 자부심은커녕 곤혹감을 느낄 때가 많다.

옛날에는 서양의 문물이 주로 글을 통해 전해졌기 때문에 특별히 외국어를 공부한 사람들이나 그것을 접할 수 있었다. 이들은 대체로 학식과 문화적 소양을 갖춘 사람들이었으므로 그들이 소개한 내용도 비교적 높은 기준에 의해 선정된 것들이었고 그래서 도덕적으로나 심미적으로 어느 정도의 수준이 유지되었다.

그러나 오늘날은 누구나 경제적 여유만 있으면 언제라도 서양의 문물을 직접 접할 기회를 가질 수 있게 되었다. 또 요즘은 서양의 문물이 지식인보다는 대중 매체나 상인을 통해서 더 많이 들어오고 있으므로 대부분이 일정한 기준에 의해 선별되는 여과 과정을 거치지 않고 그대로 반입되고 있는 실정이다. 게다가 악화가 양화를 구축한다는 그레샴의 법칙은 문화와 생활 관습에도 적용되어서 저속한 것이 고급한 것을 압도하는 현상은 갈수록 심해지고 있다.

이러한 상황이고 보니, 서양 문화에 대해서 일반 대중보다 더 알고 있는 서양 문학 전공자들은 서양의 좋은 문화를 소개하기보다는, 문화의 탈을 쓰고 들어와 우리 사회를 오염시키고 있는 저들의 저속한 습속을 가려내어 그 해악을 알림으로써 그것들의 잠입을 막는 일에 더 힘을 써야 하지 않을까 하는 생각이 들 지경이다. 그러자면 애써 공부한 것을 긍정적으로 활용하는 것이 아니라 부정적으로 쓰게 생겼으니 서글픈 일이 아닐 수 없다.

그런데 우리 사회의 문화적 문제는 지금 마구 유입되고 있는 외래 문물의 질을 누가 나서서 가려 줌으로써 해결될 성질의 것이 아닌 것 같다. 그런 방법은 다소 몽매할망정 꿋꿋한 문화적 주체가 있을 때 실효를 거둘 수 있는 것이다. 그러나 지금 우리의 문제는 남의 것을 받아 내 것을 만들겠다는 주체 의식 자체가 실종되고 있다는 점이다. 특히 서양 문물에 관한 한 그중에 내게 맞는 것을 가려 내 것으로 소화하겠다는 것보다 아예 나를 포기하고 그 속에 함몰하여 그것에 동화하겠다는 태도가 만연한 것으로 보인다.

이러한 태도의 대표적인 징후가 한국인의 모습을 뜯어 버리고 서양인의 외모를 만들어 쓰려는 경향이다. 세상에는 언제나 이상한 사람들이 얼마간은 있게 마련이니까 우리들 중에도 쌍꺼풀 수술을 하고 콧대를 올리고 머리에 물을 들여 서양인 행세를 하고자 하는 사람들이 아주 없을 수는 없다. 문제는 그런 사람들을 어느 사회에나 다소 있게 마련인 괴짜들이라고 치지도외置之度外하기에는 요즈음 우리들 중에 그 수가 너무 많다는 점이다. 이것은 그만큼 많은 사람들이 한국인의 얼굴에 대해 열등감을 갖고 있음을 말해 주는 현상이라 아니할 수 없다.

이런 점에 관심을 갖고 주위를 살펴보면 이런 열등감이나 자기혐오증이 상당히 구조적으로 조장되고 있는 것을 알 수 있다. 일례로 거리마다 즐비한 양복점이나 양장점의 마네킹이 모두 서양 사람 모습이라는 것도 그렇다. 양복이 이제 우리의 일상복이 된 지 반세기 이상이 되었는데도 아직도 그 심미적 척도는 우리와 체형이 다른 서양인을 기준으로 하고 있다. 그러니 마네킹에는 잘 맞는 옷이라도 상대적으로 동체胴體가 길고 지체肢體가 짧은 우리가 입으면 안 맞을 수밖에 없고, 그 같은 심미적 기준을 받아들이는 한 우리는 열등감과 자기혐오에 빠지지 않을 수 없다.

더욱 한심스러운 것은 한복집의 마네킹조차 서양인이 많다는 사실이다. 물론 마네킹 제조업자들이 그런 모양의 마네킹만 만드니 어쩔 도리가 없다는 변명도 있을 수 있다. 그러나 한국인 모양의 마네킹에 대한 수요가 있으면 제조업자들이 안 만들 리 없다. 문제는 그러한 요구가 없다는 것이고, 또 그것은 우리 모두가 무턱대고 서양인을 흠모하기 때문일 것이다.

서양 사람 모습을 한 것은 마네킹만이 아니다. 몇 해 전에 외국인에게 선물을 할 일이 있어서 한국 인형을 사러 백화점에 들른 적이 있었다. 거기서도 도포에 사모관대를 한 남자나 원삼에 족두리를 쓴 여자나 생김생김은 역시 서양 사람이었다. 혹시 다른 데에는 한국인의 모습을 한 인형이 있을까 하고 몇 군데를 더 돌아봤지만 한결같이 모두 오뚝한 코에 쌍꺼풀진 옴폭한 눈을 가진 장두형長頭型의 서양 사람 얼굴이었다. 마지막으로 찾아간 소위 토산품점에서까지 같은 얼굴을 발견하고는 하릴없이 발길을 돌릴 수밖에 없었다. 서양 사람들이 그런 인형을 보고 우리를 어떻게 생각할 것인가는 상상만 해도 절로 낯이 뜨거워지는 일이었다.

그러나 이런 것들보다 더 심각한 문제가 있다. 이러한 서양인 흠모 현상이 아이들의 세계에까지 침투하고 있는 것이다. 책으로 된 만화에도 텔레비전으로 방영되는 만화에도 이야기는 서양 이야기가 아닌데 주요 인물들은 서양 아이의 모습을 한 경우가 많다. 그중에는 어울리지 않게 한국 이름을 가진 아이도 있고 아예 서양 이름을 가진 아이도 있다. 동화의 내용이나 삽화도 비슷한 사정이다.

더욱 기가 막히는 노릇은 만화나 동화에뿐만 아니라 초등학교 교과서에까지 갈색 머리에다 뾰족한 코, 쌍꺼풀진 동그란 눈의 영락없는 서양 아이가 삽화로 여기저기에 등장하고 있다는 사실이다. 아이들은 동화나 만화를 읽으면서 거의 자동적으로 그 주인공과 자신을 동일시하게 마련이다. 또 교과서는 글자 하나 그림 한 개가 배우는 아이들에게 절대적 영향력을 갖는 것이다. 그러니 이런 그림과 글을 보고 읽고 자란 아이들이 어떤 자아상을 갖게 될까? 이 아이들이 자라서 서양 것과 판이한 우리의 전통 문화를 어떻게 생각하고 어떻게 취급할까? 그것을 생각해 보면 참담하다 못해 모골毛骨이 송연悚然해진다.

우리는 언제부터 제 얼굴을 버리고 남의 탈을 쓰려는 얼빠진 족

속이 되었는가? 누천년을 이민족들의 틈바구니에서 부대끼며 살아오면서도 제 말을 잃지 않고 제 글을 만들어 쓰고 제 풍속을 지켜온 것을 보면 옛날에는 제법 기백도 있고 오기도 있던 사람들이었음이 틀림없다. 또 우리에게 끼친 외래문화의 영향으로 말하자면 역사 이래 19세기 말까지 계속되어 온 중국 문화의 영향을 당할 것이 없지만 우리의 조상들이 중국 사람같이 보이기 위해 중국 옷을 입거나 중국식 모양을 했다는 소리는 듣지 못했다. 오히려 저들의 변발辮髮과 전족纏足을 흉하게 여겨 따르기는커녕 비웃었던 것이다. 그러니 지금 우리가 보는 기현상은 근자에 일어난 변괴임이 분명하다.

어쩌면 해방 후 새 세상이 되면서 그전까지 우리가 낙후되었던 책임을 오랜 생활 규범이나 문화에 전가했던 것이 그 발단이 되었는지 모르겠다. 그리하여 전통적 가치가 붕괴되는 상황에 서양의 문물이 밀려들어와 무주공산을 점령한 격이 되어, 모든 면에서 서양 것을 떠받들게 되었는지 모르겠다는 말이다. 경위야 어찌되었건 간에 이제는 서양 것에 대한 맹신은 떨쳐 버리고 우리 것에 대한 온당한 인식과 긍지를 키워 나가야 하겠다. 그래야 우리 후손이 구제할 수 없는 자기혐오와 열등감에 빠지지 않고 자기 인생의 주인공으로 당당히 살 수 있게 될 것이다. 또 그래야만 남의 탈을 쓰고 우쭐대는 딱한 사람들도 우리 사회에서 사라질 것이고, 나 같은 외국 문학자가 우리 것을 되찾자고 목청을 높이는 어줍지 않은 짓을 하지 않아도 될 것이다.

『한국인』 1993. 5

유행

한 30여 년 전의 일이다. 그때는 모두가 양복을 맞춰 입을 때였다. 어느 친척을 만나러 명동의 유명한 양복점에 들르게 되었다. 그 친척이 거기서 새 양복의 시침질을 하게 되어 있었던 것이다. 그 양반이 시침질을 하는 동안에 심심해서 양복지를 이것저것 보다가 마음에 드는 옷감을 하나 발견하였다. 조직이 좀 거칠어 질감이 있는데다가 색상이 좋아서 가을에 콤비 윗도리로 입으면 좋을 성싶었다. 내가 마음에 들어 하는 기색을 보이자 친척도 권유하는데다가 양복점 주인이 특별히 싸게 해 준다는 바람에 뜻하지 않게 윗도리를 맞추게 되었다. 그런데 그 윗도리의 값은 당시 남대문 통에 즐비했던 양복점에서 괜찮은 양복 한 벌 맞추는 값보다 훨씬 더 비쌌다. 그러니까 나로서는 큰마음 먹고 맞춘 것이었다.

당시의 유행은 양복의 깃이 넓은 것이었다. 바로 전까지는 그것이 좁은 것이 유행이었고, 그래서 그때는 깃이 너무 좁아서 채신머리없어 보이더니, 이번에는 또 너무 넓어서 촌스러워 보였다. 이처럼 모양도 마음에 안 드는데다가, 아무 이유 없이 넓었다, 좁아졌다 하는 변화를 그냥 좇는다는 것은 아무리 생각해 봐도 너무 줏대 없는 짓이어서 그렇게 깃이 좁거나 넓은 옷은 안 입겠다고 작정을 하고 있던 터였다. 그래서 그날 척신을 하는 사람에게도 깃의 넓이를 적당하게 하라고 특별히 당부하였다.

그런데 시침이를 할 때에 보니까 아직 완성된 옷이 아니어서 확실치는 않지만 눈짐작에도 깃이 좀 넓어 보였다. 그래서 이번에는 손톱으로 금을 그어 보이면서 깃의 넓이를 정해 주었고, 주인은 염려 말라면서 그곳에 핀을 꽂아 표시하였다. 그러나 양복이 완성된 날에 가 보았더니 역시 깃이 눈에 걸렸다. 당시의 유행만큼 넓지는 않았지만, 내가 정해 준 것보다는 사뭇 넓었다. 내가 그 점을 지적하면서 왜 내가 바라는 대로 하지 않았냐고 항의하자, 주인은 그것도 상당히 줄인 것이라며 그보다 더 좁으면 보기 흉하다는 것이었다. 그러면서 "참 잘 맞습니다" 하며 옆에 있던 사람까지 부추겨 가며 너스레를 떠는 바람에 할 수 없이 그냥 가지고 오고 말았다.

그러나 오는 길 내내 속에서 부아가 끓어오르는 것을 참기 힘들었다. 그 옷에 들인 돈은 차치하고라도, 그렇게 신신당부를 했는데도 내 말을 무시한 데에 화가 났고, 싫어하는 유행에 무력하게 당하고 만 것에 약이 올랐다. 이렇게 마음에 안 드는 구석이 있는 옷은 아무리 좋은 것이라도 애정이 안 가는 법이다. 그 옷도 몇 번 입어 보지도 않고 장 속에 걸어 놓기만 하다가 누가 좋다고 하기에 주어 버리고 말았다. 이후에도 몇 번 이와 비슷하게 유행의 횡포에 속절없이 당하고 난 다음부터는 유행에 대해 상당히 적개심을 갖게 되었다.

그러나 나도 젊어서까지 유행을 따른 적이 없다고 말할 수는 없다. 60년대 말에 유학생으로 미국에 갔을 때에 미국 사회를 처음 보고 느낀 것은 어지러울 정도의 자유분방함이었다. 젊은이들 사이에는 비틀즈가 판을 치고 있었고 캠퍼스에도 히피 문화가 만연해 있었다. 질식할 것 같던 군사정권의 억압적인 분위기에서 풀려난 나는 권위주의와 기성문화에 대한 미국 젊은이들의 거침없는 반발에 처음에는 어리둥절했지만, 곧 동조하게 되었다. 그래서 나도 다른 젊은이들처럼 머리를 길렀다. 비틀즈 같은 바가지 머리가 아니라 가르마를 바르게 타고 앞머리를 빗어 넘겼지만, 뒷머리는 옷깃을 조금 덮을 정도로 길렀던 것이다.

그러다가 몇 년 후에 귀국해 보니까 미국에서는 단정한 축에 속했던 내 머리가 당국자에게는 상당히 혐오감을 주는 일탈적인 것으로 간주되었다. 그래서 여러 번 소위 '장발 단속'에 걸렸었다. 그때마다 다행히 지서 주임이 내 머리 모양을 둘러보고 아래위로 행색을 훑어본 다음에 훈방해 주어서 가위로 머리를 잘리는 수모는 면할 수 있었다. 삼십대의 어른이 용의검사에 걸린 중학생처럼 파출소에 끌려가서 행색을 검사당하는 것은 정말 참기 힘든 모욕이었지만, 그런 치욕을 수차례 당하면서도 끝내 머리를 짧게 자르지 않고 그 군사정권을 넘겼다. 당할수록 오기가 났기 때문이었다. 지금 생각하면 우스운 치기稚氣였지만, 그때는 그렇게라도 저항의 표시를 하지 않고는 견딜 수가 없었다. 그러니까 그때 내가 머리를 기른 것은 유행을 따른 것이 틀림없지만, 그렇게 위험을 무릅쓰면서까지 그것을 견지하려 한 것은 간접적으로라도 반항을 표시하고 싶었기 때문이었다. 그러니까 그것은 유행에 대한 맹종과는 조금 달랐다.

그러나 가령 옷의 일부가 넓어졌다 좁아졌다 한다든지, 길이가 길어졌다 짧아졌다 하는 것, 또는 색조가 종전과 달라지는 것 등은 의미가 없는, 순전히 변화를 위한 변화일 뿐이다. 그것에 심미적 정당성이나 실용적 가치가 있거나, 아니면 대사회적 메시지가 담겨 있는 것이 아니기 때문이다. 그런데도 유행이 대중을 빨아들이는 흡인력은 어떤 숭고한 이념보다도 더 강한 것 같다. 거리에 나가 보라. 젊은이들의 차림새나 모양은 거개다 비슷비슷하다. 청소년들만이 아니라 삼, 사십대들도 별 차이가 없으니 인구의 절반 이상이 유행을 따른다고 해도 과언이 아니다.

사회심리학자들은 아마도 현대사회의 아노미anomie적 상황으로 인해 심리적·정신적 공황에 빠진 사람들이 유행을 통해서라도 소속감과 심리적 안정감을 얻으려고 하기 때문이라고 이런 현상을 설명할 것이다. 충분히 납득이 가는 설명이다. 더구나 요즘같이 친구도 동료도 없는 무서운 경쟁 체제 하에서는 무엇으로나 남에게 조금 처지면 낙오하고 만다는 강박관념에 사로잡혀서 사람들이 유행도 경쟁적으로 따르게 되는 것 같다.

그러나 그런 일시적 안도감과 소속감이 현대인의 불안을 근본적으로 해소해 줄 수는 없는 것이다. 그런 미봉책에 자꾸 의지하면 득보다 실이 더 많으리라는 것은 자명한 일이다. 그 해악 중에서 가장 심각한 것은 그것이 비판이나 반성적 사고 같은 주요한 사유 기능을 마비시킨다는 점이다. 사람은 이런 기능들을 통해 자기정체성을 유지하고 자기 삶의 방향을 가늠하는데 그 기능을 상실했다는 것은 하나의 개별적인 인격체로 설 수 있는 능력을 상실했다는 것과 같다. 이것은 개인적인 불행일 뿐만 아니라 사회의 안전에도 잠재적

위협이 된다. 이런 맹목적인 추종집단이 비대해진 다음 이들이 어떤 문제를 일으킬 경우 이성적인 설득이 불가능하므로 통제할 수가 없기 때문이다.

그런데 이렇게 엄청난 숫자의 사람들이 유행에 휩쓸리게 된 것은 요즘의 현상인 것 같다. 동서를 막론하고 유행은 옛날서부터 있어왔겠지만, 전에는 그것이 상류사회의 국한된 현상이었던 것이다. 영문학을 통해 영국의 경우를 살펴보면, 영국에서는 17세기 왕정복고 후 풍미하였던 소위 '풍속극comedy of manners'에 등장하는 인물들이 특히 유행을 열심히 따른 것으로 나타난다. 그 후 19세기에 들어와서 윌리엄 모리스William Morris라든지 오스카 와일드Oscar Wilde 같은 문단의 댄디들이 특이한 복장으로 유행을 선도했다고 한다. 이로 미루어 보면 서양에서는 제국주의로 부를 축적한 다음 유한계급이 늘어나면서 유행이 번성한 것 같다. 물질적 풍요는 욕망의 충족을 가져왔고, 욕망이 충족된 상류사회의 사람들은 권태에 빠졌을 것이다. 그리고 그 권태에서 탈출하는 방법의 하나로 유행을 창출했을 것이다.

그런데 이런 유행은 옛날의 유행으로서, 말하자면 고전적인 것이다. 이런 유행은 그 반응 양식이 아무리 자의적일지라도 그래도 어떤 여건에 대한 대응으로 발생한 것이다. 그러나 요즘의 유행은 주위 여건과는 무관한 것이 되었다. 옛날에는 사회적 관습을 거스르는 소수의 이단자들이 유행을 주도하였다면, 지금은 순전히 옷 장사, 화장품 장사 등 자본가들이 유행을 제조해 내기 때문이다. 이들은 장사가 목적이므로 유행을 자주 만들어 낼수록 이득이 생긴다. 그래서 근래에는 매년 초만 되면 '올해의 모드'는 무어라고 미리 발표를 한다. 그러다가 이렇게 일 년 주기로 바뀌는 것도 너무 길어 못 참겠다는 듯이, 이제는 계절 단위로 새 모드가 등장한다. 이런 추세로 나가면 달이나 주 단위로 유행이 바뀔 날도 머지않은 것 같다.

그 전파력도 전과는 비교할 수 없을 정도로 강해졌다. TV, 신문, 잡지가 그 앞장을 서더니, 요즘은 인터넷이 그 모두를 합친 것만큼의 위력을 가지고 대중에게 압력을 가한다. 이들을 통한 광고가 하루 24시간 전 방위로 퍼져나가기 때문에 그 효과는 세뇌 정도를 넘어 최면 수준에 이르고 있다. 이러니 수많은 사람들이 유행을 좇지 않을 수 없게 되어 있는 것이다.

대중을 노예화하는 데에는 여러가지 방법이 있다고 한다. 그 가장 대표적인 것이 폭압에 의한 것이지만, 이것은 사실상 정말 무서운 형태의 노예화가 아니다. 왜냐하면 폭압은 대중에게 그 부당성을 계속 일깨워 줄 수밖에 없고 그래서 언젠가는 민중봉기에 의해 체제 전복이 이루어질 가능성을 내장하고 있기 때문이다. 가장 무서운 형태의 노예화는 당하는 쪽으로 하여금 자의自意에 의해 행동한다고 믿게 하면서 실제로는 완벽하게 조종하는 것이다. 왜냐하면 그것은 저항하려는 의지를 원천적으로 제거함으로써 예속 상태를 영구화하기 때문이다. 지금 유행은 바로 그런 종류의 독재 권력이 되어 가고 있는 것이다.

『무명옷 세대의 뒤안길』 2007. 1

사라져 가는 것들

헌책방

나의 제일 큰 낙 중의 하나는 책방을 도는 일이다. 누구와 만날 약속시간이 얼마간 남았다거나 학교에서 좀 일찍이 귀가하는 때는 물론, 집에서 일을 하다가도 지루해질 때면 훌쩍 나와서 가는 곳이 책방이다. 책방이라고 했지만, 전공이 영문학이고 보니 내가 찾아가는 곳은 자연히 양서점洋書店일 수밖에 없다. 그런데 신간 양서를 취급하는 곳만 꼽으면 그 숫자가 하도 빈약하여 제법 한 바퀴 돈다고 말할 만한 것이 못 된다. 서울이 여러모로 국제 수준이라고 하지만 양서 보급 면에서는 세계에서 바닥으로 몇째 안 갈 것이다. 인구 800만을 헤아리는 초대도시超大都市 안에 인문계 신간 영어 서적을 취급하는 곳이라고는 도합 두셋뿐이니 말이다. 그것도, 들어오는 책의 대부분이 대학교재들이고 소위 전문적인 연구 서적이라는 것은 가뭄에 콩 나기다. 그나마 학기가 바뀌는 봄·가을에 조금 입하하고 마는 실정이니 신간 서점은 이 두 시기에 때맞춰 가 보고 나면 더 가 볼 일이 없게 된다.

그러니 자연히 헌책방을 더 자주 들르게 된다. 헌책방은 책이 들어오는 때가 정해져 있지 않아서 책이 수시로 바뀔 수 있다는 장점이 있다. 그뿐만 아니라 책방을 도는 재미로도 실상 헌책방이 훨씬 낫다. 신간 서점은 대개 살 책을 미리 정하고 가는 경우가 많고, 혹 우연히 들렀다 하더라도 꼭 필요한 책이 아니면 사게 되는 예가 드물다. 요컨대, 그곳에서는 분명한 목적이나 공리적 타산에 의해 행동하게 된다. 그러므로 그런 일종의 상무적인 구매행위가 이루어지면 그뿐, 그밖에 무어 다른 재미랄 것이 없다.

그러나 헌책방에서는 그렇지가 않다. 헌책방은 꼭 살 책이 있어서 가는 경우가 별로 없다. 그곳은 그저 막연한 기대를 갖고 들르는 곳이다. 혹시 좋은 책이 있으면 사고, 없으면 그냥 구경하다 가는 것이다. 이처럼 헌책방은 들를 때의 마음부터 여유가 있다.

헌책방을 다니는 묘미는 대체로 이런 심적인 여유에서 비롯한다. 그것은 우선, 전공이라는 편협하고 한정된 관심의 영역에서 우리를 해방시켜 준다. 한 가지 분야를 전공한다는 것은 어떤 면으로 보면 인간의 능력이 유한하기 때문에 어쩔 수 없이 취해진 슬픈 절제책이 아니겠는가? 사람의 지적 호기심이야 어찌 한 분야에만 국한되어 있으랴마는 무엇 하나라도 제대로 해 보려고 하니 다른 것은 소원하게 되고 마는 게 상례다. 그렇게 전공에만 매달려 살다 보면 생활 자체도 무척 무미건조해질 뿐 아니라, 모르는 결에 정신도 한 쪽만 너무 발달하고 나머지는 쪼그라져 버린 불구가 되고 만다. 알고 보면 이것은 크나 큰 비극이다. 내게는 생명에 대한 죄악으로까지 생각된다.

헌책방은 이런 정신적인 기형을 방지하는 데에 큰 도움이 된다. 그 인간정신문명의 만물상에 들어서면 나의 마음은 속박에서 풀려나 모든 진기한 것들을 순수한 호기심을 갖고 들여다보게 된다. 이

때의 그 푸근하고 자유로운 마음, 그러면서도 어떤 것에로나 금방 쏠릴 수 있도록 가슴에 가득 고인 호기심, 그것이 출구를 찾아 출렁이며 일으키는 적당한 흥분감, 이것들이 이루는 그 특이한 정중동靜中動의 기분을 나는 즐긴다. 이 기분에 젖어들 때 나는 비로소 다시 건전한 자연인으로 돌아가게 된다. 그래서 미술책도 펼쳐 보는가 하면 철학이나 역사책도 뽑아 읽어 보고, 가다가는 과학책도 훑어 본다. 그냥 그렇게 들춰 볼 뿐만 아니라 실제로 사서 읽기도 한다. 내가 갖고 있는 전공 이외의 서적들은 대부분이 이런 한가로운 지적 산책 중에 우연히 만난 것들이다. 이것들은 나의 정신적 불균형을 다소 바로잡아 주었음은 물론, 지금까지는 순전히 암흑이었던 곳에 빛을 던져 신기한 새 세상들을 밝혀 주었고, 그럼으로써 흥분과 환희를 내게 안겨 주었다.

그런데 이 모든 것이 이루어지기 위해서는 고객만 아니라 책방 주인에게도 마음의 여유가 있어야 한다. 느긋하고 수굿한 마음씨는 헌책방 주인의 필수 요건이다. 얼마 전만 해도 이 점은 기정사실로 되어 있었는데, 요즈음은 세상이 하도 각박해져 그런지 이 기본 조건을 구비한 책방 주인을 만나는 것도 쉽지 않다. 들어서기가 무섭게 쫓아나와 "무슨 책을 찾으세요?" 하고 사뭇 종주먹을 대다시피 물어대는 사람은 헌책방 주인으로는 영점이다. 이런 경우 나는 기분이 아주 잡쳐서 책도 안 보고 돌아나오기가 일쑤다.

이상적인(?) 헌책방 주인은 손님이 들어왔을 때 "어서 오십시요" 한 마디 하고는 아무 말도 없이 자기 일만 하는 사람이다. 그러면 손님은 이 책 저 책 뒤져 보다가 마음에 드는 것이 있으면 자세히 살펴보고, 그래도 결단이 서지 않으면 아예 길게 자리잡고 앉아서 서문을 읽거나 내용을 검토해 본다. 그런 연후에 과연 쓸 만하다고 판단되면 값을 물어 사게 되는 것이다.

이 경우 대개 또 하나의 소득이 따르는 게 상례다. 이 정도의 주인과 손님이라면 말없는 사이에 무언의 교통이 이루어지는 법이다. 고객은 주인의 호의와 도량에 감사하게 되고 주인은 고객의 소탈하면서도 진지한 태도에 경의를 갖게 된다. 이렇게 서로가 호의를 가지게 되면 거래가 순조롭지 않을 수 없고, 거래가 순조롭게 이루어지고 나면 그때 비로소 두 사람 사이에 대화가 열리게 된다. 그것은 자연히 공동의 화제를 찾아 책 이야기로 번지게 되는데 그러다 보면 어느 사이엔가 두 사람의 관계는 상인과 고객의 관계를 넘어 동호인의 관계로 발전하게 된다. 그러면 책 얻고 지인 얻으니 이 또한 기쁜 일이 아닌가.

내 경우 이렇게 친한 책방 주인이 지금은 십년지기같이 가까워진 사람들이 있다. 나는 그들의 책방을 내 집같이 무상출입하면서, 갖고 싶은 책은 언제든지 뽑아 갈 수 있다. 또 혹 내게 소용이 될 만한 책이 나오면 그들은 내게 전화로 연락을 해 주거나, 남겨 두었다가 꺼내 주기도 하니 이 얼마나 흐뭇한 일인가.

헌책방을 다니는 재미로, 진본을 헐값에 구하는 기쁨을 빼놓을 수 없다. 하지만 그것만을 노리고 돌아다닌다는 것은 장사꾼이나 할 짓이다. 여유 있는 마음으로 모든 인간정신의 소산에 흥미를 갖고 책을 사랑하면서 책방을 자주 찾다 보면, 그것은 자연히 주어지는 행운이다.

슬픈 것은 이제 그렇게 푸근한 마음으로 찾아갈 헌책방이 몇 군데 없고, 그나마도 수가 자꾸 줄고 있다는 사실이다. 요즘은 그래서도 그 몇 안 되는 책방에 더 애착이 가고, 더 자주 들르게 된다.

『중앙문화』 1978. 10

낚시질

한때는 나의 취미를 낚시질이라고 한 적이 있었다. 남들처럼 낚시질을 자주 다니지는 않았지만 취미라는 것이 꼭 자주 하는 것이 아니라 좋아서 하는 것이라고 생각해서 누가 물으면 그렇게 대답했던 것이다.

어려서는 종다래끼 들고 형들 따라 강변에 가는 재미에, 자라서는 조용한 물가에 앉아 맑은 풍광을 대하는 즐거움에 낚시질을 좋아했다. 물론 잡는 재미가 없었던 것은 아니다. 그러나 거의 번번이 빈 종다래끼로 돌아오면서도 낚시질 가는 것이 그렇게 즐거웠던 것을 보면 분명 잡는 재미가 앞섰던 것은 아니다.

사실 예로부터 고기잡이를 업으로 하는 경우를 제외하고는 낚시질의 목적이 잡는 데에만 있는 것은 아니었다. 가령 옛날 산수화나 신선도를 보더라도 낚시를 드리운 사람은 대개 먼 산을 바라보고 있지, 고기를 잡겠다는 일념으로 찌를 노려보고 있지는 않다. 낚시질은 청정한 자연 속에 들어 고고한 정신을 키우는 수양의 일종이었다. 그래서 낚시질은 속세를 버리고 자연 속에 한거閑居하는 선비들이 즐기는 소일거리였고 청흥淸興을 추구하는 놀이로서, 포획의 쾌락을 탐하는 엽인獵人의 도락과는 구별되었었다.

오늘의 번잡한 세상을 사는 우리가 낚시질을 통해 맛보려는 것도 바로 그와 같은 맑은 흥취이다. 그러자면 먼저 산수가 수려하고 사위四圍가 조용하며 무엇보다도 낚시 드리우는 마음이 한가로워야 할 것이다.

그러나 이제 어디를 간들 수려한 산천에 한갓진 자리를 찾을 수 있을 것인가. 인총人叢이 많아진 세상이니 강산을 혼자 차지하기는 바라지 않는다 하더라도, 낚싯줄이 서로 얽힐 정도로 촘촘히 붙어 앉아 남보다 더 큰 고기를 남보다 더 많이 낚아 올리려고 모두가 법석을 떠는 판에 어디에 가 한가한 마음을 바랄 수 있겠는가. 심지어 라디오를 들고 와서 야구 중계나 유행가를 크게 틀어 놓기까지 하니, 조용한 자리는 바라는 것부터가 어리석은 일이 되었다.

이제 고기잡이는 있어도 낚시질은 없어졌다고 봐야 하겠다. 그래서 이제는 낚시질이 취미라는 말도 할 수 없게 되었다.

요즘같이 살구꽃이 만발하고 녹두빛 잎새가 피어나는 좋은 절기에는 낚시질 가고 싶은 마음이 간절하지만, 버려 둔 낚싯대를 다시 찾아 들고 나설 용기가 나지 않는다. 그저 "우는 것이 뻐꾸기가, 푸른 것이 버들숲가……" 하고 중얼거리며 마음속으로나 맑고 조용한 물가를 혼자 그려 볼 뿐이다.

『동아일보』 1985. 4

꽃모종

언젠가 학생들하고 이야기를 하다가 "모종 낸다"는 말을 했더니 알아듣는 학생이 없어서 놀란 적이 있다. "모종"이라는 말이 요즘 사람들의 일상적인 어휘에서 사라진 모양이다. 하기야 대부분이 아파트에서 자랐을 터이니 꽃모종을 내러 다녔을 리가 없고, 그러니 그 말을 모를 법도 하다. 나도 지금 아파트에서 산 지가 오래 되어서 흙을 만져 본 것이 언젠지 아득하다. 그러나 이렇게 오월에 단비가 내려서 초목이 싱그러운 빛을 발하는 날이면 이집 저집으로 꽃모종을 내러 다니던 어릴 적 기억이 지금도 생생하다.

나는 초등학교 때의 대부분을 한강변에 있는 보광동에서 살았다. 입학할 때는 서대문에 살았는데, 학교에 들어간 지 몇 달 안 되어서 우리는 그 서대문 집을 팔아 빚을 청장하고 보광동으로 나갔던 것이다. 해방 직후 보광동은 동네가 온통 논밭인데다 집은 대부분 초가인 시골이어서 집값이 문안보다 훨씬 헐했던 모양이다. 망해서 나갔지만, 우리 집은 그 동네에서 제일 큰 기와집 중의 하나였다.

그 동네 아이들은 어려서부터 들일을 하고 강에 나가 저희들끼리 놀았기 때문에 대개 거칠고 단단했다. 그들은 문안에서 온 나를 금방 약골로 알아보았을 뿐 아니라, 좋은 집에 사는 애라고 공연히 건

드리고 괴롭혔다. 막내로 어리광만 피며 자란 나는 그런 동네 아이들이 무서웠고, 그래서 밖에 나가 놀지 않고 집안에만 비돌았다. 그런 나를 집에서는 "아낙군수"라고 놀렸다. 그 어원이 "아낙네"라는 말에서 보는 바와 같이 집안이라는 말에서 온 것인지, 아니면 군수를 행정관리인 군수郡守로 보아 황해도 안악安岳의 어느 군수에서 유래한 것인지 모르지만, 하여간 집에만 붙어 있는 사람을 뜻하며, 그래서 내 별명이 되었다.

그러나 누나는 나보다 훨씬 더 사교적이고 적극적이어서 동네 아이들하고 금방 사귀어 서로 자주 집을 오고 갔다. 그래서 이맘 때 비가 오면 동무네 가서 꽃모종을 받아 왔는데, 나는 그런 누나를 늘 따라다녔다.

나같이 바깥일에 관심이 없던 아이가 꽃모종은 열심히 받으러 다닌 데에는 그럴 만한 이유가 있었다. 우선 꽃을 가꾼다는 것은 처음 해 보는 색다른 경험이었다. 서대문 집은 꽤 큰 집이었지만, 마당은 늘 그늘이 졌고 그나마 화초를 심을 땅이 없는 시멘트 바닥이었다. 그러나 보광동 집은 문밖 집이라 터가 넓어서 사랑채 뒤로 제법 큰 화단이 있었다. 그래서 어머니와 누나와 나는 거기에 각종 화초를 심었다. 화초라고 하지만 비싸거나 귀한 것은 하나도 없고, 모두 그 동네 다른 집에서 씨를 받거나 모종내서 갖다 심은 것들이었다. 원추리·한련·채송화·봉선화·분꽃·백일홍·맨드라미·옥잠화·나리·밥풀꽃(그 동네에서는 금낭화를 이렇게 불렀다)·꽈리·과꽃·국화 같은 것들이었다. 이런 꽃들을 처음 본 나는 그들의 아름다움에 금방 매료되고 말았다. 그뿐만 아니라 화초들이 봄에 싹이 나서 자라고 봉오리 맺고 꽃피는 과정이 아이들의 놀이 같은 것하고는 비교가 안 되게 재미있었다. 특히 아무것도 아닌 흙 속에서 무슨 조화가 일어나기에 그렇게 고운 꽃이 생겨나는지가 여간 놀랍고 신기하지 않았다. 그래서 어머니와 누나 몰래 흙을 파고 뿌리를 들여다보기도 하고, 꽃봉오리를 따서 까보기도 했다. 말하자면 그때 나는 생명의 신비와 그것에 대한 경이驚異 같은 것을 처음 느꼈던 것이다. 그래서 저녁을 먹고 나면 언제나 어머니를 좇아 새랑채 화단에 나가서 어머니가 꽃밭을 손질하는 것을 쪼그리고 앉아 참섭했다.

이렇게 화초에 관심이 생기자 남의 집에 가면 꽃밭을 유심히 보게 되었다. 그리고 거기에 우리 집에 없는 꽃이 있으면 눈여겨보아 두었다가 모종을 내다 심었다. 그러나 나는 숫기가 없어서 남의 집에 혼자 못 가고 언제나 "누나야, 비 오신다. 우리 모종 내러 가자!" 하고 누나를 졸라 같이 갔다

그러고 보니까 "모종"뿐만 아니라 "비 오신다"는 말도 요즘 없어진 말이다. 우리가 어렸을 때는 "비 온다"고 안 하고 대개 "비 오신다"고 말했다. 오랜 농경생활을 해 온 우리 민족에게 비는 언제나 고마운 존재였을 것이다. 더구나 그것이 하늘에서 내리니 하느님의 시혜로 생각되었을 것이고, 필경 그런 연유로 비에다 존칭을 붙였을 것이다. 그 시절에는 모든 사람의 일 년 생계가 그해의 작황에 달려 있다시피 했으니까 비가 소중하지 않을 수 없었다. 그래서 농촌에서 물이 필요할 때 비가 오면 물고를 트러 삽 들고 들로 나가는 농부는 물론이고, 장에 빗물 들어갈까봐 서둘러 장독을 덮던 도시의 아낙네들까지도 "아이고, 하느님, 고맙기도 하시지" 하며 하늘에 치사를

드리는 소리를 흔히 들을 수 있었다. 이제 농사가 천하의 대본 자리에서 밀려나가고 마니까 "비 오신다"는 따듯한 표현도 사라지고, "비 온다"는 온기 없는 객관적 기술만이 남게 된 모양이다. 세상에 고맙고 소중히 여겨야 할 것이 또 하나 없어진 셈이다.

각설하고, 그런데 모종은 비 온다고 아무때나 하는 것이 아니다. 사실은 비가 올 때보다 비가 그친 다음이 제일 좋다. 옮겨 심은 후에도 비가 계속 많이 오면 새로 심은 데의 흙이 빗물에 묽어져서 화초를 지탱해 주지 못하기 때문이다. 그래서 장마철에 옮겨 심은 화초는 쓰러져 썩기 일쑤다. 또 모종은 화초가 어릴 때 하는 것이지 너무 크면 옮겨 심어 살리기가 어렵다. 그러니 자연히 봄이나 초여름이 적기다.

그러나 어렸을 때는 이런 묘리도 잘 몰랐을 뿐더러, 어른들이 일러주어도 꽃 욕심 때문에 귓등으로 들었다. 그래서 비만 오면 덮어놓고 신문지를 한 장 들고 누나와 함께 나섰던 것이다. 꽃삽이 있었을 리 없다. 손가락이나 사금파리로 화초 뿌리의 주위를 돌아가며 판 다음 밑을 떠 신문지에 싸서 드는 것이다. 그렇게 해서 오누이 중의 하나가 욕심껏 양손에 두세 개씩을 들고 나면 다른 하나는 우산을 받쳐 주었다. 그리고는 둘이 뛰다시피 집으로 돌아왔다. 오래 들고 있으면 손독이 올라서 화초가 죽는다고 믿었기 때문이다.

그것들을 화단에 심을 때는 기대감으로 가슴이 사뭇 두근거렸다. 어떤 꽃이 필지도 궁금했지만, 그보다는 내 손으로 생명을 하나 살린다는 것이 더 흥분되었던 것이다. 그래서 정성껏 심어 놓고는 아침저녁으로 들여다보았다. 옮겨 심은 화초는 아무래도 자리를 떴기 때문에 처음에는 시들시들했다. 그래서 처음 며칠 간은 여간 조바심이 나지 않았다. 햇빛이 강하면 아예 땅에 누워 버릴까 봐서 우산을 씌어 햇빛을 가려주기도 했다. 빨리 살아나라고 자꾸 물을 주어 썩히기도 여러 번 했다. 그중에서 다행히 몇 개가 착근하여 줄기가 다시 탱탱해지고 잎사귀가 싱싱하게 살아나면 그렇게 대견하고 고마울 수가 없었다. 그 화초들은 마치 내가 생명을 불어넣어 살린 것 같은 커다란 성취감을 안겨주었던 것이다. 그 성취감은 내가 세상에 나서 처음으로 뭔가 의미 있는 일을 이룩했다는 강렬한 기쁨을 주었다. 그래서 누가 우리 꽃밭을 구경할라치면 "이것은 내가 모종한 것"이라고 득의에 차 자랑하곤 했다. 그것만은 자랑해도 흠이 될 것 같지 않았다.

돌이켜보면 이렇게 어려서 꽃을 가꿔 본 경험이 나의 심성 발달에 많은 영향을 끼친 것 같다. 지금 내가 풀과 나무들에 관해 미흡하지만 그나마 얼마간의 관심을 갖게 되고, 그것들에서 아름다움을 볼 수 있게 된 것도 따지고 보면 그 덕이다. 그 경험이 내게 생명의 아름다움과 환희를 처음 가르쳐 주었던 것이다. 요즘 젊은 사람들이 꽃모종이란 말을 모른다는 것은 그런 체험을 못했다는 말이고, 그래서 어렸을 때에 자연과 친해질 수 있는 계기가 그만큼 적었음을 말해 준다. 무서운 속도로 자행되고 있는 자연파괴에 대해서 요즘 사람들이 때로 이상할 정도로 무감각한 것도 그런 경험의 부재와 관계가 있을 것이다.

이런 상념에 잠겨 아파트의 창밖을 내다본다. 몇 명의 아이들이 재잘거리며 가는 뒷모습이 보인다. 종아리들이 다 통통한 것이 우리 어렸을 때와는 비교가 안 되게 영양이 좋은 모습들이다. 모두가 각기 우산을 하나씩 받고 가는데 옛날 우리들의 우산같이 찢어졌거나 살이 꺾어진 것은 하나도 없다. 그뿐만 아니라 그때 누나와 나처럼 오누이가 어깨동무를 하고 우산을 함께 받고 가는 애들도 없다. 요즘은 한 집에 애가 하나인 경우가 많기 때문이기도 하겠지만, 둘이 있는 경우에도 오누이나 형제가 어깨동무를 하고 다니는 모습을 볼 수 없다. 더구나 동무끼리 어깨동무하고 다니는 풍습은 이제 없어진 것 같다. 이러다가는 "어깨동무"라는 말도 머지않아 사라질지 모르겠다.

그 애들이 지나가고 난 다음, 이번에는 한 아이가 내 쪽을 향해 걸어온다. 역시 짧은 바지의 통이 미어질 것같이 살이 포동포동한 아이이다. 우산을 젖혀 들어서 얼굴까지 잘 보인다. 이 아이는 우산을 든 손에 봉지를 하나 들고 있다. 색깔이 요란한 비닐 과자봉지다. 다른 손으로 노상 과자를 꺼내 먹지만 안경 낀 그 아이의 살찐 얼굴에는 즐거움도 행복한 표정도 없다. 꽃봉오리가 수없이 맺혀 있는 넝쿨장미가 흐드러진 긴 울타리를 지나오면서 그 아이는 그것들에 한 번도 눈길을 주지 않는다. 막 벌어지려는 꽃봉오리들을 좀 보라고 붙잡고 얘기하더라도 전혀 반응을 보일 것 같지 않은 무표정한 얼굴이다. 다 먹고 나면 필경 빈 과자봉지를 아무렇지 않게 그냥 놓고 가 버릴 그런 얼굴이다.

『아홉 사람 열 가지 빛깔』 2000. 5

옛날 음식 이야기

집사람이 일주일에 한 번씩 다니는 곳이 있는데 그곳은 좀 변두리여서 시장의 물건이 시내보다 싸다고 한다. 그래서 오는 길에 가끔 먹을 것을 사가지고 온다. 오늘은 과일과 가래떡을 사왔다. 마침 출출하던 차라 둘이 앉아서 물씬물씬한 흰 가래떡을 하나씩 먹었다. 꼭꼭 오래 씹으니까 고소하면서도 단맛이 입안에 돌았다. 그 맛에 옛날이 생각났다.

우리 어렸을 때에도 벌써 서울서는 메로 쳐서 떡을 만드는 집은 별로 없었고 대개가 방앗간에 가서 떡을 해 왔다. 섣달 그믐께면 어른들이 떡방앗간에 가서 줄을 서 기다렸다가 자정께나 돼서야 김이 설설 나는 흰떡을 함지에 담아 왔다. 기다리다 지쳐 옷 입은 채로 쓰러져 새우잠을 자던 우리 조무래기들은 “흰떡 왔다”는 소리에 깨어 일어나 앉아서 눈도 제대로 뜨지 못한 채, 어머니가 끊어 주는 떡을 받아먹었다. 그 뜨끈뜨끈한 떡을 참기름 친 간장에 찍어 먹는 맛이 그렇게 좋았다. 그리고 밖에는 찬바람이 잉잉 우는 한밤에 그렇게 흰떡을 먹어야 설 때가 된 것을 실감했다.

흰떡은 이렇게 갓 해 왔을 때만이 아니라 굳은 다음에 구워 먹는 것이 또 별미다. 그런 굳은 떡은 화롯불에 구워 먹어야 제격이다.

옛날에 좀 사는 집에는 번쩍번쩍하는 놋화로가 한두 개씩은 있었고, 그러지 못한 집에도 쇠화로나 질화로는 꼭 있었다. 화로는 동절冬節에 추위를 덜어 주는 중요한 난방 기구였다. 아침밥 해 먹고 난 장작 숯불이나 군불을 땐 아궁이의 숯불을 부삽으로 퍼서 화로에 담았다. 그리고 가운데만 조금 열어 놓고 주위는 재로 덮어 꼭꼭 눌러 두면 불이 한나절은 갔다. 그 불 위에 화젓가락을 걸쳐 놓고 그 위에 석쇠를 얹어 흰떡을 구워 먹었던 것이다. 노릇노릇하게 조금 눌은 흰떡은 고소한 맛이 더해져서 여간 맛있지 않았다.

흰떡뿐만 아니라, 설 지난 후에는 인절미나 절편도 이렇게 구워 먹었다. 차례상에 올렸던 너비아니, 간저냐, 부침개 같은 맛있는 것들을 먼저 먹을 동안 다락 한 구석에 밀어 놔 두었던 인절미는 이것들이 떨어질 때쯤이면 대가 파르스럼하게 곰팡이가 피어 있었다. 그것을 칼로 득득 긁어내고 구워 먹으면 갓 만들었을 때보다도 더 맛있었다. 고소하게 구운 인절미나 절편을 꿀이나 조청을 찍어 먹으면 더욱 별미였지만, 그런 호사는 좀처럼 쉽게 일어나는 일이 아니었다.

이렇게 떡을 구워 먹고 난 후에는 대개 동치미로 입가심을 했다. 뒤꼍에 묻은 독에서 떠온 동치미에는 얼음이 버석버석했다. 그 찡한 국물을 한 모금만 마시면 입안의 잡맛뿐만 아니라 머릿속에 끼여 있던 텁텁함도 일시에 씻겨내려 가서 정신이 번쩍 들었다. 지난 60, 70년대에 연탄으로 난방을 할 때에는 사람들이 연탄가스에 중독되는 사고가 많았는데, 그때 정신을 잃고 쓰러진 사람에게 동치미 국물을 먹였다. 요즘 어떤 생물학자가 동치미의 성분을 과학적으로 분석하여 그 안에 들어 있는 여러가지 효능을 밝혀 냈다고 하는데, 우리는 그런 과학적 지식이 없을 때에도 경험을 통해 그것이 갖고 있는 강한 각성 효능을 알고 연탄가스 중독자에게 먹여 효험을 보았던 것이다.

흰떡은 아직도 먹지만, 적어도 서울에서는 예전같이 집집마다 떡을 빼다 먹던 관습은 사라진 것 같다. 또 이제는 아예 썬 떡을 사다 떡국을 끓이기 때문에 집에서 가래떡을 구워 먹는 일도 드물어졌다. 동치미도 있기는 하지만 옛날 맛이 아니다. 우선 무가 그렇게 물이 많고 아삭아삭한 것을 만나기 힘들고 물도 옛날 물맛이 아니다. 게다가 대부분이 아파트에서 사니까 도깨그릇도 없으려니와 묻을 데도 없다. 그러니 서울서는 음식점에나 가야 동치미를 얻어먹는데, 여태 옛날의 그 찡한 맛이 나는 동치미는 먹어 본 적이 없다. 국물이 시원하면 무가 물러 있다든지, 무가 아삭아삭하면 국물 맛이 틀렸다. 그나마도 담글 때에 조미료나 설탕을 넣는지 들척지근한 맛이 나고 느글거려서 비위가 가라앉기는커녕 오히려 뒤집히기 일쑤다.

흰떡이나 동치미같이 흔했던 것은 아니지만, 겨울이면 흔히 먹었던 것으로 이제 보기 힘든 것들 중의 하나가 무시루떡이다. 그때는 과자가 흔치 않았던 때라서 긴 겨울의 군것질거리로 시루떡이나 쪄 먹는 것이 고작이었다. 찰떡은 검정콩과 밤콩으로 고물을 하고 속에는 밤, 대추나 호박오가리를 넣어 달게 한 것이 많았다. 반면에 메떡은 언제나 팥고물이었고 속에 든 것도 없었다. 자연히 찰떡은 고급이고 귀한 것이었으며, 메떡은 상대적으로 저급했다. 그것에다 필경은 부피를 불리기 위해서 무채를 썰어 넣은 것이 무시루떡이다. 단맛도 없는 싼 무를 넣은 것이니 무시루떡은 메떡 중에서도 품격이 좀 떨어지는 떡이었던 것 같다. 그러나 무채에서 물이 나와 부드러울 뿐만 아니라 저분저분 씹히는 맛도 있고, 특히 무의 구수한 맛이 나서 나는 빡빡한 메떡보다 무시루떡을 더 좋아했다.

옛날에는 음력 시월 상달이면 집집마다 성주제라는 고사를 지냈고 그 고사떡을 이웃끼리 나눠 먹었다. 요즘은 고사를 지내는 집도 거의 없으려니와 고사를 지내도 떡을 떡집에서 맞춰다 지낸다. 집에서 시루에다 떡을 쪄야 한 켜는 무를 썰어 넣으라고 주문해서 무시루떡을 먹을 수 있을 텐데, 그럴 기회가 없으니 이제는 무시루떡을 구경할 수가 없다. 가끔 그 구수한 맛이 생각나서 집에서 무시루떡 타령을 몇 번 했더니, 집사람이 수소문을 하여 어느 장에 가서 한 번 사 왔다. 반가워서 얼른 한 입 떼어 먹어 보았지만, 이내 실망하고 말았다. 무채를 너무 잘게 썬데다가 그나마도 많이 넣지 않아서 씹히는 것이 없고 무맛도 나지 않았다. 게다가 요즘 떡집에서 만드는 시루떡이면 하나같이 나는 예의 그 들큰한 설탕 맛 때문에 무시루떡의 구수한 맛은 찾아볼 수가 없었다.

서울에서 겨울이면 늘 먹던 음식으로 이제는 아주 없어진 것 중의 하나가 조기젓이다. 전에는 음력 3, 4월이 조기 철이었다. 연평도 조깃배들이 마포강으로 들어와 조기를 부려 놓으면 서울 장안은 조기로 넘쳐났다. 그래서 집집마다 조기를 사다가 국 끓여먹고, 조려 먹고, 채반에 말려 굴비 만들고, 그러고도 남는 좀 쳐지는 것으로 조기젓을 담갔다. 서울서는 김장할 때에 새우젓과 조기젓만 썼다. 그래서 김치 빛깔이 탁하지 않고 맑았고, 맛이 담백했다. 멸치젓이라는 것은 육이오 동란 통에 남쪽으로 피난 가서 처음 알게 된 것이지, 그 이전에는 듣도 보도 못한 것이었다.

조기젓은 이렇게 김치에 넣기도 했지만, 겨울에 많이 쪄먹었다. 그러나 조기는 살이 물러서 삭는 동안에 살이 약간 발갛게 변질되었고, 찌면 냄새도 고리타분했다. 그래서 남자 어른들 상에는 오르지 못하고 주로 아녀자들 몫이었다. 나는 막내둥이로 어머니 곁에서 밥을 자주 먹었기 때문에 조기젓을 많이 먹은 편이다. 그 간간하고 담백한 맛이 입안을 개운하게 했다.

과일도 전하고는 많이 달라졌다. 육이오 때까지만 해도 이태원과 한남동, 보광동 일대의 야산이 전부 복숭아밭이었다. 그래서 봄이면 온 동네가 복숭아꽃으로 뒤덮였다. 강둑에서 바라보면 그 요요夭夭한 아름다움으로 해서 마을은 동화나 전설에 나오는 별천지 같았다. 그 많은 복숭아나무의 대부분이 신도복숭아였는데 그것은 요즘 과일점이나 식료품점에서 파는 것하고는 달랐다. 우선 그렇게 크지 않아서 기껏해야 작은 달걀만 했다. 그리고 껍질이 더 반들반들했고 송진 같은 진액이 묻은 것이 많았다. 또 요즘 신도복숭아처럼 딱딱한 것은 설은 것으로 쳐서 먹지 않았고 물씬물씬하게 익어야 먹었다. 그렇게 익어 물러지면 터지는 것이 많았다. 그래서 잘 익은 것은 홈 있는 데가 쩍 갈라져서 씨가 들여다보일 정도였다. 그렇게 익은 것은 새콤달콤하면서 과즙이 많아서 무척 맛있었다. 그러나 요즘 기준으로 보면 상품가치가 없고 보관도 어려워서 퇴출되고 만 것 같다.

여름철의 가장 흔한 과일인 참외도 많이 달라졌다. 전에는 청참외가 주종이었다. 노랑 참외는 일본 사람들이 개발한 김막가라는 것이 있었지만 크기가 너무 작고 값이 비싸서 대중적이지 못했다. 청참외 중에도 대표적인 것이 소위 백사과라는 것이었다. 이것은 익으면 겉의 녹색이 허옇게 바래기 때문에 그렇게 이름을 붙인 것으로 추정된다. 잘 익은 것을 골라 윗동을 도려내면 과육의 초록색이 짙다 못해 검을 정도였다. 그 맛이 매우 달고 시원한데다가 과일이 크고 씹히는 맛이 좋아서 한 개만 먹으면 갈증이 확 풀릴 뿐만 아니라 배가 부를 정도였다. 서울서는 오류골 참외를 제일로 쳤다. 서울말로는 "오릿굴 채미"라고 했고, 앞서 말한 신도복숭아도 "신두복사"라고 했다. 그러고 보니까 이밖에도 서울 근교에 이름난 과일이 많았다. 먹골의 배, 안양의 포도, 수원의 딸기, 양주의 밤, 소사의 수밀도, 자하문 밖의 능금 등이 그것들이다.

아, 이 자하문 밖의 능금도 이제는 없어진 과일이다. 1960년대만 해도 초가을 무렵에는 서울의 청춘남녀가 데이트하기 제일 좋은 장소 중의 하나가 자하문 밖 능금밭이었다. 놀라지 마시라. 그때만 해도 처녀가 총각을 좇아 세검정을 간다는 것은 상당한 결심을 요할 정도의 먼 길이었다. 왜냐하면 그 당시 서울의 대표적인 대중교통 수단은 전차였는데, 그것의 종점이 효자동이었다. 그러므로 능금밭을 가자면 종점까지 가서도 또 산을 넘어가야 했기 때문이다. 요새 젊은이들 같으면 효자동에서 택시를 타겠지만, 모두가 가난했던 그 시절에 젊은이들은 으레 평균보다도 더 궁핍했었다. 그래서 그들은 시외버스를 타는 것이 고작이었다. 그러나 능금 철에는 그 버스가 늘 만원이어서 데이트하는 남녀들이 걸어서 자하문 고개를 넘는 축들이 많았다. 만원 버스 안에서 부대끼다 보면 모처럼 차려 입은 새

옷이 구겨지기도 하려니와 남녀가 버스 안에서 몸을 댄다는 것이 서로가 겸연쩍고 민망한 노릇이었다. 그런 버스가 싫으면 걸어서 넘는 것이었다. 이렇게 자하문 고개를 걸어 넘을 각오까지를 해야 했으니, 능금 먹으로 가자는 데에 처녀가 동의만 해 주면, 총각 측에서는 그의 계획이 벌써 반성공은 한 것으로 볼 수 있었다.

능금은 개량되지 않은 야생 사과 같은 것이었다. 크기가 자두 정도밖에 안 되었고 맛도 요즘 사과만 훨씬 못했다. 별로 시지는 않았지만 그래도 산성이 강했던지 많이 먹으면 이가 시어져서 그 후 며칠간을 음식을 씹을 때에 새큰거려 애를 먹었다. 그러나 껍질이 얇고 과육이 연해서 마냥 먹기 좋았고, 노란 바탕에 붉은 기가 도는 빛깔이 무척 예뻤다. 특히 과수원의 파란 하늘을 배경으로 해서 쳐다보면, 그 화사한 색깔의 동근 열매들은 영롱할 정도로 아름다웠다. 낭만에 굶주렸던 그때의 젊은이들은 그 정도의 광경에도 감동하여 금세 궁핍한 현실을 잊어 버리고 아름답고 행복한 상상의 세계로 쉽게 빠져들어갔다. 젊은 남녀 사이의 이런 공감은 좀 더 짙은 교감으로 발전할 수 있는 좋은 계기를 마련해 주었던 것이다. 그래서 능금밭은 늘 청춘남녀로 붐볐다. 그러나 70년대에서부터 자하문밖이 개발되기 시작하면서 상품가치가 낮은 능금을 생산하던 능금밭은 급속히 택지로 바뀌어 갔다. 그리고 그런 변화와 더불어 능금도 사라져 버렸다.

이보다도 좀 더 일찍 없어진 것이 무릇이다. 무릇은 시골 아낙네들이 나무통에 넣어 이고 다니면서 한 보시기에 얼마씩 받고 팔았다. 그때는 낮에 대문을 지쳐만 놓고 잠그지 않았기 때문에 무릇 장

수가 집집마다 대문을 밀치고 들어와서 "무릇 사쇼" 하고 소리쳤다. 무릇은 꼭 파머리같이 생긴 것인데 그것과 쑥을 함께 넣고 고아서 만든 음식도 무릇이라고 했다. 그냥 그것들만 고아도 그렇게 단물이 나오는지, 아니면 조청을 넣는지 모르겠으나 하여간 상당히 단 음식이었다. 무릇 알맹이는 물씬물씬하고 달았지만 아린 맛이 났다. 그래서 많이 먹으면 속이 다렸다. 쑥은 질겨서 꼭꼭 씹어 단물을 다 빨아먹고는 뱉어 버렸다. 단것을 얻어먹기가 힘들었던 우리들의 어린 시절에 무릇은 중요한 당분공급원이었다.

옛날 음식 이야기가 이처럼 길어진 것은 요즘처럼 별의별 맛있는 고급 음식이 지천인 세상에 이상하게도 이런 어설픈 음식들이 그리워지기 때문이다. 옛날에는 내남없이 모두 주렸기 때문에 요즘으로 치면 별것 아닌 그런 음식도 감식甘食했고, 그래서 지금도 그 맛을 못 잊는 것일까? 그러나 곰곰이 생각해 보면, 꼭 맛이 좋아서 그리운 것은 아니다. 위에 든 음식들도 맛에 관한 한 대부분 요즘 음식에는 못 미친다는 것을 인정하지 않을 수 없다. 그보다는 그 음식들이 우리에게 준 특별한 만족감 때문인 것 같다.

그때는 음식이 귀할 뿐만 아니라 신성한 것이었다. 내게 그것을 각인시켜 준 사람은 우리 집에 진일을 도와주러 오던 한 시골 아주머니였다. 이 아주머니는 법 없어도 살 사람이라고 주위에서 모두 말할 정도로 착하디착한 사람이었다. 하루는 어머니가 출타 중이어서 빨래하러 온 이 아주머니가 내 점심을 차려 준 적이 있었다. 그런데 어머니가 해 주는 것같이 맛있게 밥을 비벼주지 못해서 내가 투정을 부리며 밥을 남기자, 그렇게 착하기만한 아주머니가 정색을 하며 나를 나무랐다.

"음식 가지고 그러면 못써. 음식 가지고 그러면 천벌 받는 거야."

60년이 지난 지금도 내가 그 장면을 생생히 기억하는 것을 보면 평소와는 너무나 다른 그 아주머니의 엄한 표정과 질책이 내게 무척 충격적이었음이 틀림없다.

이 아주머니뿐만 아니라 옛날에는 모든 사람이 음식은 하늘이 내린 신성한 것으로 여겼다. 그러므로 그것에 잡된 것을 섞어 음식을 훼손한다는 것은 신성모독이며, 사람으로서는 감히 할 수 있는 짓이 아니라고 생각했다. 음식은 이처럼 신성한 것이기에 그 내용물은 순정純正한 것이고, 그래서 우리가 그것을 취하면 그것은 전부 살이 되고 피가 되는 것이라고 믿어 의심치 않았다.

그러나 지금 우리는 음식의 빛깔이 좋으면 유해색소를 넣지 않았나 의심하고, 맛이 좋으면 조미료를 치지 않았나 의심한다. 그뿐만 아니라 우리의 이러한 의심은 대부분 사실로 판명되고 있다. 특히 생명을 위해서가 아니라, 돈을 위해서 만든 음식은 모두 얼마만큼의 유해물질을 내포하고 있다고 보아도 틀림이 없다. 그러므로 지금 우리에게는 음식이 남아날 정도로 많지만, 마음 놓고 먹을 수 있는 음식은 거의 없다. 우리가 옛날 음식을 그리워하는 까닭도 필경 이런 사정과 연관이 있을 것이다. 지금의 음식보다는 조악하지만 생명을 위해 만든 음식, 완벽한 신뢰를 가지고 섭취했기 때문에 우리에게 순일純一한 만족감을 주었던 음식 — 옛날 음식에 대한 그리움은 아마도 그런 음식다운 음식에 대한 그리움일 것이다.

『무명옷 세대의 뒤안길』 2004. 12

우리가 사는 세상

이 땅의 한 끝

남들은 외국을 앞뒷집 드나들 듯하는 세상에 나는 지난 겨울방학 때까지 한 2년 동안을 서울도 한 번 제대로 벗어나 보지 못하고 지냈었다. 길 나서기는 누구 못지않게 좋아하는 편이나 근년에 들어 웬일들이 그렇게 엎치고 덮치는지 일에 치어서 꼼짝을 못했던 것이다.

이렇게 말하면 무슨 대단한 일이라도 한 것 같지만, 사실은 별것도 아닌 일들에 싸여서 헤어나지 못했으니, 따지고 보면 일을 탓할 것이 아니라 나의 무능과 못난 주변머리를 탓해야 옳을 노릇이었다. 어떻든 내게는 그만 일도 힘에 겨워서, 방학뿐만 아니라 그 많은 공휴일과 주말도 쉬지 못하고 돌밭을 가는 늙은 소 모양으로 허덕허덕 지내 왔었다.

그러다가 지난 겨울을 고비로 하던 일이 정리 단계에 들어서자, 서둘러 뒤끝을 마무리짓고는 동료 C 선생과 함께 훌쩍 남도 길에 올랐다. 단 며칠간만이라도 바람을 쐬고 오지 않으면 그대로 질식해 버릴 것 같은 기분이었기 때문이다. 부끄럽게도 사십 줄을 넘어서도록 화엄사와 송광사를 못 가 본 터여서 이번 길에는 남원南原을 거쳐 그 두 가람을 돌고 오기로 여정을 정했다.

열차가 서울을 빠져나가자 나는 마치 헌 집의 텃구렁이가 허물을 벗어 놓고 초원으로 나가는 것 같은 기분이었다. 기차가 서울 외각의 어느 지저분한 동네를 지날 무렵, 나를 짓눌러 온 그 답답하고 권태롭고 구질구질하던 모든 것을 훨떡 벗어서 그곳에서 던져 버리고 홀가분한 마음으로 길게 앉아서 오래간만에, C 선생과 한담을 즐겼다. 그리고 이것만으로도 떠나오기를 참 잘한 것이라고 여러 번 혼자 되뇌었다.

서호西湖를 지나면서부터 마시기 시작한 맥주를 두어 병 비우고 나니까 어느새 충청도 땅이었다. 명색이 특급이라는 것이 이리裡里서부터는 완행으로 둔갑을 했지만, 그래도 점심때를 조금 넘기자 남원에 닿았다. 그 정도의 속도로 반나절 남짓 오니 이 나라의 거의 끝부분에 온 것이었다. 그만큼의 시간을 제트기로 가도 끝이 안 나던 남의 나라를 떠올리면서 좁은 땅덩이임을 새삼 실감했다.

그것에서부터 자꾸 이어지는 유쾌하지 않은 상념들을 간신히 끊어 놓고 역 구내를 벗어나오니까 나지막한 건물들로 이어진 정갈한 시가지가 한눈에 들어왔다. 두 갈래 난 길 중에 어느 쪽으로 갈까를 망설이는 동안 다시 그 넓은 나라에서 가졌던 또 다른 경험이 떠올랐다.

내가 거주하던 곳을 벗어나 그 나라에서 처음 여행을 했던 때였었다. 땅거미가 질 무렵 어느 낯선 도시에 들어가게 되었다. 멀리 그 도시의 고층건물들이 저녁놀을 등지고 실루엣으로 시야에 들어오자 내 마음은 흥분으로 동요하기 시작했다. 그것은 호기심과 불안이 뒤섞인 야릇한 설렘이었다. 시가지에 들어섰을 때에는 어둠이 좀 더 짙어져서 상가에 휘황한 네온등과 조명들이 켜지기 시작했다. 사통팔달로 길이 난 도심에서 차를 내린 나는 어느 방향으로 먼저 발을 옮겨야 할지 잠시 망설였다. 그러나 나는 이내 그러한 선택이 무의미함을 깨달았다. 그래서 아무 쪽으로건 무턱대고 걷기 시작했다. 가슴 속에 무겁게 괸 흥분이 금방이라도 넘쳐 쏟아질 듯이 출렁일 때면 그 통증에 가까운 쾌감을 힘겹게 가누면서, 모퉁이를 돌면 어떤 낭만적인 모험이 나를 기다리고 있을 것 같은 묘한 기대감에 사로잡혀서 낯선 골목길을 자꾸 걸었었다.

남원에 내린 것이 한낮이 조금 지난 시각이라서 그때와 같은 낭만적인 흥분이 일기에는 너무 밝았다. 또 요즈음같이 경향京鄕의 구분이 없는 세상에, 더구나 이 좁은 땅의 어디를 간들 특별히 다를 것이 있으랴 하는 생각이 그 같은 기분을 앞질러 막아 버리기도 했다. 그래도 이곳이 춘향이의 고장이라는 데에 거는 한 가닥 시대착오적인 기대는 끈질기게 따라붙었다.

우선 시가지를 한 바퀴 돌아보자는 C 선생의 말을 좇아 발길 닿는 대로 걷기 시작했다. 거리에는 이상할 정도로 차와 사람이 드물었다. 공휴일 서울의 철시한 거리보다도 더 한산해서 도저히 주중이라는 실감이 나지 않았다. “사람 사는 것이 이렇게 여유 있고 평화로울 수도 있구나” 하는 놀라움은 곧 “이렇게 사는 것이 정상이 아니겠는가” 하는 반성으로 이어졌고, 그것은 다시 “이제부터라도 느긋하게 신경을 풀고 행동해야겠다”는 생각을 일깨워 주었다. 그래서 우리는 습관적으로 자꾸 빨라지려는 발걸음을 의식적으로 늦추면서 짐짓 한유閑裕한 마음을 먹고 이곳저곳을 기웃거리기 시작했다.

여행하는 사람이 갖는 가장 큰 즐거움의 하나는 익명성에서 오는 자유다. 우리네야 버거울 정도의 큰 이름을 가진 처지도 못 되지만 그래도 평소에는 직업이나 사회적 지위 등에서 오는 행동의 제약이 없을 수 없다. 그러나 이렇게 허름한 차림을 하고 낯선 고장에 들어가면 그런 거추장스러운 것들로부터 해방되어 하나의 자연인이 되는 즐거움을 갖게 된다. 그것에는 숲속의 나뭇잎 하나가 된 것 같은 안락함과 무애無碍함이 있다. 그래서 일도 없이 남의 저자 앞을 서성거리며 안을 기웃거려 보기도 하고, 사람들이 몰려선 데가 있으면 가서 무슨 일인가 기웃거리다가 남들이 웃으면 영문도 모르면서 덩달아 웃기도 한다.

이 같은 익명성은 나를 해방시켜 줄 뿐만 아니라 나를 대하는 남들도 편안하고 자유롭게 해 준다. 행색으로 보아 갈 데 없이 나그네라고 생각되면 사람들은 대개 심리적인 무장을 풀게 마련이다. 그 기회를 타고 이쪽에서 먼저 소탈한 태도로 접근하면 저쪽에서도 친절하고 다정하게 나오는 법이다. 그러므로 나그네 행색만 했으면, 지나가는 아가씨에게 길을 묻고 나서 "아가씨, 눈매 참 곱소" 하고 너스레를 떨어도 눈총이 아니라 고운 미소를 받게 되며, 차 안에서 우연히 옆자리에 앉은 농부와 수인사를 나누고 얘기를 시작하면 몇 정거장 지나서 내릴 때에는 훗날 꼭 한 번 자기에게 들르라는 당부까지 받게 되는 것이다. 이처럼 나그네라는 익명성은 어설픈 짓을 해도 남의 눈에 띄지 않는다는 소극적인 측면보다는 진솔한 인정과 만날 수 있는 길을 터준다는 적극적인 면에서 더 큰 득을 주는 것이다.

우리는 시가지를 거닐면서 이 같은 익명성이 주는 이점을 유감없이 이용했다. 가다가 조금이라도 흥미로운 것이 있으면 촌로들처럼 아예 그 앞에 진을 치고 서서 호기심을 만족시켰고, 혹시 우스운 광경을 목도하거나 과장되고 허황된 옥호나 간판을 보면 철딱서니 없는 떠꺼머리들 모양으로 길거리에서 어깨를 서로 치며 낄낄거렸다. 또 무엇이나 알고 싶은 것이 있으면 두메에서 갓 올라온 사람처럼 길가는 사람 아무나 붙잡고 넉살좋게 수작을 붙이곤 했다. 이렇게 짐짓 촌닭 행세를 하면서 처음의 두 갈래 길 중에서 한쪽 길로 들어가서 마냥 여기저기를 기웃거리며 다녔어도, 불과 이삼십 분 지나니까 싱겁게 다른 한쪽 길로 나와 있었다.

시가지를 대강 파악하고 나자 C 선생은 파출소엘 들러 보자고 제안했다. 그의 경험에 따르면 어느 지역이고 그곳의 제반 사정을 순경들만큼 잘 아는 사람이 없으며, 지방의 순경들은 여행자들에 대해서 특히 친절하고 공손하다는 것이었다. 여태껏 파출소에서 별로 유쾌한 경험을 가져 본 적 없는 나로서는 어쩐지 좀 꺼림칙했지만, 나그네의 익명성이 갖는 효험만을 믿고 따라 들어가 보기로 했다. 아닌 게 아니라 우리를 맞은 순경도 차편에서부터 숙박시설에 이르기까지 우리에게 필요한 많은 정보를 소상히, 친절하게 제공해 주었다. 마지막으로 "조촐하게 술 한잔 하려면 어디가 좋습니까?"라는 질문에도 그는 빙긋 웃으며 "여기도 웬만한 데는 비싸서요" 하면서 광한루 후문 쪽의 몇 집을 추천해 주었다.

시내와 근교의 명소를 가고올 때도 우리는 물정 모르는 나그네 행세를 하면서 택시 운전사들과 많은 얘기를 주고받았다. 그들은 한결같이 상냥했으며 우리가 묻는 말에 성의 있게 대답해 주었다. 시골의 인심이 서울과 다르다는 것을 익히 알고 있고, 또 그런 푸근한 인심에 젖어 보고 싶었던 것이 서울을 떠나온 이유 중의 하나이면서도, 서울 운전사들의 무례와 횡포에 젖어 온 우리로서는 이러한 호의를 당연한 것으로 믿기가 어려웠다. 그래서 필경은 우리가 비철에 찾아온 드문 손님이기 때문에 특별 대접을 받는 것이라고 이들의 호의를 에누리하려 했다.

그러나 저녁때에 술집의 인심을 보고 우리는 그 생각이 잘못이었음을 알게 되었다. 날이 저물자, 낮에 들은 대로 광한루 후문 쪽의 한 깨끗한 술집을 찾아들어갔다. 맥주 세 병이면 안주 값을 안 받는다는 심부름하는 처녀의 말을 좇아 그대로 시켰더니 안주는 정말 거저 따라나왔다. 처음 서너 접시 나온 것이 모두 먹을 만하고 푸짐해서 괜찮다 여겼더니 이어서 생선회와 조갯살에 부침개까지 합하여 또 댓 접시가 나오는 것이 아닌가.

그런데 그것이 전부가 아니었다. 또 한 쟁반을 그득히 갖고 와서 접시 위에 접시를 포개 놓고 가길래 세어 보니 모두 열다섯 접시였다. 뭔가 잘못된 것이 아닌가 하여 일하는 처녀를 다시 불러 물어봐도 역시 안주는 거저라는 것이었다. 그 대신 맥주 한 병에 2천 원을 받는다고 일러 주었다. 그러나 이 안주만 해도 서울 같으면 10만 원은 충분히 될 터인데 맥주 세 병까지 곁들여서 6천 원이 웬말인가? 미안해서 억지로 술을 좀 더 시켰지만, 이미 안주로 배가 부른지라 술이 들어가지 않았다. 간신히 두세 병을 더 비우고 일금 1만여 원을 치르고 나왔을 때, 갑자기 우리가 서울에서 무척 먼 곳에 와 있다는 느낌이 들었다.

다음 날 우리는 화엄사와 송광사를 거쳐 저녁에 광주光州에 이르렀다. 충장로의 어느 골목 안에 있는 조용한 술집에 들어가서 맥주를 시켰더니 역시 남원과 같은 식이었다. 가짓수는 남원에서보다 약간 적어서 열세 접시였으나 음식은 더 맛갈지고 정갈했다. 여기서도 우리는 차마 세 병만 마시고 일어날 수 없어서 두어 병을 더 시켰지만, 지배인이나 종업원들 중 누구 하나도 우리가 술을 더 들기를 원하는 내색은 조금도 보이지 않았다. 이렇게 장사를 해서 어떻게 수지를 맞추느냐고 지배인에게 물으니까, 사실 우리 상床에서는 조금 적자라고 하면서, 그러나 다른 상들에서 이문이 남기 때문에 괜찮다는 대답이었다. 계산을 치르고 나오면서 우리가 묵으려는 숙소로 가는 길을 물었더니, 지배인이 택시 타는 데까지 안내해 주겠다고 나서는 것이었다. 가뜩이나 공술을 먹은 것 같아서 미안하던 터라 그의 호의를 끝내 사양하고 나왔지만, 우리의 가슴은 2월의 쌀쌀한 밤공기가 오히려 시원하게 느껴질 정도로 술기운만이 아닌 훈훈함으로 가득했다.

장사라는 것이 원래 사람이 하는 짓 중에 가장 인정머리 없는 것의 하나가 아닌가. 더구나 요즈음처럼 장사가 사뭇 갈취에 가까워가고 있는 판국에 이처럼 후한 인심을 갖고 장사를 한다는 것은 놀랍고도 갸륵한 일이 아닐 수 없었다. 사실 이 사람들은 엄밀한 의미에서 장사꾼이라고 볼 수도 없었다. 분명히 이윤이 나올 것을 전제로 물건을 사고파는 사람을 장사꾼이라고 한다면, 이들은 이윤에 대해서는 상대방의 처분만 바란다는 점에서 장사꾼의 기본 조건을 결하고 있기 때문이었다. 말하자면, 주인이 우선 객에게 베풀면 객이 어찌 응분의 보답을 하지 않으랴 하는 생각이 이들의 장사 철학이었다. 요즈음 세태에 비추어 보면 분명히 시대착오적이라고 할 수 있는 이런 인정에 대한 믿음이 아직도 이곳 사람들 사이에는 이어져 올 뿐만 아니라 실천되고 있었다. 이처럼 옛날의 덕목이 이곳에는 여태껏 보존되고 있는 것을 보니, 남원에서 춘향이 같은 여인을 만날 수 있지 않을까 했던 기대도 전혀 터무니없는 망상만은 아니었다고 생각됐다.

다음날 오전에 고창의 선운사를 들러보고 그 길로 서울로 올라오느라고 몸은 꽤 피로했으나 마음은 풍요로웠다. 그것은 우선 여러 큰절을 들르면서 좋은 것을 많이 보았기 때문이었다. 그중에서 특히 화엄사 각황전覺皇殿의 높은 추녀를 우러렀을 때의 감동은 어느 절, 어느 건물에서도 느껴보지 못한 황홀한 것이었다. 각황전은 크면서도 거친 데가 없었다. 한 치의 지나침이나 모자람을 허용치 않는 정치精緻한 아름다움을 갖고 있으면서도 그로 인해 장엄함을 잃지 않았으며, 견고하고 중후하면서도 오히려 비상할 것 같은 경쾌함을 함께 지니고 있었다. 그것은 부처님을 모신 집이라기보다는 부처님의 높고 크고 아름다운 영혼이 건물로 현현顯現한 것 같았다. 그래서 그 앞에 서면 단순히 건축의 아름다움이 아니라, 위대한 정신의 아름다움에 압도되었다.

전혀 예비지식이 없이 들렀던 실상사도 많은 놀라움과 기쁨을 안겨 주었다. 우리의 입에서 동시에 탄성을 자아낸 단아한 두 석탑과 석등과 대웅전의 절묘한 조화며, 몰래 옆문으로 들어가 본 어두운 불당 안에서 마주친 거대한 철불의 위엄 등은 오래 두고 기억될 것들이다.

또, 송광사의 저녁 예불 때에 사미들에게 법고法鼓 치는 법을 가르치던 어느 스님의 놀라운 솜씨를 본 것도 귀중한 경험이었다. 춤을 추는 듯한 몸짓과 유연한 손놀림으로 그 큰북을 골고루 두드리면 난데없이 한 떼의 준마들이 달리는 소리가 진동을 하는 것이었다. 그 때리면서도 어루만지는 듯한 신기한 타법과 북소리에 신운神韻이 나서 춤을 추는 것인지 춤의 흥취에 북이 감응해서 소리를 내는 것인지 분간할 수 없을 정도로 북소리와 춤이 하나가 되어 어울리는 모습은, 북치는 것 한 가지로도 높은 수행의 경지에 다다를 수 있으리라는 생각을 하게 해 주었다. 그러나 이것들에 못지않게, 어쩌면 이것들보다 더 직접적으로 내게 넉넉한 마음을 갖게 한 것은 이 땅에 아직도 인정이 살아 있다는 것과, 지금도 그것을 생활의 기본 원리로 실천하고 있는 사람들이 많이 있다는 사실을 확인한 것이다.

기차를 탄 지 대여섯 시간 만에 다시 아귀다툼의 서울로 돌아왔을 때는 역시 좁은 땅덩어리라는 사실을 다시 한 번 절감했지만, 이 땅의 한 끝에 각황전의 아름다움이 있음으로 해서, 그리고 이 무서운 세태 속에서도 훈훈한 인정을 지키는 많은 어진 사람들이 거기 있음으로 해서, 이 나라는 땅덩이는 좁아도 결코 작은 나라가 아니라는 생각이 들었다.

『現代文學』 1984. 7

마음의 공간

낡고 작은 집을 팔아 치우고 아파트로 옮기라는 친지들의 권고를 들을 때마다 비좁아도 단독주택이 아파트보다는 몇 배 낫다고 우기며 7, 8년을 버티다가 부득이한 사정으로 '당분간'이라는 조건을 달아 아파트로 오게 됐다. 와 보니 생각했던 것보다도 편리한 점이 더 많으나 사는 맛은 역시 옛날 집만 못하다. 가령 댓돌을 내려서면 흙을 디딜 수 있고, 고개를 들면 하늘을 볼 수 있는 넉넉함과 푸근함은 아파트에서는 바랄 수 없는 것이다.

이런 것은 예상했던 결함이지만 실제로 살아 보니까 생각지 못한 곳에 더 무서운 결함이 도사리고 있었다. 그것은 환기통을 통해 나는 아랫집의 생선 굽는 냄새나 벽을 통해 들리는 옆집 피아노 소리가 유난히 신경에 거슬리는 사실을 의식하면서 알게 된 것이다. 전에는 앞집서 나는 된장국 냄새며 옆집서 들려오는 전축 소리에 그렇게 신경질적인 반응을 일으키진 않았다. 앞집과 옆집하고는 고작 손바닥만한 마당과 좁은 골목길을 격한 것뿐인데다가 낮은 담 위로는 서로 트여 있어서 그런 유의 피해는 훨씬 더 빈번하고 심했는데도 그것들이 예사롭게 여겨졌었다.

지금 생각해 보니 그것은 담 위로 트여 있는 그 공간 덕택이었다.

그 작은 공간은 나와 이웃이 공유하는 공동의 공간이었고 그래서 피차에 양보가 이루어질 수 있는 마음의 공간이기도 했다. 그 공유의 공간이 있으므로 해서 내 마음에 여유가 있었고, 그 여유가 소리나 냄새나는 것을 너그러이 접어 줄 수 있게 했던 것이다.

그러나 아파트에는 그렇게 서로 트여 있는 공간이 없다. 육면이 꽉 막힌 이 밀실은 온전히 나만의 공간이지 남과 공유하는 구석이라고는 한 치도 없다. 그렇기 때문에 비록 작은 소리나 냄새라도 남의 것이 스며들면 그것을 곧 침해로 느끼고 거부반응을 일으키게 되어 있다. 폐쇄된 공간이 폐쇄된 마음을 만드는 것이다. 아파트가 편리는 하지만 그래도 처음에 "당분간"이라고 한 막연한 기간을 될수록 짧게 확정하고 싶은 마음이 굳어지는 것은 그 대가로 모르는 사이에 잃는 것이 너무 크고, 그래서 편리가 꼭 마약 같다는 생각이 들기 때문이다.

『동아일보』 1985. 5

조종弔鐘은 그대를 위하여 울린다

얼마 전 어느 학생에게서 방학 동안에 읽을 영어 소설을 하나 소개해 달라는 청을 받았다. 조건은 내용이 좋되 영어가 쉬워야 한다는 것이었다. 나는 이것저것을 생각한 끝에 어네스트 헤밍웨이Earnest Hemingway의 『누구를 위하여 조종은 울리나 *For Whom the Bell Tolls*』를 추천하였다.

이 소설은 1936년에서 1939년까지 계속된 스페인 내란을 배경으로 하고 있다. 이 내란은 민주적인 공화국을 건설하려는 혁신적 정부에 대하여 보수 세력의 하나인 군부가 반란을 일으킴으로써 시작되었다. 그런데 내란이 일어나자 당시 유럽에서 파시즘의 세력을 확장할 기회를 찾고 있던 히틀러와 무솔리니가 곧 반란자인 프랑코에게 무기와 군대를 제공하였고, 이것을 본 소련의 스탈린은 공화주의자들을 돕게 되었다. 이리하여 한 나라의 내란이었던 이 싸움은 전 구미 지역의 좌익과 우익, 민주 공화주의와 파시즘의 싸움으로 변질되었고 그래서 구미 각지에서 수많은 의용군이 몰려들었다. 이때에 공화주의자들을 돕기 위해 참전한 사람들 중에는 좌파 지식인들뿐만 아니라 파시즘을 증오하는 자유주의자들도 많았다.

이 소설의 주인공 로버트 조던Robert Jordan도 이런 자유주의 이상주의자다. 그는 미국의 어느 대학에서 강의를 하던 지식인으로 스페인과는 아무 개인적인 관계도 없는 사람이다. 단지 자유롭고 평등한 나라를 건설하려는 스페인 사람들과 이념을 같이하기 때문에, 그 이념을 말살하려는 파시스트들과의 싸움에 동참한 것이다. 조던은 공화주의 정부를 지지하는 군대the Loyalist army에 가담하여 교량 폭파 임무를 띠고 산악 지방의 게릴라를 찾아간다. 그들과 지내는 사흘 동안, 그 내일을 기약할 수 없는 극한 상황에서도 그는 한 스페인 아가씨와 순간에 영원을 사는 것 같은 깊은 사랑에 빠진다. 그러는 한편 그는 게릴라들의 도움을 받아 임무를 완수하지만, 퇴각 도중에 부상을 당하게 되고 그래서 혼자 남아 적의 추격을 저지하면서 죽는 것이 이 소설의 줄거리로 되어 있다.

이 소설에 대해서 비평가들은 엇갈린 견해를 보였다. 정치성의 결여를 들어 헤밍웨이를 비판했던 평자들 중에는 이 작품을 그의 발전적 변화의 증좌로 보고 환영하는 사람들이 많았다. 그러나 좌파 비평가들은 부정적인 평가를 내렸다. 우선 작품 내에서 조던이 필요에 의해서 자기가 공산주의자들과 어울린 것이지 공산당의 강령을 믿어서 그들 편에 선 것이 아니라고 피력하고 있는 점이 못마땅했다. 그렇지 않아도 그들의 눈으로 보면 냉엄한 정치 현실에 휴머니즘과 같은 어리석고 허약한 믿음을 갖고 대처하려는 것은 일종의 감상주의에 불과한 것이며, 따라서 조던의 태도는 정치적인 대안이 될 수 없다는 것이다. 그러나 문학이 반드시 정치적인 쟁점의 해결책이나 확실한 대안을 제시해야 한다는 법은 없다. 그렇지만 또, 현실적인 삶을 소재로 삼는 소설이 현실성 없는 이야기를 한다면 그것도 온당한 일이 아닐 것이다. 그렇다면 이 소설의 정치성에 대한 평가는 휴머니즘이 파시즘에 대항하여 이길 수 있는 현실적인 이념이 될 수 있는지 여부에 달려 있다고 볼 수 있다.

휴머니즘은 정치이념이 아니다. 그것은 정치이념보다 더 크고 근본적인 개념이며 그런 의미에서 정치이념보다 상위 개념이다. 그래서 그것에는 정치이념의 당파성이나 전투적인 기율 같은 강한 결집성과 효율성이 없는 것이 사실이지만, 경우에 따라 그 나름으로 하나의 정치적인 세력을 이룰 수 있는 것도 사실이다. 양차 세계대전의 그 끔찍한 살육전 속에서 연합군 측 병사들을 도덕적으로 지탱해 줄 수 있었던 것은 그들이 인간의 자유와 존엄을 위해 싸운다는 믿음이었다. 이것들은 바로 휴머니즘의 덕목들이다. 이렇게 보면 휴머니즘은 금세기에 인류를 파시즘의 위협에서 구출해 준 이념이었던 것이다. 혹자는 두 전쟁에서 연합군이 승리한 것은 순전히 물자적인 우세 때문이었다고 주장할는지 모른다. 그러나 물자 면에서는 아무리 우세하더라도 싸움에 명분이 없으면 패배하고 만 경우를 우리는 베트남과 아프가니스탄에서 보았다. 그러므로 휴머니즘은 조직화하고 제도화한 정치 이념이 아니면서도 정치적으로 커다란 힘을 발휘하고 있는 이념임이 틀림없다.

실은 체계화한 정치 이념이 아니라는 것이 그것의 강점인 것이다. 정치 이념은 현실적인 문제에 집착하다가 목표를 잃어서 침몰하기도 하고, 반대로 그 궁극적인 목표는 이상적이더라도 현실적 문제 해결에 실패하여 퇴색해 버리기도 한다. 그러나 휴머니즘은 기본적인 인간적 가치들을 지향하기 때문에 상황에 따라 부침하는 정치적

이념과는 달리 인간의 본성이 변하지 않는 한 영구히 존속할 수 있는 것이다.

로버트 조던이 추구하는 것도 바로 이런 항구적인 가치들이다. 그가 믿는 것은 "자유와 평등과 형제애"이며 "삶과 자유와 행복의 추구"이다. 이것들은 고전적인 인간적 가치들이며 만인 공통의 가치들이다. 휴머니즘의 힘은 그것이 인류 공동의 선을 지향하기 때문에 모든 인간을 하나로 묶어 주는 데에 있다. 다시 말해서 휴머니즘은 모든 사람들을 인간 가족의 일원으로 환원해 주는 것이다. 이처럼 모두가 가족이라면, 지구상 어느 곳에서 인간적 가치가 거부되면 모두가 그 가치를 못 누리는 것이 되며, 어느 일부가 행복하지 못하면 전부가 불행한 것이 된다. 그러므로 스페인 내란에 참전한 조던도 남의 싸움에 끼어든 것이 아니라 바로 자기의 싸움에 뛰어든 것이다.

이 소설의 제목도 바로 이와 같은 형제애, 인간의 연대성을 강조한 17세기 영국의 시인이며 종교인이었던 존 단John Donne의 명상록에서 뽑은 것이다. 그 부분을 초역抄譯하면 다음과 같다.

> 아무도 그 스스로 자족한 섬일 수 없다. 모든 사람은 대륙의 한 조각이고 육지의 한 부분이다. 흙 한 덩이가 바다에 쓸려 가버리면 갑岬 하나가 쓸려 나간 것 못지않게, 그대 친지나 그대 자신의 장원이 쓸려 나간 것 못지않게, 유럽 전체가 그만큼 작아진 것이다. 어느 사람이라도 죽으면, 내가 인류 안에 포함되어 있기에, 나의 일부가 감소하는 것이다. 그러므로 누구를 위하여 조종이 울리는지 알아보려 하지 마라. 그것은 그대를 위하여 울리는 것이다.

나를 찾아온 학생에게 이 작품을 택해 준 것은 지금이야말로 이같이 인류를 껴안은 연대 의식과 그것에서 비롯하는 도덕적 건강성이 요청되는 시대라고 생각되었기 때문이다. 세상은 이제 탈이념의 시대에 접어들었다고 한다. 아닌 게 아니라 엊그제까지 서슬이 시퍼래서 편을 가르고 대립하던 나라들이 장벽을 허물고 왕래하는가 하면, 어제의 적들이 동업자가 되어 가고 있다. 덕분에 우리도 이념 투쟁에 소비했던 힘을 좀 돌려 세계화·국제화를 위해 쓰게 되었다. 어쨌든 고맙고 다행한 일이 아닐 수 없다.

그러나 이렇게 좋은 세상이 되었기에 새삼 우려되는 바도 있다. 오늘날은 이념의 싸움 대신에 경제적 무한경쟁 시대가 되었다. 그런데 경제적 경쟁이야말로 가장 인간의 이기심을 촉발시키기 쉬운 것이 아닌가. 이제 하나의 경제권으로 통합된 세상에서 각자가 자기 나름으로 살 궁리를 강구해야 하는 판이니, 남의 사정과 이웃의 행복에 대해서는 마음 쓸 겨를도 없어지지 않을까 하는 우려가 드는 것이다. 이제 딴 세상이 되었으니 그동안 떠들던 정의니 사상이니 이념이니 하는 것은 다 쓸모없는 것이고, 오직 나 벌어 나 잘 사는 것만이 중요하다는 이기주의, 천민자본주의가 발호할까봐 걱정이 되는 것이다.

그러나 냉전 체제가 붕괴됐다고 해서 이념 자체가 없어진 것은 아니다. 서로 반목하고 갈등을 빚던 정치적 이념들이 시들해진 것이지 인류 공동의 선을 지향하는 근본적인 이념마저 무효화한 것은 아니다. 사실은 이제야말로 모두가 합심하여 그 인류의 꿈을 실현해야 할 때가 도래한 것이다. 그것을 이룩하기 위해서는 무엇보다도 우리의 도덕적 긴장을 풀지 말아야 하는데, 그 한 가지 방법이 인간적 가치를 수호하기 위하여 얼마나 많은 사람들이 목숨을 바쳤는가를 상기하는 일이다. 이런 뜻에서, 바야흐로 평화의 분위기가 고조되고 있는 이때에 젊은이들에게 『누구를 위하여 조종은 울리나』와 같은 전쟁 소설을 읽혀야겠다는 생각이 들었던 것이다.

『한국인』 1994. 3

낙원 상실기

오늘은 모산이 제비동자꽃을 보러 선자령에 가자기에 따라나섰다. 제비동자꽃은 동자꽃보다 좀 작지만 빛깔이 더 선홍색에 가까워 화려한데다가 꽃잎의 끝부분이 제비꼬리같이 갈라져 있어서 매우 고혹적인 꽃이다. 나는 언젠가 시들어 가는 것만 한 번 본 적이 있어서 늘 싱싱한 제 모습을 보고 싶었던 차라 기꺼이 따라나섰던 것이다.

새벽에 길을 나설 때에 안개가 자욱했는데, 횡계에 도착하여 아침을 먹고 났을 때에도 주위의 산봉우리들은 수묵 산수화처럼 아직도 안개 위에 떠 있었다. 우리는 수박풀이 있다는 대흥사를 먼저 갈까 아니면 선자령을 먼저 갈까 망설이다가, 아무래도 높은 곳에 안개가 먼저 갤 것이라고 믿고 선자령으로 향했다. 우리의 예상은 적중했다. 높이 오를수록 안개가 엷어지며 하늘이 벗어지더니 선자령 입구에 이르렀을 때는 드디어 해까지 비쳤다. 우리는 환호하면서 곧바로 제비동자꽃이 있는 곳으로 향했다.

모산은 제비동자꽃이 있는 곳의 전신주 번호까지 외고 있었다. 그 앞에 차를 세우고 서둘러 장비를 갖춘 후 소로를 따라 숲으로 들어갔다. 그런데 앞장을 선 모산이 잰걸음으로 한 2, 30미터쯤 들어가더니 "벌써 많이 쇠했는데" 하며 우뚝 서는 것이었다. 그의 앞에는 전에 내가 본 것보다 상태가 좀 낫지만 그래도 생기가 가신 제비동자꽃이 여러 송이 보였다. 그런데 그가 지나친 풀섶 한 옆에 한 무더기의 제비동자꽃이 싱싱한 선홍색을 발하며 피어 있지 않은가? "여기 있다!" 하고 내가 소리치자 모산이 돌아보며, "그렇네. 내가 못 보고 지나쳤네" 하며 반색을 하였다. 색깔도 색깔이려니와 갈라진 꽃잎이 약간 위로 휘어 올라간 것들이 있어 마치 불꽃이 피어오르는 것같이 현란하게 아름다웠다. 나는 얼른 몇 커트 찍고는 모산에게 자리를 내주었다.

그런데 모델이 그렇게 좋으면 수십 장을 찍어대는 모산이 웬일인지 몇 장 안 찍고 물러서는 것이었다. 완벽주의자 모산은 모델이 아무리 좋아도 햇빛이 비치지 않으면 결격이라고 생각하기 때문이었다. 위치로 보아 오후에나 해가 들 것 같아서 우리는 선자령 쪽으로 더 올라가면서 다른 꽃을 먼저 찍고 점심까지 먹은 후에 다시 들르기로 하고 숲에서 나왔다. 나와서 보니까 우리가 들어갔던 소로를 조금 못 미치는 곳, 찻길 가에도 상태가 괜찮은 것들이 많이 피어 있었다. 그것들 역시 오후에나 해가 들게 생겨서 나중을 기약하고 그 자리를 떠났다.

안개 낀 날은 덥다더니, 해가 나면서부터는 사진을 찍기 위해 잠시 햇볕에 나가 있는 동안도 견디기 힘들게 무더웠다. 모시대와 철지난 말나리 등을 찍으며 언덕을 올라서서 돌아보니까 모산은 어디 있는지 보이지 않았다. 꽃을 찾아 어느 풀섶으로 들어가면 아무리 불러도 함흥차사가 되는 그의 성벽을 익히 아는 터라, 아예 찾을 생각을 접고 나는 나대로 선자령이나 등산하기로 했다.

선자령을 등산한다고 했지만, 오르는 도중에 고도를 올라채는 곳도 별로 없으니까 사실 등산이라고 말할 것도 없다. 그러나 마지막 1킬로미터 남짓한 거리는 나무가 없는 초지인데다가, 오늘은 바람도 없어서 위에서는 땡볕이 내리쬐고 밑에서는 지열이 훅훅 치밀어 올라서 큰 산을 오르는 것 못지않게 힘들고 땀이 났다. 그 지루한 길을 터벅터벅 걸어서 나지막한 언덕 위에 "선자령"이라고 새긴 표지석 하나 덩그마니 서 있는 것을 확인하고는 다시 내려왔다. 처음 가는 길도 아니고 별 재미도 없는 밋밋한 길이라는 것을 알면서 왜 그 고생을 하며 정상까지 왔다 가는 걸까? 그런 나의 행동에 대해 곰곰이 성찰하면서 자신에 대해 고소苦笑를 금치 못했다.

등산하는 사람들은 대개 어느 산을 오르든지 정상을 올라야 직성이 풀리고, 또 그래야 그 산을 가 본 것으로 생각한다. 산을 걷는 자체의 즐거움, 도중의 좋은 경관을 보는 행복감, 청신한 공기를 마시는 상쾌함, 또 계절에 따라 꽃, 녹음, 단풍, 또는 설화雪花의 아름다움을 완상하는 데에서 오는 심미적 만족감 등은 여차로 치고, 오직 정상에 올라야 산에 갔다고 한다. 그렇게 정상에 올라서서는 그 산을 "정복했다"고 기고만장해한다. 그러나 그 말은 생각해 볼수록 가당치 않은 말이다. 인간이란 따지고 보면 그 흔한 돌멩이 하나 어쩌지 못하는 주제인데, 산을 정복하다니. 또 산이 언제 인간을 상대로 겨루자고 한 적이 있는가? 인간이 가만히 있는 산에게 저 혼자 도전한다고 선언하고서 정상에 기어오른 다음 제가 이겼다고 뒤떠드는 것이다.

그런데 그 속내를 들여다보면 더욱 맹랑하다. 정복이라는 말은 어떤 대상과 겨루어 이겼을 뿐 아니라 그 대상을 자기의 소유로 복속시켰다는 뜻이다. 이런 함의는 옛날에 동서양을 막론하고 정복자가 피정복자의 생명과 재산을 소유한 역사에서 유래할 것이다. 정상을 오른 사람이 실제로 그 산을 소유할 수는 없지만, 그래도 그는 정복자와 같은 절대 권력을 산에 대해 가상假想함으로써 간접적으로 소유의 쾌감을 누리는 것이다. 가질수록 더 갖고 싶은 것이 소유욕의 특성이다. 산을 소위 '정복'하는 사람들이 그 목록이 길수록 더 만족해하고 또 그것을 과시하고 싶어 하는 것도 바로 소유욕의 전형적 속성을 드러내보이는 것이다.

나는 선자령을 오르면서 마음속에 이런 소유욕이 발동하고 있음을 의식하지 못했다. 그러나 그것이 변명이 될 수 없었다. 산을 정복하겠다는 의식이 없을 때조차 정상을 반드시 밟아야겠다는 생각이 무슨 제의祭儀처럼 고정관념화해서 나의 행동을 조정하고 있었기 때문이다. 그러니 나는 그 중독의 심각성이 보통 사람들보다 오히려 더 심하다고 해야 할 것이었다.

나무들이 빽빽한 삼림지대로 들어서자 꽃들을 보리라는 즐거운 전망이 이런 유쾌하지 못한 상념을 지워 주었다. 꽃을 보는 마음은 그런 소유의 욕망에서 벗어난 순수한 마음이라고 자부할 수 있기 때문이었다. 어느 구비를 도니까 땡볕에서 촬영에 열중하고 있는 모산이 보였다. 나를 보자 그는 땀을 비 오듯 흘리면서도 예쁜 꽃들을 본 사연을 내게 전하느라고 여념이 없었다. 이백李白은 맹호연孟浩然이 "꽃에 홀려 임금을 섬기지 않았다(迷花不事君)"고 찬탄했던가. 모산은 꽃에 홀려서 폭염도 잊은 듯했다.

그늘로 자리를 옮겨 점심을 들고 났을 때에는 해가 서쪽으로 조금 기웃했다. 이때쯤 가면 제비동자꽃에 햇빛이 들었을 것 같았다. 우리는 서둘러 숲을 빠져나와 차를 타고 예의 그 전신주가 있는 곳으로 향했다. 그런데 그 근처에 이르자 저만치에 검은색 봉고차가 서 있는 것이 보였다.

"웬 차지?" 우리는 거의 동시에 서로에게 물었다. 어쩐지 불길한 예감이 들었던 것이다. 가까이 가 보니까 그 차는 제비동자꽃이 있는 숲으로 들어가는 소로에서는 한 7, 8미터 떨어져 있었다. 조금 안심이 되었지만, 그래도 불안한 생각이 가시지 않았다. 차를 대자마자 우리는 마치 놓고 온 귀중품을 다시 찾으러 가듯이 급히 숲으로 들어가서 꽃을 찾아 둘러보았다. 꽃은 온데간데없었다. 모산이 먼저 본 것도, 내가 나중에 찾아낸 것도 사라지고 없었다. 말을 잃은 채 면면상고面面相顧하던 우리는 밖으로 나와 큰길 가에 있던 꽃을 찾아보았다. 역시 사라지고 없었다. 나는 무슨 악몽을 꾸고 있는 것 같았다. 그 자리에 멍하니 서 있다가, "아니, 이럴 수가 있나?" 하고 황당해서 탄식하는 나에게 모산은 올 것이 왔다는 것같이 차분한 어조로 일러주었다.

"동호회의 다른 회원들이 그러는데, 요즘 이런 일들이 자주 발생한대. 자기가 찍고 난 다음 다른 사람들은 못 찍게 하느라고 꽃을 꺾어 버리는 자도 있고, 또 화원에 갖다 파느라고 파 가는 자도 있대."

옆집에 어젯밤 강도가 들었다는 소식만큼이나 섬뜩했다. 그리고 슬펐다.

정년 후 우계와 모산이 야생화 촬영에 취미를 붙여서 꽃이 핀 산골짜기를 찾아 돌아다닐 때에 나도 똑딱기 사진기를 들고 그들과 자주 동행했다. 나는 본래 산을 좋아하는데다가 우리 셋은 의기투합하는 사이여서 정년하기 전부터 여행을 자주 같이 해오던 터였다. 그런데 이제는 꽃구경까지 겸했으니 이야말로 금상첨화가 아닌가. 그래서 지난 3, 4년간 우리 셋은 강원도, 경기도, 충청도 등의 심산유곡과 바닷가를 수십 차례 함께 쏘다녔다. 갈 때마다 즐거웠다. 사람 좋고, 꽃 좋고, 산 좋은데다가, 가는 곳에 유명한 음식이 있으면 찾아 식도락도 하고, 또 시간을 내서 비경秘境이나 명승지도 찾아다니니 이보다 더 좋은 행락行樂이 또 있을까 싶었다. 늙어서 세사世事에 얽매이지 않고 이렇게 산천경개山川景槪 좋은 곳을 찾아다니며 유유자적하는 것이 우리의 바람이었는데, 이 탐화여행探花旅行이 그런 바람에 바로 딱 들어맞는 것이었다. 우리는 이런 신선놀음을 부디 오래 할 수 있기를 바랄 뿐이었다.

그런 소망을 가로막을 수 있는 것은 우리의 건강이 나빠지는 것뿐이라고 생각하여 우리는 서로 무병하기만을 바랐지, 세인의 영악함이 이 선경에 비집고 들어와 우리의 낙을 앗아가리라고는 꿈에도 생각지 못했다. 이런 기쁨은 언제나 누릴 수 있으리라고 철석같이 믿었기에, 이 사건은 더더욱 충격적이었다.

"꽃을 왜 자기 혼자만 차지하려고 하는가? 아니, 그것이 또 몇 푼 된다고 캐다 판단 말인가? 이 깊은 산골짜기에까지 인간의 탐욕이 침범하다니! 도대체 탐욕의 끝은 어디인가? 이곳까지 유린된다면 인간의 소유욕에 의해 오염되지 않은 청정지대는 어디에 있을 수 있단 말인가?" 이런 탄식이 저절로 터져 나왔다. 꽃을 찾아 새벽길을 나섰을 때의 부푼 기대가 이렇게 산산조각이 나자 더는 꽃을 찾아 사진 찍을 마음이 가셔 버렸다. 그래도 해가 아직 높다랗게 남아 있으니까 할 수 없이 다른 꽃들을 찍으며 시간을 채웠지만, 집으로 돌아오는 차 안에서도 내내 허탈한 마음을 가누기 힘들었다.

에리히 프롬Erich Fromm의 『소유냐 삶이냐?*To Have or To Be?*』가 생각났다. 프롬은 있음직하지 않은 곳에 피어난 작은 꽃을 보고 그 놀라운 생명 현상에 감탄하는 동서양 시인의 시를 인용하면서 꽃을 대하는 두 시인의 태도를 비교하는 것으로 이 책을 시작하고 있다.

よく見れば薺花咲く垣根かな.*
자세히 보면 냉이 꽃 피는 울밑이런가.
—바쇼

Flower in the crannied wall,
I pluck you out of the crannies,
I hold you here, root and all, in my hand,
Little flower—but if I could understand
What you are, root and all, and all in all,
I should know what God and man is.

---

*원전인 *To Have or To Be?*에는 일어 원문이 아니라, 다음과 같은 영역으로 되어 있음.
When I look carefully
I see the nazuna blooming
By the hedge!

담 틈에 피어난 꽃이어,
너를 틈에서 뽑아
뿌리째 전부 손에 들고 본다.
작은 꽃이어—만약 내가
뿌리며 모두 네가 무엇인지 알 수 있다면
신과 인간이 무엇인가를 알 수 있으련만.

—테니슨

일본의 하이꾸 시인 바쇼芭蕉는 울타리 밑에 핀 냉이꽃을 찾아내어 들여다보며 감탄하는가 하면, 영국의 시인 테니슨A. Tennyson은 담 틈에 핀 작은 꽃을 보고 그것이 간직하고 있을 신비를 사유한다. 그런데 바쇼는 꽃을 있는 그대로 두고 보면서 개화開花라는 그 놀라운 현상에 감동하는 데 반해, 테니슨은 꽃을 뿌리째 뽑아 들고 응시하면서 그것에서 지식이나 직관을 얻으려 하고 있다. 프롬은 후자에서 지식을 소유하려는 욕구를 지적하고 있다. 그는 또한 테니슨이 꽃을 뽑아 손에 들고 있다는 전형적인 소유적 행동도 물론 간과하지 않는다. 이런 차이는 시인과 꽃과의 관계에 결정적인 영향을 끼친다. 바쇼가 흔히 무시하고 지나쳐 버리기 쉬운 곳에서 작지만 어엿한 생명의 구가를 발견하고 감동하는 것은 그도 같은 생명체로서 동질성의 공명共鳴을 이루는 것이라고 볼 수 있으며, 그런 면에서 그는 꽃과 공감을 통한 합일관계로까지 나아가고 있다. 그러나 테니슨은 꽃을 생명체라기보다는 단순히 하나의 피조물로 보기 때문에 그것을 대상화, 객관화할 뿐, 그것과의 합일을 이루지 못한다.

프롬은 이런 점들, 즉 사물을 대상화, 객관화하고 그로 인해 세계 및 자연과의 합일이 불가능해진 점 등을 소유적 생활 태도가 빚은 결과라고 규정한다. 인간의 소유욕은 이기심에 뿌리를 두고 있는데 이것은 모든 이웃을 잠재적 경쟁자로 적대시하게 만들었고, 자연을 수탈과 정복의 대상으로 보게 만들었다는 것이다. 그 결과 인간은 모든 것에서 자신을 소외시키고 만 것이다. 이런 소유적 생활 태도는 산업화와 자본주의의 흥기 이후 서구인의 의식을 지배하게 되었다는 것이 그의 분석이다. 그런데 욕망은 충족시킬수록 더 큰 갈증을 불러오기 때문에 옛날 사람들보다 훨씬 더 많은 것을 소유하고 있는 현대인들이 실은 그만큼 불행을 더 많이 느끼고 있다고 진단한다. 그에 따르면 무소유를 중요한 수행 덕목으로 삼는 불교의 세계관이 그 대안이 될 수 있으며, 그런 면에서 불교적 영향을 많이 받은 동양인들이 소유적 생활 태도에 비교적 덜 오염되었음을 간접적으로 시사하고 있다.

그러나 이제 선자령에서 일어난 난행亂行을 보면, 소유욕은 이미 우리의 의식구조에도 깊이 뿌리박고 있음을 인정하지 않을 수 없다. 아니, 그것에 의해 지배당하고 있는 정도가 서양인들보다도 우리의 경우에 오히려 더 심각하다고 볼 수 있다. 서양의 경우 심산유곡의 꽃밭까지 그것에 의해 유린되고 있다는 말을 아직 듣지 못했다. 그러나 우리의 산야에서는 이미 야생화까지도 소유욕으로부터 안전하지 못하지 않은가?

꽃이 사라진 것을 보았을 때, 섬뜩함 다음에 나를 엄습한 슬픔은 바로 이런 낙원 상실의 슬픔이었다. 내가 산속의 꽃밭을 낙원으로 생각했던 것은 깨끗한 물과 공기를 마시며 자란 각종 꽃들이 선경을 이루어서만이 아니었다. 그곳에는 영악한 인간의 독기가 미치지 않은 평화가 있기 때문이었다. 아름다움이 있고 그리고 그것을 모두가 함께 즐기고 보존할 수 있는 평화가 있으면, 비록 영생이 약속된 곳이 아니더라도, 나는 낙원의 조건을 충족한다고 생각했다. 그래서 깊은 오지라도 그런 곳이 있으면 불원천리 찾아다녔다. 꽃피는 한 시절이라도 그럴 수만 있으면 이 오염 투성이 세상도 견딜 만했다. 그렇게 목마를 때 샘물 찾아가듯 하던 낙원이 이제 사라진 것이다. 그냥 사라진 것이 아니라, 소유욕의 독조毒爪에 의해 무참히 망가진 것이다.

존 밀튼John Milton이 지은 『낙원 상실*Paradise Lost*』의 마지막에는 아담과 이브가 낙원에서 축출된다. 낙원을 상실하는 슬픔과 절망에 빠진 그들에게 미가엘 천사장은 그들의 후손들이 겪을 미래를 비전과 이야기를 통해 알려준다. 거기서 아담은 그리스도가 이 세상에 나와서 인간의 죄를 대속하여 인간이 다시 낙원으로 돌아갈 수 있는 길을 열어 줄 것이라는 기쁜 소식을 듣는다. 이로써 그는 절망을 딛고 다시 일어나 희망을 안고 낙원을 떠나게 된다.

우리 산야의 꽃밭도 다시 낙원으로 회복될 희망이 있을까? 우리가 이기심과 소유욕을 절제할 수 있다면 물론 가능하다. 그러나 그것들을 자기 발전과 성공의 원동력이라고 내남없이 받들어 실천해와서 이제는 거의 천성이 되다시피한 것이 사실이다. 그래서 꽃밭에와 있는 짧은 동안조차 그 버릇을 내려놓지 못하는 것이 입증되지 않았는가?

날은 벌써 저물어서 차창 밖으로 보이는 먼 데 산들은 어둠에 덮여 있었다. 산은 내일이면 또 환하게 밝을 것이다. 그러나 내 가슴속에 드리운 어둠은 그렇게 쉽게 걷힐 것 같지 않았다.

『마로니에 그늘자리』 2009. 8

발문

조촐함의 미학

이상옥(서울대학교 명예교수, 영문학)

백초白初 김명렬金明烈 선생을 만난 지도 어언 30년이나 된다. 그러나 그의 이름을 처음 들은 것은 그보다 훨씬 전인 1970년대 중엽이었다. 어느 날 서울 돈암동에 있는 외가를 찾아가니 외숙모께서 물으셨다.

"너 김명렬 교수 아나? 문리대 영문과 후배라 카더라."

나는 백초를 만난 기억이 없어 잘 모른다고 했다. 지금 생각하니 당시 그는 아직도 부모 슬하였던 것 같은데, 그날 외숙모가 이웃 백초 댁 이야기를 끄집어 낸 것은 그의 모친을 칭송하기 위해서였다.

"김 교수 모친 말이데이. 아주 경우 바른 분이란다. 그 댁 예의범절을 보니 전형적인 서울 양반이더라."

경상도 출신으로 일제 때 서울서 고등여학교를 졸업한 외숙모는 시시비비를 가릴 때 걸핏하면 경우에 맞느냐 아니냐를 따지셨고 사람들의 인품을 평가할 때면 으레 '서울 양반'이라는 잣대를 들이대곤 하셨다. 그날 외숙모는 입에 침이 마르게 백초의 모친 이야기를 하셨지만, 백초와 면식이 없던 나는 그 말씀을 귓등으로 듣고 말았다.

몇 해 후에 백초와 처음으로 상면했을 때 나는 그도 모친처럼 경우 바르고 범절 있는 분이 아니겠느냐는 선입견을 가지고 그를 대했다. 그런데 다른 많은 경우와는 달리, 그 선입견은 오늘에 이르기까지 나를 실망시키지 않았다. 오히려 그와의 친교가 깊어질수록 백초야말로 바로 그 어머니에 그 아들이구나 싶을 뿐이다.

백초는 거창한 도덕론을 펴는 일이 좀처럼 없지만 그의 생각이나 행동을 가까이해 본 사람들은 그가 높은 도덕군자임을 알게 된다. 그는 경우에 맞지 않은 사례를 보면 언제나 가슴 아파하며, 웬만하면 못 본 척하고 넘길 만한 일을 당할 때에도 으레 참지 못하고 "세상에! 이럴 수가……" 하며 속상해한다. 이에 그치지 않고 그는 그 상황을 시정하기 위해 자기가 할 수 있는 일을 찾아서 행한다. 이를테면 산행을 할 때 남들이 버려 놓은 쓰레기를 보면 그는 "이런! 몹쓸 짓을……" 하고 한탄하면서 손수 그 쓰레기를 줍는다. 또 그는 좀처럼 자동차를 몰지 않는데, 그것은 드라이빙을 싫어하기 때문이 아니라 자동차가 공기오염의 주범이라고 확신하기 때문이다. 그는 자기 한 사람만이라도 차 몰기를 자제해야 궁극적으로 공기가 맑아질 것이라고 믿을 뿐더러 그 믿음을 실천하고 있는 셈이다.

이처럼 옳고 그름을 가리고 옳다고 여기는 것을 실천하려는 백초의 집념은 그를 꽤 깐깐한 사람으로 만든다. 이 깐깐함은 그가 학문을 대하는 자세에서도 그대로 나타난다. 그는 책을 읽거나 학생들을 가르치다가 미심한 대목을 마주치게 되면 그것을 해명하지 않은 채 적당히 넘기는 일이 없으며, 서재에 갖춰 둔 많은 사전과 참고서적들을 뒤져서 문제를 풀어내야 직성이 풀린다. 나는 가르치다가 잘 모르는 대목이 나올 때마다 백초를 찾아가서 물어보곤 했는데, 그는 며칠이 걸려서라도 답을 찾아내어 시원하게 설명해 주었다. 아마도 골치 아픈 문제를 들고 백초를 찾아간 사람이 나 혼자만이 아닐 것이다.

이런 깐깐함은 흔히 나무만 보고 숲을 보지 못하는 식의 어리석음을 범할 수도 있지만, 백초에게는 숲과 나무를 아울러서 보는 능력이 있기 때문에 그럴 염려가 없다. 그가 나무 한 그루 한 그루를 꼼꼼히 보자는 것은 그렇게 해야 숲 전체를 올바로 볼 수 있다고 믿기 때문이다. 말하자면 그의 깐깐함은 대범함이라는 다른 한 덕목과 균형을 이루고 있어서 주변 사람들에게 부담을 주지 않는다. 그리고 그런 균형은 그로 하여금 학문뿐만 아니라 일상생활에서 늘 꿋꿋하고 의젓한 자세를 지킬 수 있게 해 준다.

그리고 대범함 — 이 덕목은 백초가 공동체 생활에서 아낌없이 베푸는 아량과 관용의 원천이요 사람들의 존경과 신임의 근거가 되기도 한다. 백초와 내가 한 학과에서 재직하던 여러 해 동안 그는 늘 우리 학과의 중심에 있었다. 교수들이 서른 명이나 되는 영어영문학과는 서울대학교에서도 비교적 큰 단위 조직체여서 자칫하면 가지각색의 의견과 이해관계가 갈등하는 시끄러운 곳이 될 수도 있었지만, 그 중심에 백초가 있어서 우리 학과는 늘 화기애애했다. 말하자면 그는 우리 학과의 '피스 메이커'였다. 그뿐만 아니라 그는 학내외를 통해 존경 받는 스승이요, 자상스러운 선배요, 누구나 아끼는 후배였다. 특히 나에게는 언제나 그가 삶과 배움에 있어서의 선배 같은 후배요, 함께 있기만 해도 즐거워지고, 그러면서도 늘 경외심으로 대하는 동료였다.

백초가 산문집을 낸다고 한다. 그는 알 만한 사람들이 다 아는 뛰어난 산문가이지만, 요것저것 따져 보는 까다로운 성격 탓인지, 오랫동안 망설여 오다가 고희를 훌쩍 넘기고 나서야 첫 산문집을 엮어 보겠다고 한다. 만시지탄이 있으나 반가운 소식이다. 나는 그가 여기저기 발표한 글을 읽어 보았지만, 이번에 그 글들을 모아 한꺼번에 읽어 보니 오랫동안 잊혀진 채 묻혀 있던 값진 보석들을 하나씩 캐내는 듯한 기분이 든다. 그 보석들은 모두 영롱하기 이를 데 없으며 색깔 또한 다채롭다. 이는 물론 백초의 명징한 생각들이 삶의 여러 분야에 두루 미치고 있다는 증거가 아니고 무엇이겠는가.

백초의 산문에서 가장 주목할 만한 주제는 자연에 대한 애정 어린 집착이다. 사실 이 책에 수록된 40여 편의 글 중에서 자연과 관계되는 것이 여남은 편이나 된다. 그에게 자연은 아름다울 뿐만 아니라 참되고 선하기 때문에, 그는 자연예찬에 경도하는 한편 오늘날 자연이 오염되고 인간의 환경이 무분별하게 파괴되는 현실을 개탄하기도 한다. 자연에 대한 그의 발언은, 예찬이든 염원이든 아니면 매도罵倒든, 언제나 견고한 설득력을 띠는데 이는 그의 자연관이, 「낙원 상실기」 및 「검룡소儉龍沼」에서 볼 수 있다시피, 인문학적 소양에 바탕을 둔 공감을 자아내기 때문에 가능하다. 한편 그는 자연에 대한 깊은 통찰에만 그치지 않고 그것을 자기 성찰의 계기로 삼기도 하는데 이런 면에서는 「보물 줍기」 및 「철조망 안의 꽃」 같은 글들이 특히 주목할 만하다.

사실 백초의 산문에서 자아와 주변 세계에 대한 성찰은 핵심 주제 중의 하나이다. 오래전에 쓴 「삼천리 길」이라는 명품 에세이에서 백초는 산행 길에 어느 사찰에서 겪었던 일을 둘러싸고 가차 없는 자기 문초를 한다. 그는 한 여인에 대한 관심 때문에 찾고 있던 불상을 눈앞에 두고도 보지 못한 데 대해 죄책감과 자괴심을 느꼈다고 고백한다. 한편 그는 근년에 쓴 에세이 「육십대 젊은이」와 「종심從心」에서 늙음에 대한 성찰을 하면서 누구나 숙명적으로 겪어야 하는 노년기에 자아를 반듯하게 지키는 길을 모색하고 있다.

경우 바름에 대한 집착은 백초의 성찰이 자기 자신만을 대상으로 하지 않고 주위 세계에까지 미치게 한다. 사실 그의 사회적 통찰은 그로 하여금 인간의 행태와 사회적 현상에 대한 준엄한 비평가가 되게 한다. 「까치고개의 개나리」「사라지는 새들」「밝은 태양, 밝은 세상」「개 사랑」「무의식적인 가해」「서양인 흠모하기」「승강기 단상」 등의 다양한 에세이들이 그의 비평가적 역량을 증언하고 있다.

이 모든 글은 하나같이 읽는 이들을 감복시키지만, 우리 모두의 가슴에 참으로 절실하게 와 닿는 것은 회고조調의 글들이다. 「꽃모종」과 「옛날 음식 이야기」는 그 대표적인 글이라 할 수 있는데, 백초는 이런 글에서 흘러가 버린 옛날에 대한 애틋한 탐닉만을 하지는 않는다. '그 좋았던 옛날' 운운할 때면 우리의 어조가 으레 엘레지풍風을 띠기 쉽지만 백초는 그런 감상주의적 효과를 노리는 일도 없다. 오히려 그는, 「새 나라의 새 세대」나 「유행」 등에서도 두루 볼 수 있다시피, 지난날에 대한 기억을 그저 되살리기만 하는 대신에 그 기억을 현재를 비춰 보는 거울로 삼거나 주변을 성찰하는 계기로 활용하고 있다. 그뿐만 아니라 그는 그 옛날의 온기를 우리 독자들에게 따뜻하게 전하기도 하는데, 그의 '회고'가 단순한 회고回顧에 그치지 않고 아주 값진 의미의 회고懷古로 될 수 있는 것도 바로 그런 따뜻함이 있기 때문이다. 그리고 그 따뜻함은 「이 땅의 한 끝」이나 「죽서루서 만난 사람」 같은 여행·탐사기까지도 아주 안온하게 읽을 수 있게 해 준다.

그런데 백초의 글에서 회고조가 가장 두드러지게 나타나는 것은 아마도 어휘 구사에서일 것이다. 그는 어린 시절 가정에서 혹은 점잖은 서울 양반 계층 사람들에게 듣고 익혔을 법한 말들을 적재적소에 쓰고 있어서 읽는 이를 놀라게 한다. 이를테면 "체수가 작다"느니, "촌스럽고 메떨어지다"느니, "발바투 나서다"느니, "화발허통이라"느니 하는 표현들을 나 같은 촌사람은 이 나이가 되도록 들어본 적이 없으며, "초달을 들어 엄히 다스렸다"느니, "빚을 청장했다"느니는 등의 문자는 서울의 범절 있는 양반 댁에서나 썼음직한 유식한 표현이 아닌가 한다. 백초가 실생활이나 글 속에서 자연스럽게 쓰는 이런 생소한 표현들은 우리의 호기심을 자극하는 데 그치지 않고 계몽적이기까지 하다. 더욱이 이런 어휘나 문자들은 오늘날 거의 잊혀진 채 사용되지 않기 때문에 우리에게는 단순히 복고풍으로만 들리지 않고 아주 싱그럽고 유용하기도 하다.

지금까지 나는 백초의 인품과 글을 거론해 보려고 했지만 나의 어설픈 필설로는 도저히 그 진면목을 부각시킬 수가 없다는 사실만을 절감할 뿐이다. 그러나 그 과정에 하나의 키워드라고 할 만한 것이 떠올랐으니 그것은 '조촐하다'라는 말이다. 백초는 이 책에 수록된 또 한 편의 명품 에세이 「조촐하다는 것」에서 오늘날 '조촐함'이라는 말이 오용되는 사례를 지적하면서 그 참뜻을 다음과 같이 정의하고 있다.

> 그것은 고급한 것일 수는 있어도 사치스러운 것은 아니며, 절대로 야해서는 안 된다. 음식이면 가짓수가 많거나 푸지지는 않되 알차고 맛갈져야 한다. 의복이면 현란해서는 안 되며, 단정하면서 은연중에 세련된 심미안이 풍겨야 한다. 사람의 경우는 괄괄하거나 기걸찬 사람이 아니라 성정이 맑고 차분한 사람을 말한다. 용모도 보는 이의 눈이 번쩍 뜨일 정도의 미모이면 오히려 넘고처지는 격이요, 그냥 깨끗하고 단정해야 맞는다. 중요한 것은 용모건 옷차림이건 거기에 그의 높은 기품과 교양이 내비쳐야 한다는 것이다.

이 구절을 처음 읽었을 때 나는 백초가 자기 자신의 성품뿐만 아니라 자기 글의 성격까지 그려내고 있구나고 생각했다. 왜냐하면 이 책에 수록된 다양한 글들의 밑바탕에 관류貫流하는 특징을 찾아 한 마디로 요약해 본다면 그것은 바로 '조촐함'이기 때문이다. 그는 고담준론을 펴거나 허장성세를 부리지 않으며 글이 언제나 차분하고 논리가 정연하다. 그는 분출하는 감정에 휩쓸리는 일이 없지만, 글이 단아하고 겸허해서 늘 독자들의 깊은 지적 공감을 끌어낸다. 또 그는 미사여구를 쓰지 않지만 군더더기 없이 깔끔한 문체는 한결같이 우리의 정감에 호소해 온다. 바로 이런 성격이야말로 그의 글이 근본적으로 조촐한 성격을 지니고 있다는 것을 말해 주고 있지 않을까 싶다. 그리고 바로 이런 조촐함이 있기에 그의 산문은 웬만한 산문가들이 쉽게 넘볼 수 없는 고품격의 경지를 이룰 수 있다. 그러므로 '조촐하다'는 말은 백초의 성품과 글을 아울러서 그려내는 키워드로 아무 손색이 없으며, 바로 이 점에서 글은 인품을 반영한다는 오래된 통설通說의 진실성이 재삼 확인되기도 한다.

각설하고, 「나의 외삼촌 상허 이태준」이라는 글에 밝혀져 있듯이, 백초는 소설가 이태준의 생질이다. 그는 외숙 이야기를 할 때마다 눈가를 촉촉이 적시곤 하는데, 외숙에 대한 그의 애절한 감정은 한 작가로서 불행한 끝을 맞은 것으로 알려져 있는 혈육에 대한 안타까움으로만 젖어 있지는 않다. 오히려 그 감정에는 20세기 최고의 산문가였던 외숙에 대한 흠모와 그리움이 섞여 있다고 해야 할 것이다. 백초를 아는 사람들이 상허의 초상이나 사진을 본다면 백초가 외탁을 했구나 싶겠지만, 그는 용모뿐만 아니라 글재주에서도 외숙을 닮았다. 나는 백초의 글 솜씨가 상허를 능가한다고는 말하지 않겠지만, 적어도 상허에 버금간다고 말하는 데 아무 망설임이 없다. 일찍이 시인 정지용이 "나도 산문을 쓰면 쓴다. 태준만치 쓰면 쓴다"고 말했다는데, 나는 이 호언장담에 빗대어 "백초도 글을 쓰면 외숙 상허만큼은 쓴다"고 말하고 싶다. 그러니 만약에 상허가 오늘날 살아 있어서 그 유명한 『문장강화文章講話』의 증보판이라도 구상한다면, 필경 만만찮은 산문가로 성장한 조카의 글에서도 몇 구절 인용하는 것을 주저하지 않을 것이다.